Monseigneur BERNIER

Evêque d'Orléans (1762-1806)

Alfred MEYER

L'ABBÉ BERNIER

Apôtre de la Vendée

Négociateur du Concordat

Evêque d'Orléans

PARIS

LES PRESSES UNIVERSITAIRES DE FRANCE

49, Boulevard Saint-Michel, 49

1923

PREFACE

Le sujet traité dans ce livre par M. A. Meyer est des plus intéressants. L'abbé Bernier est une de ces figures historiques, qui ont le privilège de ne laisser indifférent aucun de ceux qui les étudient. Sa valeur intellectuelle était grande et personne ne la conteste. Sa valeur morale était plutôt médiocre et ceci encore est reconnu de tous. Souple, perspicace, très habile à saisir le fort et le faible des uns et des autres, sachant se contenter d'une situation subalterne pourvu qu'en fait il jouât un rôle actif et important, Bernier a été l'objet d'antipathies violentes et durables, et ceux-là même qu'il a le mieux servis, Bonaparte, par exemple, l'ont parfois traité durement. Le personnage est donc complexe, vivant; sympathique ou antipathique, estimable ou méprisable selon le point de vue auquel on se place, il a du moins cet avantage de ne pas pouvoir passer inaperçu.

Aussi bien, les événements auxquels il a été mêlé, qu'il a contribué à diriger ou, du moins, à orienter, sont parmi les plus considérables que l'Eglise de France ait traversés à la fin du dix-huitième et au début du dix-neuvième siècle. Ce sont: l'accueil fait à la Constitution civile du clergé, le soulèvement de la Vendée, de l'Anjou, de la Bretagne; les négocia-

tions, puis les premières applications du Concordat de 1802. Bernier, en moins d'un quart de siècle, a été successivement : curé de Saint-Laud d'Angers sous l'ancien régime, prêtre réfractaire, aumônier et directeur de conscience des Vendéens et des Chouans, agent diplomatique et politique du Premier Consul, évêque concordataire. Il ne saurait être mis sur le même plan qu'un Grégoire ou un Talleyrand; mais il appartient à la même période de l'histoire de l'Eglise de France et le rôle qu'il y a joué fut, à certains jours, très important.

Or, la vie et l'œuvre de Bernier n'avaient encore été l'objet d'aucune monographie digne de ce nom. Sans doute, les historiens des guerres de Vendée et les historiens du Concordat lui avaient fait place dans leurs ouvrages. Sans doute encore, des articles, des notices biographiques lui avaient été consacrés par M. l'Abbé Uzureau d'Angers, par M. l'Abbé Cochard, dans les Annales religieuses d'Orléans. Mais un livre nous manquait, complet, bien documenté, suivant Bernier de ses débuts à sa fin prématurée. Ce livre, M. A. Meyer nous le donne.

Nommé curé de Saint-Laud d'Angers en 1790, Bernier devait mourir en 1806. Toute son activité ecclésiastique et politique s'est exercée dans cette durée relativement courte de seize ans. Les épisodes sur lesquels M. A. Meyer a fait plus spécialement porter ses recherches, sans cependant négliger le reste de son sujet, sont : l'attitude de Bernier et de ses confrères de l'Anjou en face de la Constitution civile du clergé; le rôle très curieux, à la fois dissimulé et capital, qu'il a joué auprès des chefs vendéens, en particulier de Stofflet ; son action, d'une habileté consommée, lors de la pacification définitive ou presque définitive de l'Ouest au début du Consulat; sa place, mesurée, sans doute, toutefois indispensable et dont on ne saurait méconnaître l'originalité, dans les négociations du Concordat; enfin, sa conduite comme évêque concordataire d'Orléans, spécialement à propos des résistances que divers membres du clergé opposaient à l'organisation nouvelle de l'Eglise de France.

Le travail de M. A. Meyer est fondé sur une documentation abondante et aussi complète que possible; cette documentation est précise et sincère. M. A. Meyer ne se borne pas à mentionner le titre de tel ou tel ouvrage qu'il a consulté. Il indique exactement la page à laquelle il se réfère, et ce n'est pas là, quoi qu'il paraisse, un mérite si banal.

Outre les livres et les documents imprimés, M. A. Meyer a consulté des pièces d'archives à Angers, à Orléans, à Paris, aux Archives Nationales, au Ministère de la Guerre, au Ministère des Affaires Etrangères. Il n'a pas toujours réussi à découvrir les documents qu'il cherchait ; ainsi il n'a pas été possible de retrouver au Ministère de la Guerre le rapport du Commandant Loutil qui opéra la capture de Stofflet ; du moins, M. A. Meyer n'a ménagé, nous le savons, ni les requêtes ni les démarches.

Documents et livres, pièces d'archives et jugements déjà portés par des historiens, M. A. Meyer ne s'est pas contenté de les analyser ou de les reproduire. Il en a discuté le sens, la portée et la valeur. Il y a, d'un bout à l'autre de son livre, un effort d'impartialité *d'autant plus louable que Bernier a trouvé, parmi ceux qui l'ont rencontré au cours de leurs recherches et de leurs travaux, plus d'adversaires que de partisans, plus d'ennemis que d'amis. M. A. Meyer est-il parvenu à formuler sur Bernier une appréciation vraiment ferme? Lui-même hésiterait peut-être à l'assurer. C'est que l'homme est très ondoyant. Le curé de Saint-Laud, le prêtre réfractaire, le négociateur du Concordat, l'évêque d'Orléans: on dirait presque quatre personnages différents. M. Meyer a essayé dans sa conclusion de dégager les traits distinctifs et permanents de cette physionomie qui reste par certains côtés énigmatique. Il n'accable pas Bernier; il ne l'admire pas non plus. Il veut le juger et il le juge en historien.*

J. Toutain.

Paris, février 1923.

L'ABBÉ BERNIER

I. — LES DEBUTS

La Prêtrise, Le Professorat. — Le Serment à Angers.
L'Expulsion des Réfractaires.

Presque tous les hommes politiques qui vécurent entre 1789 et la chute de l'Empire ont trouvé d'un côté des apologistes enthousiastes, et de l'autre, des détracteurs passionnés. Ceux même que l'on pourrait considérer comme des monstres ont eu leurs défenseurs. Le premier évêque d'Orléans depuis le Concordat, désigné par presque tous les historiens sous le nom d'abbé Bernier, a eu la mauvaise fortune de ne rencontrer que des ennemis, et lui aussi aurait pu dire : « aux guelfes, je serai gibelin, et aux gibelins, guelfe. »

Les royalistes lui ont reproché ses trahisons, les républicains ne lui ont pas pardonné sa fourberie. Les uns et les autres l'ont accusé de crimes sans nombre et de forfaits sans nom; son habileté fut qualifiée d'astuce, son dévouement à ses amis regardé comme esprit d'intrigue, son zèle pour la religion fut taxé d'ambition et sa conduite dans bien des cas parut justifier les soupçons de ceux qui négociaient avec lui ou le jalousaient. Sa mort même n'apaisa pas ses adversaires, et le général Thiébault mentionnant la fin de celui que l'on avait considéré comme le mauvais génie (1) de Stofflet, le représente expirant dans le vomissement du sang dont il s'était gorgé (2). Seuls, son habileté, son talent, son immense pouvoir de séduction sont reconnus par tous.

Tentant de réagir contre l'opinion généralement admise, deux historiens ont voulu récemment réhabiliter sa mémoire. L'abbé Cochard (3) et l'abbé Barthélémy (4) ont cru pouvoir faire de lui un calomnié de l'histoire. Il y a place dans sa vie pour plus de blâme que d'éloges, mais le souvenir des temps où il vécut, peut porter l'historien à se montrer indulgent, et la haine dont il fut poursuivi doit lui mériter quelque pitié.

Le 1er novembre 1762, Jaunay, vicaire à Daon, baptisait Etienne-Alexandre-Jean-Baptiste-Marie, fils d'Etienne Branchu, dit Bernier, sacristain de son état et de Marie Deslauriers, son épouse, (5) qui, modeste ouvrière, tenait entre temps une petite école. On dit volontiers de ceux qui devinrent célèbres que dès leur enfance ils laissèrent voir leurs qualités d'intelligence ou de cœur. Peut-être fut-ce le cas pour le jeune Branchu et il n'est pas étonnant que, vu la situation de son père, l'abbé Jaunay l'ait distingué s'il voyait en lui quelque mérite. Il apprit, étant enfant de chœur, quelques rudiments de latin, sous la direction du vicaire, puis, les humanités, la rhétorique et la philosophie en usage dans les collèges. Jamais élève ne fit de progrès plus rapides que lui, dit le biographe de Charette, on ne lui apprenait que la moitié des choses, et il devinait le reste. Il fut envoyé ensuite au collège ecclésiastique de Château-Gontier, et de là, au séminaire d'Angers, où il connut MM. Emery et Duclaux (6).

Au séminaire, il se trouvait dans une situation très agréable pour un travailleur, car les séminaristes pouvaient profiter des cours de la Faculté d'Angers et conquérir leurs grades. Bernier quitait à dix-neuf ans le banc des élèves pour occuper une chaire en qualité de professeur auxiliaire de philosophie. Sans doute, dès cette époque, il n'était pas sans posséder un grain d'ambition et quelque vanité, si l'on en juge par le petit incident que rapporte l'historien du séminaire d'Angers, à propos de sa thèse soutenue le 12 juin 1786. M. Duclaux, en sa qualité de docteur de Sorbonne assistait quelquefois aux soutenances, et y argumentait à l'occasion. Il devait notamment examiner le candidat Bernier. Le jeune abbé, plein de confiance, et n'appréhendant nullement l'épreuve qu'il devait subir, lui avait dit non sans quelque légèreté : « M. le supérieur, avez-vous préparé vos objections ? » — « Non, répondit M. Duclaux, mais préparez vos réponses. » En effet, au jour de la thèse, l'habile sorbonniste présenta coup sur coup au candidat deux ou trois objections auxquelles celui-ci, malgré son esprit et son savoir, ne trouva rien à répondre. Grande était sa confusion, mais le bon supérieur qui ne voulait que lui donner une leçon d'humilité passa de suite à un autre sujet, et, annonçant avec beaucoup de bonne grâce que jusque là il n'avait pas procédé sérieusement, il commença une très solennelle argumentation qui donna au candidat l'occasion de briller beaucoup et de faire oublier l'échec par lequel il avait débuté (7).

Pour ce qui est de la thèse elle-même, les propositions qu'elle contenait ne présentent plus maintenant au point de vue théologique, un intérêt considérable (8). Elle contient l'énoncé de neuf principes généraux, les cinq premiers relatifs à la constitution de l'Eglise, et les quatre derniers concernant la nature et le caractère de la grâce. Au point de vue de l'orthodoxie, ces quatre derniers points sont absolument corrects et le plus rigoureux des juges ne trouverait aucun reproche de doctrine à leur faire ; de plus, mentionnant les propositions de Jansénius il rappelle leur condamnation et la justifie, soit en ce qui touche la question de droit, soit en ce qui touche la question de fait.

Par contre, ce qu'il dit de l'Eglise peut prêter à des observations et à des critiques. Il lui reconnaît à juste titre, les qualités de catholicité et d'apostolicité qui constituent son caractère; il lui reconnait également l'infaillibilité, mais, adoptant franchement et fermement les doctrines de l'Eglise gallicane il déclare que l'autorité de l'Eglise n'est pas universelle et que ni elle, ni à plus forte raison le Souverain Pontife, n'ont aucun droit direct ou indirect sur les souverains, ajoutant que l'Eglise catholique possède un gouvernement monarchique, tempéré par l'aristocratie, et notamment que l'autorité du Souverain Pontife est inférieure à celle du Concile.

Quant au Pape, il lui reconnait la primauté d'honneur et celle de juridiction que lui refusèrent les constitutionnels, mais en ajoutant que le Pape n'est infaillible que s'il est d'accord avec le sentiment général de l'Eglise; il lui refuse en somme l'autorité supérieure et nie que les évêques tiennent leur juridiction de lui, source de toute juridiction.

Ces dernières affirmations, aujourd'hui formellement condamnées comme hérétiques par le Concile du Vatican, étaient au XVIIIe siècle désapprouvées, Bernier se proclamait donc nettement gallican, mais sans aller jusqu'aux excès de cette doctrine. Il n'en aura que plus de mérite à se maintenir en communion avec le Pape au moment de la Constitution civile qui n'était en somme, qu'une apogée et un abus excessif des principes gallicans.

Il convient encore, à propos de cette thèse, de signaler qu'elle est écrite en un latin non dépourvu d'élégance, autant du moins que le sujet pouvait s'y prêter et l'on en peut remarquer les expressions justes et précises avec la parfaite netteté et propriété des termes.

Il est malaisé de retrouver à quelle date exactement il reçut les saints ordres, ce fils de petites gens n'est pas de ceux dont la chronique devait s'occuper, et son nom, dans les premières années de sa vie cléricale ne nous est mentionné qu'à l'occasion des sacrements qu'il administrait, ou à la réception desquels il était mêlé. Le 23 novembre 1784, d'après les registres de Daon, il est sous-diacre, et signe en cette qualité un acte de baptème deux années plus tard ; le 29 décembre 1786, il est qualifié de prêtre (9). Du 2 mai au 12 juin, il signe les actes de baptème, mariages et **sépultures de la paroisse** de Saint-Barthélemy, près Angers.

Au mois de juillet 1787, il était nommé vicaire à Saint-Michel-la-Palud, et presque en même temps, professeur de philosophie à la Faculté de théologie d'Angers.

Trop jeune ou de trop peu d'importance pour être consulté, on ne voit pas qu'il soit fait mention de lui dans les diverses réunions électorales qui se tinrent à Angers pour la nomination des députés de l'Assemblée constituante (10).

Le 25 février 1790, il obtint la cure de Saint-Germain-en-Saint-Laud, et muni du visa épiscopal, il entra en fonctions le 23 mars (11). Le 14 avril suivant, il signait en qualité de curé son premier acte sur les registres et on relève sa signature pour la dernière fois à la date du 26 mars de l'année suivante, époque où les officiers municipaux prirent possession des registres (12).

La Constitution civile du clergé décidait une nouvelle organisation de toutes les paroisses du royaume : les villes ne comptant pas plus de 6.000 habitants n'auraient qu'une seule église, dans les autres, il en serait conservé autant que les besoins l'exigeraient.

C'était pour Angers un grand changement, auquel consentait l'évêque, Couet du Vivier de Lorry, prélat libéral, qui avait donné des preuves de son patriotisme, et avait été cité comme modèle à tous les évê-

ques de France par l'Assemblée Nationale (13). Les
seize anciennes paroisses de la ville étaient réduites à
cinq : St-Maurice, les Cordeliers, la Madeleine St-Sam-
son et St-Laud. Comme les curés des paroisses maintenues étaient assurés de conserver leurs postes s'ils
prêtaient les serments exigés, Bernier pouvait norma-
lement compter sur le maintien de sa situation et
même sur un accroissement d'influence et de prestige,
les curés des paroisses supprimées devant occuper les
postes de vicaires dans les églises maintenues (14).

Comme s'il voulait à la fois conserver son église et
augmenter son domaine, Bernier adressait à l'administration départementale un long mémoire qu'il faisait signer par ses paroissiens. Il proposait à la municipalité deux plans nouveaux, qui comportaient l'un
et l'autre un considérable accroissement et pour la
ville d'Angers, qui se verrait adjoindre une population
de 4.000 âmes, et pour Saint-Laud.

Mais déjà les événements se précipitaient, et leur
allure dépassait les prévisions. Il ne s'agissait bientôt plus d'une simple modification des circonscriptions ecclésiastiques, tout l'ordre religieux allait être
bouleversé, et le troupeau catholique divisé en deux
groupes, dont l'un se soumettrait au pouvoir civil, en
attendant d'être persécuté par lui, et dont l'autre, pour
garder l'intégrité de la foi, devrait renoncer à ses
biens, à sa sécurité, à son pays et à la vie.

Le 27 novembre, l'Assemblée obligeait les curés e.
vicaires à prêter un serment ainsi conçu : « Je jure
de veiller avec soin sur les fidèles de la paroisse qui
m'est confiée, d'être fidèle à la Nation, à la Loi et au

Roi, et de maintenir de tout mon pouvoir la constitution décrétée par l'Assemblée nationale et acceptée par le Roi. » (15).

Plusieurs récits nous ont été conservés des événements qui accompagnèrent à Angers la prestation du serment à la Constitution civile, et nous avons même la bonne fortune de posséder sur ces incidents des renseignements venus de deux sources différentes, puisque l'intrus qui remplaça Bernier a laissé ses mémoires, et qu'un autre curé de la ville, insermenté celui-là, a raconté lui aussi les faits dont il avait été soit l'acteur, soit le témoin.

Ce fut le 31 décembre, vers 6 heures du soir, que l'obligation du serment fut signifiée à tous les prêtres fonctionnaires publics. Le maire, L.-A.-C. de Houlières, depuis membre de la Législative et de la Convention, écrivit à tous les curés, les exhortant à souscrire à toutes les conditions exigées pour leur conservation à la tête des paroisses. Peut-être n'avait-il pas confiance dans le succès de ses démarches, car divers moyens de persuasion et de pression furent employés pour tenter de convaincre les intéressés. L'abbé Gruget, curé de la Trinité, qui a raconté ces événements, l'évêque, en qui les patriotes avaient confiance, M. Noël, curé de Saint-Nicolas, d'autres encore reçurent la visite de leurs amis et des membres de l'administration municipale qui tentaient de les convaincre (16). L'insuccès fut complet, et le nombre des jureurs à Angers fut infime, du moins lors de la première sommation, moins d'un sur dix dans l'ensemble du diocèse, pas un sur vingt dans Angers même (17), où plus près du centre et plus instruits, les ecclésiastiques devaient connaître mieux leurs droits et leurs devoirs. A Angers, il y eut 5 serments le 23 janvier, et quelques-uns dans les paroisses voisines (18).

Cette résistance ne pouvait empêcher l'exécution de la loi, et les 13-14 mars eurent lieu les élections des curés d'Angers. Yves Besnard fut nommé à Saint-Laud et installé le 27 mars. Il raconte avec une naïve franchise et une parfaite bonhommie qu'il avait espéré une place de vicaire épiscopal, et que, seulement comme pis-aller, il s'était résigné à prendre la cure de Saint-Laud. L'évêque et l'administration départementale l'y engageaient vivement, dit-il, car Bernier s'obstinait à ne pas partir, et on ne pouvait lui trouver de successeur, bien que la tranquilité publique nécessitât son éloignement (19).

Dans sa résistance aux lois, Bernier se sentait fort, et se rendait compte que derrière lui il trouverait au besoin tous ses paroissiens, attachés à sa personne et, évidemment, conquis déjà par ses talents. De plusieurs côtés, en effet, partaient des pétitions des habitants menacés de le perdre. Les paroissiens d'une part, les paroissiennes de l'autre, s'adressent le 15 février 1791 à l'Assemblée constituante, et tout permet de supposer qu'il n'était pas à cette époque le pasteur belliqueux que l'on se plut à représenter dans la suite. Il est impossible, dit-on, de le voir s'éloigner sans chagrin, le bonheur de ses paroissiens tient à sa présence au milieu d'eux. Son arrivée dans la paroisse a été le signal de la paix.

Une autre pétition, semblable à la première, est

cnvoyée au département du Maine-et-Loire. « Jamais il ne fut mauvais citoyen, ses instructions ne respirent que la douceur, la charité chrétienne, l'obéissance et la soumission... Nous le réclamons, dût-il n'avoir aucun traitement... Nul autre ne remplacera le vide affreux que doit produire parmi nous son absence et celle du digne collaborateur qu'il s'est associé. Non, tant que l'Eternel prolongera ses jours, nul autre n'aura notre confiance et l'instant qui nous le ravirait serait pour nous celui du désespoir. » (20).

Toutes ces protestations sont conçues à peu près dans les mêmes termes, et peuvent avoir une source unique, mais il est difficile de supposer que ces trois demandes n'aient pas été justifiées par les qualités et les mérites du curé et qu'il ne fût pas populaire. Le peuple, qui aime les personnalités énergiques, suivait d'autant plus volontiers ses sermons que les deux partis y trouvaient des motifs d'excitations. Un jour qu'il prêchait à Sainte-Catherine, il fut avisé qu'on se disposait à lui brûler la cervelle s'il proférait quelque parole imprudente. Il parla néanmoins, dit une lettre du temps, avec autant de fermeté que de courage, et ses ennemis ne trouvèrent rien à redire à son sermon, de sorte qu'il n'y eut point d'incident. A la sortie, il disait : « J'ai toujours eu l'avantage d'attirer à l'église les personnes qui n'y viennent pas souvent. » (21).

Le nouveau curé de Saint-Laud, Besnard, quoi qu'il ne fut plus jeune, eut la naïveté, avant de monter dans la chaire de son prédécesseur, d'aller lui rendre visite, et, avec sa bonhommie habituelle, raconte qu'il fut fraîchement accueilli. Bernier, dit-il, lui dé-

clara d'un ton aigre qu'il s'étonnait de voir un docteur en théologie se soumettre à une loi impie, et
prêter un serment qui lui faisait encourir l'excom-
munication (22). Ce premier incident, et d'autres qui
suivirent, obligèrent le curé réfractaire, ainsi que
M. Gautreau, chanoine, qui lui avait donné l'hospitalité, à chercher un logement en dehors de la
ville (23).

Mais, avant de disparaître, le pasteur légitime trouva encore l'occasion de mettre les rieurs de son côté,
en faisant tourner en foire et en mascarade la cérémonie d'installation de son successeur, que l'on avait
voulu faire quelque peu solennelle. Tout le monde
raconta cette plaisanterie, le brave Besnard, encore
que la galerie dut rire à ses dépens, et aussi le grave
Journal du département de Maine-et-Loire, organe de
la Société des Amis de la Constitution d'Angers.

Bernier avait, dit-on, menacé des foudres de l'Eglise
ceux de ses paroissiens qui assisteraient à la messe
du nouveau curé, avait annoncé que le ciel ne per-
mettrait point qu'un acte aussi irréligieux fut con-
sommé, que les vases sacrés disparaîtraient, que les
cloches ne pourraient sonner, et que les cierges refu-
seraient leur lumière (24). Or, après que Choudieu fut
venu, accompagné de la garde nationale, chercher
l'intrus et l'eut conduit en grande pompe à l'église,
on ne put sonner les cloches, dont les cordes avaient
été remontées dans le clocher, fermé à clef; le nouveau pasteur, à la sacristie, ne parvint pas à revêtir
les ornements, une main mystérieuse les ayant
cousus par le milieu; les cierges, mouillés, s'obs-

tinaient à ne pas brûler, les vases sacrés étaient introuvables, et le public, mécontent ou narquois, s'impatientait.

Bien que dépossédé de son église, Bernier pouvait encore, comme les autres prêtres, exercer le ministère dans les chapelles des couvents et communautés et administrer les sacrements, à l'exception du baptême et de l'extrême-onction. Après le dimanche des Rameaux, l'animosité devint plus vive contre lui, et il fut redouté des patriotes, pour son acharnement, et pour « la hardiesse et la franchise avec lesquelles il leur reprochait les crimes dont ils se rendaient chaque jour coupables. »

Les catholiques ont coutume, au jour des Rameaux, de visiter les cimetières, et de déposer sur les tombes des branches de buis. Avant la révolution, ils s'y rendaient en procession solennelle à la suite de leur curé, qui, devant la croix centrale, chantait l'évangile. Le 17 avril 1791, l'intrus de Saint-Laud, conformément aux usages, se mit en route, escorté d'un petit nombre de fidèles. En passant devant la maison de M. Boumard, chantre, non jureur, le cortège remarqua à l'une des fenêtres deux domestiques et un chien. Un assistant lança dans la direction de l'animal une pierre, qui, ayant manqué son but, retomba sur un des fidèles. La pseudo-victime cria qu'on avait voulu l'assassiner; l'intrus se plaignit d'avoir été insulté dans l'exercice de ses fonctions; on accusa les domestiques d'avoir jeté la pierre et ils furent mis en prison.

L'affaire, immédiatement, prit de l'importance, et les patriotes déclarèrent qu'il s'agissait d'une conspiration, dont l'ancien curé était l'auteur. S'excitant les uns les autres, ils résolurent de s'emparer de lui, de son vicaire, et même du chantre qui lui donnait l'hospitalité. Une foule nombreuse envahit la maison, la fouille dans tous les sens, cherche ailleurs, demandant à tous les échos Bernier et son vicaire, qui, durant ce temps, assistaient aux vêpres dans l'église des chanoines de Toussaint. Prévenus par des amis, et craignant d'être poursuivis jusque dans le sanctuaire, ils s'échappent, mais, n'osant réintégrer leur domicile, se présentent chez les frères de Saint-Martin, qui sont « saisis de frayeur » à la pensée du danger qu'ils courent si leur maison se trouve mêlée à cette affaire. Dans la nuit du dimanche au lundi, on fouille les maisons du cloître Saint-Laud, y compris celle du doyen du chapitre, et Bernier, trouvant sa situation trop précaire et ne voulant pas exposer à de sérieux ennuis ceux qui le recevaient, se déguise et disparaît dans la campagne (25).

Chassé de sa cure, il perdait également la chaire qu'il occupait au séminaire. Aucun des professeurs ne s'était présenté pour prêter le serment, et le Journal du département de Maine-et-Loire, indigné de cette abstention, les invitait avec insistance à se soumettre à la loi (26). Ils refusèrent, et le 30 mars 1791, le Directoire du département enjoignait à MM. Bernier, Touchet et Louet de cesser leurs fonctions de professeurs (27).

Dans la campagne où il s'était retiré, l'occasion ne manquait certainement pas à Bernier de s'occuper utilement, car beaucoup de paroisses n'avaient pas

de prêtres, si l'on en croit les annonces alléchantes
qu'inséraient les feuilles publiques, demandant, au
milieu des avis de biens à vendre et de maisons à
louer, des desservants pour occuper des places avantageuses, rapportant bien et agréables, dans de bonnes
conditions de logement et de confort (28).

Sans doute, le curé de Saint-Laud ne s'était guère
éloigné, car une dénonciation portée contre lui par
son deuxième successeur et conservée aux archives
de Maine-et-Loire (29) le représente comme continuant avec son vicaire ses manœuvres perfides. Cette
pétition, bien que la municipalité et le département
n'y aient pas prêté grande attention, est intéressante,
car elle peint l'état des esprits dans ce faubourg d'Angers à l'époque : Semblables à des bêtes fauves, les
réfractaires « ne semblent sortir de leurs saintes
retraites pendant la nuit que pour aller exalter les
têtes et enflammer les imaginations de nos concitoyens égarés. Déjà les murmures éclatent publiquement; on ne craint point de nous insulter la nuit et
le jour; on n'attend que le plus petit signal d'une
contre-révolution pour se déclarer traître envers la
patrie; enfin, les ennemis de la chose publique, bien
supérieurs en nombre aux bons citoyens dans le canton et le bourg de Saint-Laud, immolent dans leurs
accès de rage et de fureur les partisans d'une révolution qui doit à jamais fixer l'époque de leur bonheur
comme celui de tout l'empire français... Notre vie est
en péril à chaque instant... »

C'est à cette date que remonte la première lettre
que nous possédions de Bernier, lettre écrite à un

ecclésiastique de ses amis, datée du 3 septembre, évidemment de l'année 1791 :

« Les malheurs qui nous affligent m'ont privé depuis longtemps du plaisir de vous écrire, et si je
n'étais pas pressé par un sentiment irrésistible d'épan-
cher mon âme dans la vôtre, j'aurais encore différé,
car quelle sûreté pouvons-nous nous promettre au sein
des alarmes, des violences et de la plus cruelle anarchie. Tout est ici dans la consternation et l'épouvante,
le fer des assassins de palais a presque brillé sur nos
têtes; obligés de fuir, de nous cacher pour nous soustraire à des ennemis acharnés à notre perte, nous
avons laissé nos troupeaux sans guides et sans pasteurs. La retraite des brigands ne nous laisse, ce semble, respirer que pour nous faire craindre de nouvelles
entreprises. O mon Dieu, quand verrons-nous donc
luire à nos yeux ces jours fortunés que nos réforma-
teurs nous ont si souvent et si solennellement promis !

N'est-ce point un piège qu'ils ont voulu tendre à la
crédulité du peuple ? On commence à ouvrir les yeux
sur le précipice que l'esprit d'erreur et de mensonge a
creusé sous nos pas, et Dieu, qui est toujours admira-
ble dans ses voies, fait servir toutes les violences qu'on
lâche contre son sacerdoce à fortifier les peuples et à
bénir les pasteurs qui aiment mieux souffrir la
persécution que de trahir leur religion et leur
conscience.

Ainsi, tant de moyens qui devaient ce semble détruire l'empire du Christ ne serviront qu'à l'affermir
dans notre chère patrie. Je n'ai point de nouvelles à
vous apprendre, vous savez sans doute qu'un régiment

sortant de Nantes mercredi dernier cria avec un bel enthousiasme : Vive le Roi, Vive la famille royale, à bas les démocrates ! C'est aussi le cri de tous les honnêtes gens, et, sans contredit, de la très grande majorité de la France.

Il faut espérer que tant de vœux réunis formeront cette pierre d'achoppement où viendra se briser l'œuvre disparate de nos factieux démagogues. On dit que leur fureur se ralentit, et que bientôt nous toucherons au terme de nos disgrâces. O jours heureux, quand viendrez-vous ?

En attendant, je suis... »

Rien, dans cette lettre, ne paraît indiquer que Bernier eut, à ce moment, tenté d'usurper la juridiction épiscopale, l'allure en est parfaitement déférente, et elle ne semble pas adressée à un subordonné. Néanmoins, il fut accusé de s'être prétendu muni des pouvoirs du précédent évêque d'Angers, Couet du Vivier de Lorry, et d'avoir voulu agir comme vicaire apostolique (30).

Ce n'est pas seulement en Vendée et dans l'Anjou que les prêtres réfractaires conservaient leur influence, et la Constituante se trouva amenée à s'occuper de leur sort. En juillet 1791, Gallois et Gensonné avaient visité la Vendée dans l'espoir d'y amener l'apaisement, et le 9 octobre, ils déposaient un rapport où ils avouaient avec franchise que le serment ecclésiastique était la cause première des troubles, mais accusaient, d'autre part, le clergé réfractaire d'avoir excité les mécontentements, cabalé contre les intrus, et répandu des brochures injurieuses et diffamatoires.

Les clubs, dont l'influence grandissait, accusaient eux aussi les prêtres insermentés (32).

La question des prêtres ayant été ainsi portée devant l'Assemblée, les représentants hésitaient devant les mesures violentes, quand, le 6 novembre, on reçut la nouvelle que des attaques contre les assermentés avaient eu lieu dans le Maine-et-Loire, à Caen et en d'autres lieux. Isnard demande alors que l'on exige un nouveau serment, et l'Assemblée, craignant pour la révolution, vote, le 29 novembre, un décret portant que les ministres des cultes qui n'auraient pas prêté le serment seraient déchus de tout droit à une pension, qu'ils seraient considérés comme suspects, et soumis à la surveillance des autorités. Selon leurs opinions, les corps administratifs approuvèrent le décret ou protestèrent contre lui. Le Directoire départemental du Maine-et-Loire ne se mit pas au nombre des modérés, et; le 1er février 1792, voulant placer sous la sauvegarde de la loi les personnes et les propriétés des prêtres assermentés, et mettre fin aux troubles causés par les suggestions de pasteurs perfides, il arrêtait que ces derniers devaient se rendre dans un délai de huit jours au chef-lieu du département, et y demeurer sans s'éloigner de plus d'une lieue, sous peine d'internement au séminaire, maintenant vide de ses occupants (33).

Huit jours plus tard, les prêtres insermentés du département adressaient à Louis XVI une protestation que Michelet qualifie de terrible, « qui dut tromper le Roi, l'enhardir, le pousser à sa perte, et qui peut passer pour l'acte originaire de la Vendée, qu'elle annonce, qu'elle prédit audacieusement. Cette page sanglante, dit-il, semble écrite de la main, du poignard de Bernier, qui, plus que nul autre, fomenta la Vendée, la souilla de ses crimes, la divisa par son ambition, et l'exploita dans son intérêt. » (34).

L'indignation de l'historien peut paraître excessive, et la lecture de la pièce ne justifie guère un pareil emportement. C'est un appel déférent à l'autorité supérieure, en présence d'actes arbitraires d'une administration départementale, outrepassant les dispositions d'un décret qui n'a même pas force de loi, n'étant pas sanctionné par le souverain.

Les signataires commencent par protester de leur soumission aux lois, et même aux désirs de Sa Majesté, mais exposent que l'arrêté contre lequel ils protestent est contraire aux lois, dont nulle ne contraint les insermentés à quitter leur domicile ou la ville dont ils sont les citoyens pour résider en un lieu quelconque, préalablement désigné. « Toute loi pénale suppose un crime, ou un délit, et jamais elle ne peut être appliquée qu'à un coupable légalement convaincu. » Cet arrêté ne peut être considéré ni comme une loi, ni comme un jugement, ni comme un règlement de police.

A la suite de cet exorde juridique, les pétitionnaires exposent que le refus de serment ne peut leur mériter la qualification de réfractaires, et qu'il est impossible de prouver leurs relations avec les émigrés, ni aucune tentative de leur part pour soulever le peuple, ils dénoncent l'action des clubs et des curés jureurs, qui, « pour se venger de l'éloignement qu'avaient pour eux les peuples, ont sollicité l'envoi des gardes nationales, dignes instruments des vengeances des constitution- nels. » Seuls le zèle et l'esprit chrétien de ceux qu'on veut proscrire ont empêché le peuple d'opposer une ré- sistance active à l'oppression religieuse.

De la défense, les réclamants passent à l'attaque. Ce sont les commissaires envoyés dans les districts où la paix régnait jadis, qui, en enlevant les cloches, dé- pouillant les temples, renversant les autels et fermant les églises, ont, dans le pays, jeté le trouble et l'alarme, ce sont les curés jureurs qui ont envoyé des dénoncia- tions intéressées.

Cet arrêté, continuent-ils, œuvre de partialité et de vengeance, dont les dispositions sont contraires aux droits de l'homme, est également une tentative faite contre le veto royal, qui a empêché la destruction com- plète du culte orthodoxe et du clergé insermenté.

Sans insister sur la question religieuse, les prêtres demandent à se placer uniquement sous l'égide de la loi pour dénoncer l'irrégularité de la mesure prise par le département de Maine-et-Loire, mesure deman- dée déjà par le département de la Loire-Inférieure et non approuvée par l'Assemblée. Ils protestent enfin contre le choix de cette ville d'Angers, qui avait assez sérieusement maltraité les prêtres aux mois de mai et de juin 1791, et où l'état des esprits rendait assez précaire la sécurité de certains ecclésiastiques.

Ils supplient enfin le roi de casser l'arrêté qu'ils dénoncent, et demandent la liberté pour leur culte, comme elle est accordée aux juifs et aux protestants. Jusqu'ici nous avons contenu le peuple, disent-ils mais, si on nous éloigne, les esprits, déjà montés, se laisseront aller à la colère et à l'indignation que pourront lui causer la nouvelle persécution qui se prépaie et personne ne peut calculer les excès auxquels se porterait une population désireuse de suivre sa conscience, de conserver ses autels et sa religion. Il est temps d'écarter la tyrannie religieuse, et de prévenir les maux qui menacent le pays (35).

Cette pétition n'empêcha pas les mesures abusives de devenir bientôt légales. Le costume ecclésiastique était prohibé, les insermentés condamnés à la déportation ; quelques mois après (22 août) on notait la première insurrection des Vendéens, qui s'emparaient de Châtillon-sur-Sèvre.

Cet événement n'était pas fait pour calmer les passions de ceux qui, à l'exemple de Fauchet, accusaient les insermentés de porter « la haine dans le cœur et le flambeau de la discorde dans la main ». Aussi, au moment où arrivaient à Angers, le 31 août, les prêtres du Mans désignés pour la déportation, le conseil général de Maine-et-Loire, qui venait de réclamer une loi contre les non-conformistes, saisit l'occasion et décida que les prêtres d'Angers seraient réunis à ceux du Mans, et tout le convoi fut dirigé sur Nantes (36).

Traqués de toutes parts, les insermentés ne savaient quel était pour eux le plus grand péril, se soumettre à la loi en quittant le territoire français, ou la braver en restant dans le pays. De la part de Bernier, adversaire acharné du serment, la marche vers l'exil aurait semblé désertion. Il dut se réfugier à Orléans (37) où, inconnu, il pouvait se sentir moins menacé, avant de rejoindre le Bocage où l'on paraît avoir retrouvé ses traces en 1792. La ferme du Vivier aux Echaubrognes (38) était, paraît-il, le lieu de refuge des ecclésiastiques des environs, qui y célébraient leurs offices sans être troublés. On y voit mentionné un abbé Bernier, peut-être celui qui nous intéresse.

L'abbé de Clorivière, ancien et futur jésuite, ayant formé le projet de conserver en France l'état religieux, avait créé une association de prêtres comptant jusqu'à 80 membres, suivant la règle de saint Ignace, mais dépendant des Ordinaires. Son projet ayant été apprécié par les évêques français établis à Londres, ceux-ci pensèrent que l'institution pourrait être utile à la monarchie et à la religion, et estimèrent qu'il fallait demander l'approbation du Pape. Ses envoyés, venus en France, se seraient mis en rapports avec un abbé Bernier, que l'on a supposé, sans doute à tort, être l'apôtre de la Vendée (39).

II. — LA GUERRE DE VENDÉE.

L'Incident Guillot de Folleville. — Le Conseil Supérieur. — L'Organisation économique du pays. — L'Action militaire de Bernier. — La Fin de la Grande Armée Vendéenne.

Quel fut le rôle de Bernier au cours de l'insurrection vendéenne ? Pour lui, peut-être plus que pour tout autre, il est malaisé d'établir la part d'action et de responsabilité. La documentation historique pour la guerre de Vendée est, en ce qui concerne le parti catholique, beaucoup plus maigre que pour le parti républicain. C'est de ce dernier parti que vinrent les premières histoires de ces campagnes, récits toujours tendancieux, rapports à la Convention de représentants qui tenaient à paraître ardents et patriotes, mémoires de généraux qui, heureux ou malheureux, avaient intérêt à noircir leurs ennemis et à exagérer leurs forces, récits apologétiques comme celui de Turreau, qui avait à la fois plaisir et profit à dénaturer les événements.

Le parti républicain avait à sa disposition les documents officiels, ce qui permit à l'un des siens, Savary, d'écrire une première histoire réellement sérieuse. Du côté des insurgés, au contraire, les sources sont beaucoup plus maigres; la plupart des généraux vendéens: Cathelineau, Bonchamps, d'Elbée, La Rochejacquelein, Stofflet, Lescure, Charette, ont péri sur les champs de bataille ou victimes des exécuteurs de la Convention; parmi les chefs, seul Poirier de Beauvais écrivit ses mémoires; les pièces officielles sont peu nombreuses, la multiplicité des chefs causa des discordes. Pour Bernier, la part de vérité est plus malaisée à établir que pour tout autre, car presque tous ceux qui en parlent le poursuivent de leur animosité. L'histoire de la guerre de Vendée, qu'il avait entreprise, a disparu, on devra donc se souvenir que toute cette période de sa vie n'est racontée que par des ad·versaires ou des ennemis.

Au début de l'insurrection, quelques prêtres se montrent, vicaires jeunes et ardents, dit Chassin, qui cite plusieurs noms, dont celui de l'abbé Barbotin, le sinistre abbé Barbotin, dit-il, que, dès le premier soulèvement de Cathelineau et de Perdriau, on voit dans la bataille. Il est choisi par eux comme aumônier, et, après la nomination de Sofflet comme général, il signe avec lui les premiers bons de réquisition (40). Les prêtres, au début, devaient être rares dans les troupes insurgées, si l'on en croit la déposition de Joseph Cathelineau qui, le 25 mars 1793, déclare n'en avoir vu que deux, dont il ignore les noms, et a entendu dire que d'autres donnaient l'absolution avant la bataille (41). Pendant ce temps, Bernier demeurait caché, et ce n'est pas sans exagération qu'on l'appela le Pierre l'Ermite de la croisade contre les Bleus (42). Ce ne fut, dit Beauchamp, qu'après la prise de Saumur qu'il rejoignit l'armée.

Cependant, il ne tarda pas à acquérir une influence

considérable. Le 26 mai 1793, les principaux chefs vendéens, logés chez Grimouard de Saint-Laurent, tinrent, au nombre de 12, la célèbre conférence de Fontenay, où, sur le plan de d'Elbée, de Marigny et de Bernier fut décidée la création du Conseil Supérieur, établi quelques jours plus tard à Châtillon-sur-Sèvre, qui devint en quelque sorte la capitale de la Vendée royaliste.

C'est à Fontenay également que fut adoptée, d'après le texte proposé par Bernier et Desessarts, l'« Adresse aux Français de la part de tous les chefs des armées catholiques et royales, au nom de S. M. très chrétienne Louis XVII, roi de France et de Navarre » (43). Les chefs proclament leurs buts de guerre. « Nous connaissons le vœu de la France, il est le nôtre, c'est de recouvrer et de conserver à tout jamais notre sainte religion catholique, apostolique et romaine, c'est d'avoir un roi qui nous serve de père au dedans et de protecteur au dehors. » (44).

De ce jour, dit Chassin, date la transformation des insurrections vendéennes pour le rappel des bons prêtres en guerre civile organisée pour la restauration de la monarchie et de l'ancien régime (45).

Le Conseil supérieur était ainsi composé : l'évêque d'Agra, président; MM. Desessarts père et de La Rochefoucauld, vice-présidents; MM. Dupaty, Barré et Jagault, secrétaires. Les autres membres étaient : M. Brin, curé de Saint-Laurent-sur-Sèvre, Body, Bourasseau, de la Renollière, Bernier, Lemaignen, Boutillier des Hommelles, Chetou, Michelin, Gendron, Duplessis, Paillou, Lyrot de la Patouillière, de La Robrie,

Coudraye, Carrière, de Couetus, La Cathelinière et Thomas. Cousseau de Lespinay fut trésorier (46).

Parmi ces membres, bien peu, dit Deniau, sortaient de la médiocrité; deux seulement eurent un grand prestige : l'évêque d'Agra, par le titre qui lui permit quelque temps de briller comme un météore au milieu des chefs de l'armée catholique, et Bernier, de médiocre naissance, qui devait, par son habileté, atteindre une si étonnante fortune. « C'était sans contredit, dit Mme de La Rochejacquelein, celui de tous qui avait le plus d'esprit. Jamais on n'a parlé comme lui d'abondance, il montait en chaire et prêchait pendant deux heures avec une pureté et une force d'expression que je n'ai vues qu'à lui et qui étonnait quiconque l'entendait. Jamais il ne manquait l'expression propre, et jamais il n'hésitait; avec cela, un grand nombre de citations latines, un son de voix sonore et doux, seulement un peu monotone dans ses intonations et dans ses gestes. Cet homme, comme on voit, avait le plus sûr talent pour émouvoir, il écrivait aussi bien qu'il parlait. Son éloquence avait surtout le mérite d'être brillante et persuasive, elle s'emparait également de l'esprit et du cœur; avec cela il était infatigable; avec tant de moyens, un zèle toujours renaissant et l'air le plus modeste, il prit en peu de temps un grand ascendant sur le Conseil supérieur, sur les généraux, sur le peuple surtout; il n'était question que de lui. » (47).

D'autres, il est vrai, le peignent sous des traits moins flatteurs : Beauchamp dit : « Dans un pays où les prêtres se faisaient remarquer surtout par la sim-

plicité de leurs mœurs plus que par les qualités bril·
lantes qui subjuguent, Bernier fut regardé comme un
phénomène. Sa facilité pour le travail, sa prodigieuse
aptitude, sa rédaction aisée lui acquirent un ascendant marqué sur le conseil vendéen. Il n'avait que
deux mois d'exercice, et déjà son influence dirigeait
tous les travaux. » (48).

Barré, qui ne le connut que plus tard, écrit qu'il
avait, avec beaucoup de talents, une mémoire prodigieuse, un esprit d'une grande vivacité, mais plus brillant que solide (ce qui est peu compatible avec l'influence extraordinaire qu'il eut). Il avait, continue
Barré, une autorité incroyable sur tous les esprits, tout
semblait être de son ressort, jamais il ne se déclarait
incompétent, sachant régler toutes choses, si bien que
tous ceux qui l'entouraient, y compris les prêtres, sa-
crifiaient à l'idole. « Dans l'âge de la vigueur, et fortement constitué, il était capable de supporter les
fatigues d'un tel apostolat, mais il était trop adroit
pour ne pas y trouver tout ce qui peut en soulager le
poids et contribuer aux douceurs de la vie (49). »

Bernier se trouvait au Conseil, en compagnie, et
en quelque sorte sous l'autorité de Guillot de Folleville, pseudo-évêque d'Agra, dont l'histoire demeure
assez obscure. Sans doute, il n'était pas digne d'une
bien grande estime ce curé de Dol, que l'on avait
représenté d'abord comme un réfractaire, et dont M.
Jeanvrot, dans un article de la *Revue de la Révolution*
fait, au contraire, un curé patriote, contraint de fuir
sa paroisse pour éviter les persécutions des fanatiques
catholiques, mais il est plaisant de constater que ceux

qui lui reprochent le plus amèrement la parodie qu'il joua en Vendée sont précisément ceux qui, ne croyant pas à la valeur des titres d'évêque ou de prêtre, auraient dû juger avec la plus indulgente des ironies la farce jouée par ce pauvre homme, victime de sa malice ou de ses mensonges.

Quelle que soit l'importance de ce bizarre incident des guerres de Vendée, il convient de nous y arrêter un instant, précisément parce que la présence de Bernier aux côtés de l'évêque d'Agra lui fut amèrement reprochée par des historiens qui crièrent au scandale, en voyant un prêtre intelligent et instruit se prêter à une supercherie, habile et de bonne guerre si l'on se place au point de vue militaire, scandaleuse, si l'on juge la chose en ecclésiastique et d'après les principes du droit canonique.

Jeanvrot raconte donc (50) qu'après avoir quitté Dol, qu'il ne manifestait aucun désir de revoir, Guillot songeait à contracter mariage et menait joyeuse vie, tout en affichant les sentiments du plus pur patriotisme. Au début de l'insurrection vendéenne, il partit comme volontaire dans les rangs des patriotes de Poitiers. Tombé aux mains des Vendéens, le 5 mai, avec sa compagnie, et craignant un mauvais sort, il raconta un roman qu'il avait déjà servi aux sœurs de la Charité de Poitiers, inventant un évêché d'Agra, dont il était titulaire *in partibus*.

Conduit devant les chefs vendéens, et pensant ne rencontrer que des militaires, il dût être terrifié en se trouvant vis-à-vis de Bernier, son ancien condisciple d'Angers, et du bénédictin Jagault, qu'il semblait malaisé d'induire en erreur. Mais sa crainte se changea en stupéfaction quand il apprit que puisqu'il était évêque, il devait être traité comme tel. Affublé d'une soutane violette et d'une mitre, muni d'une crosse, le prisonnier de la veille était condamné à jouer le rôle d'évêque (51).

Jeanvrot, suivi par Chassin, estime que Bernier, qui n'était pas un homme à se laisser duper par le premier prisonnier cueilli dans une débâcle, fut, avec les autres chefs vendéens, qui en riaient sous cape, le complice de cette supercherie, peu digne d'un ecclésiastique. Il aurait même été l'auteur principal de la manœuvre, avant de faire condamner le faux évêque par le pape, quand l'influence de Guillot gêna son ambition personnelle.

Celui-ci, en attendant, bénissait sans cesse, remplissant entièrement les fonctions de vicaire apostolique. Comme il avait été nommé président du Conseil supérieur, Bernier, jaloux, tenta de faire changer cette décision, et n'y étant pas parvenu, les chefs se refusant à sacrifier les avantages que leur valait un évêque, écrivit au pape pour dénoncer l'imposture. Il n'en continua pas moins de siéger aux côtés de l'évêque, comme si aucun dissentiment n'existait entre eux.

Les Vendéens, aux mois de mai et de juin, paraissaient marcher de succès en succès; les patriotes, effrayés, demandaient du secours, et, dès l'arrivée de leurs ennemis devant Angers, évacuaient la ville. Le 20, l'armée catholique et royale l'occupait sans éprouver de résistance; les prisonniers furent délivrés, les

pretres mis en liberté; les chefs se montrèrent généreux envers les patriotes, et il n'y eut aucune exécution capitale. L'évêque d'Agra, qui suivait l'armée,
fit son entrée sans faste, à cheval, avec la simplicité
d'un apôtre (52).

Chassin dit que Bernier ne profita pas de cette circonstance pour revoir la ville où il avait fait ses
débuts et son ancienne paroisse, et laissa, le 25 juin.
le faux évêque paraître avec trente tartufes, tous l'épée
à la main, et que seul le curé de la Trinité rentra dans
son église où, avec ses vicaires, il confessa toute la
nuit (53).

Les *Affiches d'Angers*, journal patriote, tombent en
sommeil dès l'entrée des Vendéens, et ne reparaissent
que le 5 juillet, heureuses de voir renaître l'enthousiasme républicain, mais ne donnent aucun détail sur
le séjour des « brigands » dans la ville (54).

D'après d'autres historiens, Bernier parada dans la
cathédrale d'Angers, escorté par l'armée, entouré des
chefs vendéens et aux côtés du faux évêque (55)
L'abbé Deniau, se basant sur les récits de Grille,
donne même un extrait du sermon que l'abbé Bernier
aurait prononcé dans son ancienne paroisse, en présence d'une foule considérable. Il ne faut sans doute
accepter que sous bénéfice d'inventaire les déclarations
de Grille, qui écrit avec passion et ne le cache pas (56).
Le sermon qu'il prête à Bernier paraît, en tous cas, indigne de l'orateur et invraisemblable. Ce fut, parait-il,
pendant deux longues heures une diatribe violente
contre les acquéreurs de biens d'église, entremêlée de
réflexions sur l'économie politique, destinées à mon-

trer que l'intérêt du peuple, d'accord avec la justice,
exigeait que le clergé fût remis en possession de ses
richesses. Et après ces considérations générales, passant à son cas particulier, il aurait eu l'incorrection
de rappeler ce qu'il était lui-même, parlant de sa
cure, des dons incessants qu'il faisait, des malades
qu'il visitait, des secours temporels qu'ils distribuait
à tous en abondance.

De tels propos auraient supposé chez l'orateur un
oubli complet des convenances et une insigne mala-
dresse. Grille ajoute que ce sermon jeta de l'huile sur
le feu, et que ce passage de Bernier à Angers laissa
longtemps des traces. « Son homélie, dit-il, fit dénoncer de part et d'autre et fusiller ou guillottiner des
centaines d'infortunés ou d'imbéciles pendant plus de
deux années. » (57).

Si le récit du sermon nous semble suspect, celui de
l'apparition du Saint-Esprit sous la forme d'un pigeon, lâché dans l'église de Saint-Maurice le 23 juin
au milieu de la messe pontificale est moins vraisemblable encore. « Les fanatiques crièrent au miracle,
mais cela ne prit pas, le pigeon étant gris. » On reconnaît, dit Jeanvrot, la signature de Bernier dans
cette apparition (58).

Les Vendéens, enthousiasmés par la présence d'un
évêque dans leurs rangs, et pensant marcher vers le
triomphe, partaient le 25 juin d'Angers pour attaquer
Nantes. Leur insuccès devant cette ville fut le commencement de leurs misères, mais nous ne pouvons
nous attarder au récit des opérations militaires, l'influence de Bernier, chaque jour grandissante, s'exer-

çant principalement au Conseil supérieur, dont, peu à peu, il allait devenir l'âme.

Le premier acte d'administration du Conseil avait limité, le 8 juin, la circulation des assignats à ceux qui portaient l'effigie royale. Le 6 juillet, Bernier signait, avec l'évêque d'Agra, la proclamation annonçant aux Vendéens la défaite de Westermann à Parthenay. Il contresigne également la lettre pastorale du faux évêque, adressée le 17 juillet aux habitants des pays conquis par les troupes de S. M. Louis XVIII, lettre dont l'auteur n'est pas sans faire étalage de citations latines, et à la rédaction de laquelle Bernier avait sans doute pris part (59). Bernier prend au bas de cette pièce le titre de vicaire général d'Angers.

C'est à Bernier que sont généralement attribués les règlements émanés du Conseil supérieur pour ce qui touchait à l'organisation et à l'administration des territoires occupés. Le but poursuivi était de faire servir toutes les ressources du pays au bien de la cause royale. Les ventes des biens nationaux étaient déclarées nulles, par une ordonnance du 11 juillet, les anciens titulaires étaient invités à en reprendre possession, et, en attendant, les biens étaient administrés par des régisseurs spéciaux. Les biens du clergé étaient également mis en régie et les revenus devaient être employés à l'entretien du culte et au paiement des armées royales. Le Conseil supérieur avait sous ses ordres des conseils secondaires et provisoires établis dans toutes les communes et chargés de l'administration locale, de la transmission des ordres, du recensement des hommes en état de servir, etc.

Beauchamp, qui n'approuve pas la création du Conseil, expose clairement ce qui s'y faisait et s'étend sur le rôle de Bernier, qu'il juge d'ailleurs sans indul-gence. « Pour nourrir chez le Vendéen l'attachement à la religion et à la royauté, et la haine de la répu-blique, le Conseil supérieur faisait aussi des procla-mations. Il avait soin de répandre dans toute la Ven-dée un bulletin imprimé (60), dans lequel, exagé-rant les succès des armées combinées contre la France, ou les avantages remportés par les royalistes, il dis-simulait les victoires des républicains. La rédaction de ce bulletin était laissée au curé de Saint-Laud, qui prenait chaque jour plus d'ascendant sur son parti. Bernier conservait dans ce Conseil le ton décisif qu'il avait dans la chaire, et comme s'il eut rivalisé avec les révolutionnaires les plus ardents, il montrait dans le sens opposé un esprit fougueux et persécuteur; ses travaux administratifs portaient l'empreinte de son caractère.

« Ce fut lui qui suggéra au Conseil un arrêté de pros-cription contre toutes les autorités civiles et militaires républicaines, et qui l'étendit même à leurs familles; il semblait qu'un esprit sombre et méchant en eût imaginé toutes les dispositions. En vain quelques royalistes plus sages voulurent résister : Bernier triompha de leur opposition. Un second arrêté, éga-lement son ouvrage, contraignit les républicains qui étaient restés dans la Vendée au serment de fidélité au roi. La haine s'étant emparée de cette mesure im-morale qui forçait au parjure, le Conseil supérieur en suspendit l'exécution. Le règlement qui ordonna de souscrire au nom du Roi les assignats républicains, ôta aux insurgés les moyens de se pourvoir au dehors des objets les plus nécessaires dont on manquait en Vendée. Celui qui rétablissait les dîmes empêcha quelques paroisses de se déclarer.

« Outre l'adoption de ces mesures vexatoires, le Conseil, entraîné par Bernier, ordonna l'emprisonnement de tous les républicains restés dans la Vendée, sans même en excepter les femmes et les enfants. On sollicita vainement la liberté de quelques unes d'entre-elles, et des vieillards infirmes, Bernier s'y opposait toujours avec une dureté inflexible. Il déploya la même rigueur à l'égard des calvinistes. Plusieurs d'entre eux suivaient l'armée vendéenne, et se montraient aussi dévoués que les catholiques à la cause du roi. Pour les entretenir dans ces favorables dispositions, le Conseil jugea qu'il serait utile de déclarer que les religionnaires jouiraient... de tous les avantages de l'édit de 1788. M. Bernier, seul, s'y opposa... Ce fut la seule fois que le Conseil se prononça contre l'avis de Bernier.

« Ainsi, son activité, qui suffisait à tout, eut été profitable à son parti s'il ne se fut livré à l'emportement de ses passions. Bernier parcourut aussi la Vendée, il prêcha dans presque toutes les paroisses, il organisa des conseils civils, principalement dans l'Anjou... Il n'admettait pas la contradiction, aussi les royalistes lui reprochèrent ses prétentions exagérées, qui finirent par amener la désunion et la perte de la cause pour laquelle on s'était armé. » (61).

Ainsi, celui qui plus tard devait tenter la concilia-

tion de tous avait commencé par figurer au nombr
des violents et des impitoyables, non pas qu'on ait pu
le convaincre d'avoir conseillé des massacres, mais il
était fort disposé à confisquer les biens des ennemis
de l'Etat, comme contre partie des dispositions votées
par la Convention au sujet des biens nobles, et il parvint à faire adopter son point de vue, le 31 juillet, en
dépit de l'opposition de M. de La Renollière (62).

Bernier ne doit cependant pas être rendu seul responsable des fautes et des erreurs du Conseil, qui se
trouva entraîné à s'occuper d'affaires militaires pour
lesquelles il était peu compétent; les questions spiri-
tuelles se trouvaient mêlées aux affaires temporelles,
et là où on aurait eu besoin de dictateurs, on ne trouvait que des délibérants.

Quant à Bernier, il savait, même loin de la table
des délibérations, se montrer à la hauteur des circonstances difficiles et ne pas craindre le danger. Le
18 juillet 1793, il semble que, non content de haran-
guer les soldats vendéens et de les absoudre, il ait
dirigé lui-même les opérations militaires et mené
l'action, au moment où, après trois jours de lutte, les
soldats, privés de leurs grands chefs et menés seulement par des officiers subalternes, agissaient sous le
commandement de Piron et d'après les avis du curé
de Saint-Laud. Cette petite affaire, car il semble qu'à
Vihiers les effectifs vendéens ne dépassaient pas sept
ou huit mille hommes, se termina par un brillant succès, et les troupes de la Convention, bousculées, recu-
lèrent, prises de panique, jusqu'à Saumur (63), suivant
l'exemple de leur chef, le fameux Santerre, qui mon-

tra une fois de plus « son aptitude à compromettre le sort des armées républicaines.

Au lendemain de la victoire de Vihiers, qui, si elle avait ému les patriotes, n'avait procuré aux Vendéens aucun avantage sérieux, il fallut nommer un général en chef, pour succéder à Cathelineau, décédé le 14 juillet. Les représentants de l'armée choisirent d'Elbée, qui n'était pas candidat, mais dont la nomination paraissait désirée par le Conseil supérieur (64), et une proclamation aux troupes communiqua le résultat du vote.

Après avoir assisté au combat triomphant de Vihiers, Bernier fut témoin de la défaite dans le voisinage de Luçon. 25.000 volontaires se trouvaient réunis au camp de l'Oie, pour se préparer à l'attaque de la ville. Tous les soldats étaient pleins d'ardeur, les deux prêtres les plus écoutés, Bernier et Jagault, accompagnaient l'expédition; les soldats venaient d'entendre dire que la Reine avait été mise à mort, et cette nouvelle, fausse d'ailleurs, mais qu'il était impossible de contrôler, les avait émus et atterrés. Malgré les fâcheuses nouvelles, on organisa une grande solennité religieuse. Bernier, qui avait déjà prêché au moment où le bruit de la mort de la reine s'était répandu, célébra la messe et l'abbé Jagault fit le sermon (65).

Le terrain découvert ne permettait pas aux Vendéens de suivre leur tactique habituelle, et l'action, faiblement menée, échoua complètement. L'ennemi, renseigné par ses espions, combattant dans des conditions qui lui permetttaient la manœuvre, mit en déroute les Vendéens; les chefs se rendirent les uns les autres responsables de l'échec, et ce jour marqua le terme des prospérités de l'armée catholique. Bernier, dans les notes qu'il rédigea en 1806, donne en ces termes un aperçu de la bataille. J'étais présent, dit-il, par l'ordre exprès des chefs et pour les maintenir dans l'union, « j'ai vu d'une hauteur assez considérable les deux armées se déployer. Charette commandait la gauche, d'Elbée était au centre, La Rochejacquelein commandait la droite. Marigny, seul, fit perdre la bataille. Ivre dès six heures du matin, il conduisit, malgré ses canonniers, les pièces de canon à une portée de pistolet de l'ennemi, sans les mettre en batterie.

Il les abandonna ensuite subitement et alla porter à La Rochejacquelein un ordre qu'il n'avait pas reçu : celui de ne pas bouger. Il résulta de là que la gauche attaquant seule, la droite n'agissant pas et le centre ayant livré ses canons à l'ennemi, par l'ineptie et l'ivresse de Marigny, la bataille fut perdue. Les protestants contribuèrent aussi à la perte de cette bataille par tous leurs moyens en fuyant les premiers » (66).

Si l'armée catholique connut encore quelques succès, comme les victoires sur les Mayençais qui exaltèrent l'ardeur des soldats du roi, Bernier n'était pas mêlé à ces actions; quant au Conseil supérieur, son rôle se trouvait singulièrement diminué et les chefs militaires le regardaient sans indulgence. Le travail de Bernier se réduisait peut-être à la rédaction du bulletin destiné à communiquer les nouvelles aux troupes et aux administrations du pays occupé.

La défaite de Luçon avait été vengée par les victoires de Coron, de Pontbarré, de Saint-Fulgent, de Torfou, de Mortagne, mais les insuccès se mêlaient aux gloires. Les troupes républicaines, plus nombreuses de jour en jour, écrasent leurs adversaires qui, acculés à Cholet, sont contraints de repasser la Loire à Saint-Florent. C'est à ce moment que se produisit la libération de près de 6.000 prisonniers républicains, dont les troupes royalistes étaient fort embarrassées. Comme elles ne pouvaient leur faire passer la Loire, un conseil avait été tenu et, au premier moment, les membres délibérants étaient, paraît-il, d'avis de les faire fusiller sur le champ, Cesbron d'Argonne, particulièrement violent, réclamant cette mesure. Mais, dit Mme de La Rochejacquelein, personne ne voulut faire exécuter une décision aussi barbare, et les officiers se retirèrent sans oser donner l'ordre. Lescure s'indignait de cette barbarie, mais beaucoup de soldats, se souvenant des massacres commis par les républicains, poussaient des cris de mort. L'intervention de Bonchamps sauva la vie des captifs (67).

Quel fut dans cette affaire le rôle de Bernier ? La majorité du Conseil, disent les historiens, penchait pour le meurtre qui, militairement, pouvait sembler profitable. Bernier fut accusé d'avoir été partisan du massacre. Gibert, qui rapporte ce bruit, déclare ne point le garantir (68). D'autres témoignages, peut-être suspects, se rapportant à des circonstances analogues, tendent à noircir la mémoire de Bernier. Mocquereau de La Barrie, racontant comment il avait échappé au massacre, rappelle que pendant son séjour à Cholet, la même cause (l'approche des républicains) avait fait délibérer le Conseil supérieur sur la question de savoir ce que l'on ferait des prisonniers. Onze membres sur 32 votèrent la mort, et ces 11 membres étaient tous prêtres, « et l'évêque d'Angers était du nombre » (69). Joseph Clemanceau, généralement modéré dans ses jugements, a nettement accusé deux prêtres, Bernier et Gigault (sans doute Jagault), d'avoir excité la barbarie des soldats en leur disant qu'il ne fallait pas faire de quartier (70).

Bernier, dans les notes qu'il a laissées, donne une version différente : Les historiens, dit-il, ont dramatisé les faits et traité l'histoire en romanciers. « Si les prisonniers de Saint-Florent ont été sauvés, ils durent la vie à tous les chefs et à l'armée entière; quelques étrangers qu'on y avait incorporés firent seuls entendre quelques cris de fureur, et comme ils suivaient généralement l'armée de Bonchamps, on se servit de son nom pour les apaiser. On était sûr du vœu de son cœur. Il était alors sans parole. Il n'est point un chef qui n'eût horreur d'un pareil massacre, et vouloir attribuer à un seul la gloire de l'avoir empêché, c'est supposer aux autres des sentiments et une faiblesse qu'ils n'eurent jamais (71). » Bernier, cependant, réclama un jour cette gloire pour lui seul, et dans la note qu'il adressait sur lui-même au Premier Consul en 1802, il disait: « Il a contribué par ses efforts à sauver, en se jetant aux genoux des chefs, le 18 octobre 1793, 5.700 prisonniers des armées de la République, détenus à Saint-Florent, qu'une partie des insurgés voulait immoler après la mort de M. de Bonchamps. » (72).

Bernier avait sans doute, au moment où il écrivait ces lignes tout intérêt à s'attribuer le mérite d'une démarche généreuse, mais l'événement n'était pas tellement éloigné qu'il fut possible d'affirmer des faits exactement contraires à la vérité, et de s'attribuer le mérite de la miséricorde après avoir conseillé la rigueur.

Aussitôt après la traversée de la Loire, un conseil de guerre se tint à Varades, dans la chambre où Lescure, blessé, avait été déposé. Quelques membres de l'ancien Conseil supérieur, dissous depuis la prise de Châtillon, assistaient à la réunion : Bernier, « toujours intrigant et dominant », dit Béjarry, et Jagault.

C'est au milieu de ce conseil qu'arriva le bref du pape Pie VI (73) répondant à la dénonciation de Bernier contre l'évêque d'Agra. Ce bref étant en latin, ce fut le curé de Saint-Laud qui dut le traduire, et les chefs vendéens surent, dès lors, qu'il n'existait pas d'évêché d'Agra. Les généraux, à cette nouvelle, furent mis dans un cruel embarras. Redoutant le scandale et l'indignation de la troupe à l'annonce d'une pareille imposture, ils résolurent de tenir le bref secret pour ne pas diminuer la confiance des soldats en ce moment critique. L'évêque d'Agra, à partir de cette date, semble avoir cessé à peu près complètement ses fonctions; au siège de Granville, il ne revêtit pas les ornements pontificaux; on avait appris à le connaître depuis le passage à Dol (74). Il suivait l'armée plus qu'il ne la conduisait, et comme un prisonnier plus que comme un pontife. Le Conseil supérieur n'existait plus et Guillot se trouvait perdu dans la masse. Peut-être avait-il le désir de s'échapper. Les soldats patriotes, au milieu des dépouilles qu'ils trouvaient sur les champs de bataille ou derrière les Vendéens débandés, ramassèrent une ceinture violette, des ornements pontificaux, des vases sacrés et de l'argenterie, dont on supposa que l'évêque voulait se faire un trésor. Ils trouvent enfin, près d'Angers, l'évêque lui-même, qui, naturellement, est condamné, et qui meurt sans avoir livré le secret de son épiscopat de fantaisie (75). Peut-être en accusant les chefs vendéens eût-il sauvé sa vie, il ne le voulut pas. Convient-il de rendre Bernier responsable d'une comédie sacrilège et d'étaler une indignation puritaine ? N'y a-t-il pas lieu de le considérer, lui et tous ceux qui furent mêlés à cette affaire tragi-comique, comme des gens qui, mis dans un mauvais cas, par naïveté ou inadvertance, cherchent à se tirer d'affaire au meilleur prix possible, et cachent leur faute, mettant d'accord comme ils peuvent leur vanité, leurs intérêts et la justice. Le devoir strict aurait exigé qu'on fit du faussaire une exécution publique, mais il était peu opportun, au moment de la défaite, d'exaspérer les paysans démoralisés, en leur montrant la farce dont ils avaient été le jouet. Il était humain de dissimuler le scandale et de ne pas clouer immédiatement le faux évêque au pilori. Les nécessités du pouvoir rendent difficile, dans certains cas, la justice rigoureuse, et l'on vit plus d'une fois les chefs hésiter à prendre des mesures de sévérité, dont les suites auraient rejailli sur eux-mêmes ou sur leur parti. Les Vendéens, braves sur le champ de bataille, étaient prudents en conseil; quant à Bernier, c'était un politicien et non un héros.

Edmond Stofflet conclut ainsi l'histoire de l'évêque l'Agra : « Afin de reprendre pour son propre compte le rôle prépondérant de l'abbé de Folleville, Bernier sollicita secrètement et obtint la nomination de premier aumônier. Son orgueil croyait ainsi monter vers l'épiscopat. Il portait un bourdalou d'or, dans la crainte de se laisser confondre avec la foule des modestes prêtres vendéens qu'un simple ruban violet distinguait des combattants. » (75 *bis*).

Au cours du long voyage qui devait conduire l'armée de Vendée jusqu'à Dol, Granville et Pontorson, on voit Bernier apposer sa signature sur les bons royaux créés par l'arrêté du 1ᵉʳ novembre 1793 (76); on le rencontre cité comme aumônier et comme prédicateur; à Avranches, il parle contre l'insubordination et les pillages des soldats; quand ceux-ci, loin de leur pays, se demandent avec angoisse où les chefs veulent les mener, et au moment de la malheureuse attaque de Granville, il les exhorte à la soumission et à l'obéissance. Il se montre même entraîneur d'hommes, comme à Dol, où il harangue les soldats débandés, et les ramène au combat (77).

Les échecs lamentables de l'armée catholique ne pouvaient augmenter la confiance des Vendéens dans leurs généraux. La Rochejacquelein et Stofflet tentaient de les retenir sur les côtes de la Manche, mais les soldats n'aspiraient qu'au retour vers la Loire. Ils soupçonnèrent même des chefs de vouloir passer en Angleterre, et il est certain que l'on constata un jour l'absence de plusieurs d'entre eux : Beauvollier, le prince de Talmont, Bernier, Solérac, d'Autichamp, deux aides de camp de Talmont et quelques dames. A la nuit, ils se rendirent au bord de la mer, et Stofflet, apprenant qu'un bateau les attendait, envoya à leur poursuite 50 cavaliers chargés de les ramener, au besoin par la force. Les fugitifs, rencontrés au moment où ils revenaient, furent conduits à Stofflet, et des explications assez vives suivirent. Talmont fut accusé d'avoir offert à un pêcheur 200 louis d'or et deux chevaux s'il le passait à Jersey. La vérité ne fut jamais connue (78).

Les Vendéens n'avaient plus qu'une pensée : leur pays, et le désordre commençait à s'introduire dans leurs rangs démoralisés. « Le curé de Saint-Laud calme les esprits par ses exhortations pathétiques, et les ramène à l'obéissance. Presque tous reprennent leur rang » (79). Edmond Stofflet lui-même, qui n'est, certes, pas tendre pour Bernier, lui rend justice en cette occasion. Les soldats, qui perdaient confiance, partaient en masse. Débandés et sans chefs, ils sont arrêtés devant Pontorson par 10.000 républicains; La Rochejacquelein et Stofflet poussent l'attaque dans la nuit, le 18 novembre, et l'ennemi, empêtré par sa masse et immobilisé dans l'unique rue de la ville, est bousculé. Les Vendéens se fraient la route vers le Bocage : « Talmont et Bernier se font pardonner leur passagère défaillance à force de zèle apostolique et d'intrépide courage. » (80).

Les Vendéens continuent leur voyage, et la multitude errante s'écoule, pieds nus, par les chemins détrempés, bivouaquant dans la boue, mourant de faim ou pourrissant de misère, sans vivre, sans vêtements, laissant partout de lamentables traces de son passage. Derrière elle, les cadavres dont l'odeur empuantit l'air, les traînards, destinés à devenir victimes des Bleus, les maladies et l'infection régnant dans les villages où elle a séjourné disent ce que fut cette retraite. Repoussés d'Angers, les Vendéens veulent se réfugier au Mans, et leur armée, attaquée par les soldats de Marceau et de Westermann, coincée dans les rues de la ville, comme celle des républicains l'avait été dans Pontorson, écrasée dans une sorte d'entonnoir où les combattants se gênent les uns les autres, s'écoule sans arrêt, sous la protection de quelques braves et de chefs qui combattent en personne, non pour arrêter l'ennemi, mais pour le retarder. A travers Laval, Craon, Pouancé, ils arrivent à Ancenis et retrouvent le fleuve qui les sépare de la terre promise. Cette terre, bien peu l'atteindront; quelques rares combattants auront la chance d'échapper au massacre, les autres iront combler de leurs cadavres les fossés de Savenay, rouler dans le flot révolutionnaire de la Loire, périr de mort brusque ou de mort lente, victimes de la chasse que les bleus faisaient aux brigands.

III. — BERNIER CHEZ STOFFLET

*Son action, son influence. — La Mort de Marigny. —
. Les Querelles entre les chefs royalistes.*

Si tous les Vendéens étaient traqués, les prêtres
étaient poursuivis avec une ardeur particulière. Bernier, dont on avait signalé le passage à Baugé (81),
plus heureux que beaucoup, parvint à s'échapper,
miraculeusement, dit Mme de La Rochejacquelein,
et se cacha chez Mme Desmoustiers, au Préneuc, commune de Fégréac, sur la route de Blain à Redon. Là
encore, il travaillait à soulever le pays, et Mme de
La Rochejacquelein dit n'avoir rien lu d'aussi touchant et d'aussi énergique qu'un discours qu'il avait
à ce moment rédigé dans un but de propagande (82).

Quant à Stofflet, parti en compagnie de La Rochejacquelein, il vit, après quelques jours d'existence
misérable et précaire se grouper autour de lui d'anciens combattants terrifiés par les exploits des colonnes infernales et désireux de s'unir pour une défense
commune. On assiste alors non pas à de grandes
opérations militaires, mais à une sorte de petite
guerre, menée d'une part par les colonnes infernales,
et, d'autre part, par les chefs vendéens, chaque parti
remportant d'éphémères succès.

Dès qu'il avait connu la reprise de la lutte en Anjou, Bernier avait tenté de repasser la Loire, mais ce

n'est qu'au mois d'avril qu'il parvint à franchir le fleuve et à gagner La Moroussière, commune de Launay-Gontard en Neuvy (83). Il offrit ses services à Charette, qui ne les accepta pas. On prêta même au général vendéen cette désinvolte réponse : « Je suis fort aise de vous voir, j'ai beaucoup de paroisses sans curé, vous pouvez choisir. » (84). D'autres donnent les raisons de ce refus : « La chronique scandaleuse avait plus d'une fois fait entendre que les mœurs très familières de cet ecclésiastique avaient perdu dans la licence des camps cette retenue qui peut en quelque sorte les rendre supportables. » Charette (qui n'était pas un saint et qui redoutait peut-être aussi l'esprit insinuant de l'abbé) jugea qu'il était inutile d'exposer les soldats qui combattaient à la fois pour l'autel et pour le trône à la vue de scandales, et Bernier fut éconduit (85).

La date de l'entrée en relations de Bernier et de Stofflet est fournie par la lettre de celui-ci à M. Quesson, commandant de la Garde nationale à Launay datée du 19 avril 1794 : « Je reçois à l'instant, Monsieur, votre billet par lequel vous me donnez avis des offres de M. le curé de Saint-Laud. Faites-lui en, je vous prie, mes remerciements, et lui dites que son ministère me sera très nécessaire, et que nous le prions de se rendre ici pour célébrer la messe demain... Je vous prie de faire parvenir mon billet à M. Bernier » (86).

Stofflet, d'intelligence moyenne et de mœurs rudes, « convaincu lui-même de l'insuffisance de sa propre éducation, accueillit avec empressement un prêtre dont l'habileté, célèbre parmi les royalistes, semblait destinée à lui rendre d'éminents services. Il le considérait comme un génie envoyé du ciel pour éclairer son autorité, conseiller et diriger la Vendée dans les voies du succès... Il lui accorda donc toute sa confiance, certain de trouver dans son caractère sacerdotal une garantie de dévouement et de fidélité... Présent à toutes les délibérations, il proposait ses plans, discutait ceux des autres, réformait les avis qui ne s'accordaient pas avec ses idées, et son adresse à manier les esprits triomphait de toutes les oppositions » (87).

Ed. Stofflet, dans la suite, sera beaucoup plus sévère pour Bernier.

Un autre portrait de celui-ci nous a été conservé dans les notes de l'abbé Pataud, qui rapporte l'appréciation d'un « homme du même parti, son égal en célébrité, dont la plume élégante a laissé des mémoires intéressants sur la guerre civile ». « L'ancien curé de Saint-Laud y est peint comme un de ces hommes que la nature forme pour ainsi dire toute seule, et que les révolutions mettent en évidence. Borné d'abord aux connaissances nécessaires à son état, il a comme deviné les autres. Son âme est ardente et son esprit est calme... Dans les conseils, il a toujours donné le meilleur avis. Ami intime de Stofflet, s'il fut le régulateur de sa conduite, il lui en laissait tout l'honneur... Ce fut ainsi que, par l'impulsion du génie d'un seul homme, l'insurrection du Haut-Anjou prit un caractère imposant » (88).

On peut comparer à cette appréciation élogieuse le

jugement que portait sur Bernier M. Cantiteau, curé du Pin-en-Mauges, qui dut nécessairement être en rapports avec lui. M. Deniau dit que cette appréciation paraît se rapprocher plus que les autres de la vérité, si elle n'est pas la seule véridique. Nous ne partageons pas cet avis, l'opinion de M. Cantiteau paraît sévère et en contradiction avec la plupart des autres témoignagnes et même avec les faits. Il lui attribue des buts uniquement personnels et égoïstes, et réduit presque à néant son action. Quoi qu'il en soit, voici le fragment des mémoires de Cantiteau : « M. Bernier rendit d'abord quelques services par les lumières de son esprit. Au fond, il fut peu utile à la cause. Il avait la démangeaison de prêcher la troupe, avant les actions qui pouvaient être importantes, et on remarqua que ses sermons étaient le présage de mauvais succès. Jamais il n'a eu grande influence sur le soldat, et à la fin, il avait perdu toute considération et tout crédit auprès de la masse des habitants. A l'armée, la plupart des chefs le détestaient. Le gouvernement lui supposait une autorité plus grande dans le pays qu'il ne l'avait. Au vrai, elle était devenue nulle, et le peuple avait eu raison, parce que Bernier rapportait tout à son intérêt particulier et à son ambition. Instigateur outré de la guerre tant qu'elle fut pour lui le seul moyen de sûreté ou de paraître, il en entretint le flambeau et voulut le rallumer dans un temps où il était visiblement impossible de la soutenir... De nouvelles vues et l'espérance de se réconcilier, de s'avancer même avec le gouvernement le firent changer, non pas de système, mais de conduite.

De là son empressement et son adresse à s'immiscer dans les dernières négociations pour la paix, dont on avait voulu l'exclure. Quoi qu'il ait fait véritablement le bien en cette occasion, il ne lui en est dû aucune reconnaissance, parce qu'il ne le faisait que pour son avancement personnel. Je n'ai rien à dire de ses relations avec Mme de La Paumelière, ni de la division qu'on l'accuse d'avoir soufflé entre MM. Charette et Stofflet. Sur des points aussi graves, il faut, pour avancer quelque chose ou l'accréditer, avoir des données plus sûres que je n'en ai ».

Il y a lieu d'approuver la réserve de Cantiteau sur ces derniers points. On attribua, en effet, à Bernier des désordres de mœurs et des faiblesses qui, comme toutes les fautes de ce genre, ne peuvent être prouvées. Mais les apparences étaient contre lui. Jean Soyer, général vendéen, écrivait en 1800 au futur Charles X une longue lettre contre Bernier, où il disait : Il a même tellement perdu de vue les bienséances qu'il doit à son caractère et à sa religion qu'il a eu, dans un pays où la moindre faiblesse choque également le peuple et les soldats, une fille travestie en homme pour valet de chambre. En 1811, Hély d'Oissel, préfet de Maine-et-Loire, écrivant au baron de Barante, disait encore : « La chronique scandaleuse veut que pendant les troubles il ait eu avec plusieurs femmes et surtout avec une des relations plus intimes qu'il ne convenait à son caractère, mais celle qui est particulièrement désignée existe encore et a des enfants, on ne peut la faire connaître » (89).

Incontestablement, la vie des camps put être pour

Bernier une occasion de chutes, et il convient d'enre-
gistrer cette tradition, mais chacun doit se souvenir
qu'il est parfois inconvenant pour un homme d'accuser un autre homme de ce qu'on est convenu d'appeler les péchés de la chair; à plus forte raison, il est
indigne d'un historien d'associer à des fautes de ce
genre la tache indélébile ou l'odeur âcre du sang
versé. Chassin, cependant, en reprenant l'histoire du
séjour de Bernier au Lavoir, chez Mme de La Paumelière, rappelle qu'il y tenait une sorte de cour
d'amour. Bien que ces faits soient bien postérieurs à
l'époque où nous sommes actuellement, ils achèvent
de faire connaître ce qui a été dit de l'homme qui nous
occupe et contribuent à donner une idée de son caractère et de sa vie. Chez Stofflet, à La Morousière, et chez
Bernier, au Lavoir, se réunissait une noble compagnie, rajeunie par la présence de galants émigrés (90).

Auprès de Madame de Combourg, de Madame de
La Paumelière et d'autres personnes de haut rang, les
deux arbitres de la Vendée recevaient les hommages
des campagnes voisines. Les dames venaient les voir,
et une foule nombreuse se pressait autour de Bernier
et assistait à ses exhortations (91). On célébrait même
des mariages, et comme les deux châteaux n'étaient
pas assez vastes, il fallait distribuer les hôtes dans les
environs (92).

Certes, cette vie mondaine, dans les temps difficiles
que traversaient la France et l'Eglise, témoignait chez
Bernier de peu de zèle apostolique; cependant, il disait la messe au Lavoir, où on conserva longtemps
les vases sacrés qui lui servaient (93).

Une tradition, très persistante en Anjou, dit Chassin, fait croire que Louis-Charles-Alexandre Mabile de La Paumelière aurait été dénoncé et arrêté sur les indications de Bernier lui-même, dont il gênait les amours. La dénonciation n'est pas prouvée, encore moins le motif de basse jalousie qui l'aurait provoquée. Ces suppositions gratuites, basées sur des hypothèses incontrôlées ou sur des légendes, ne doivent pas suffire à faire condamner un homme, quels que soient par ailleurs ses défauts (94).

La dénonciation la plus nette et la plus précise faite contre Bernier à ce propos est racontée, non sans malice, par Yves Besnard. Il rapporte les propos tenus à ce sujet par Michel-Louis Milscent, dont le récit ajoute une note piquante au caractère de Bernier, devenu, au moment où se passe l'incident, évêque d'Orléans. Milscent, dit Yves Besnard, raconte ainsi cette affaire: « Je déclarai tout franchement qu'il avait séduit Mme de X... Ainsi que son mari, propriétaire dans l'arrondissement de Beaupréau, elle s'était attachée aux armées vendéennes, et suivait leurs mouvements tout en se tenant au quartier de réserve, où l'abbé Bernier, comme président du Conseil, avait naturellement sa place. Quant au mari, la sienne était parmi les combattants. Il vint un jour me trouver, les Vendéens, moyennant des déguisements, s'introduisant facilement à Angers, et me fit part de ses soupçons. Je lui conseillai d'agir avec prudence, et toutefois d'employer les moyens propres à éloigner sans affectation sa dame des lieux où se trouvait l'abbé Bernier. Celui-ci parut s'apercevoir des motifs de cette mesure,

car il eut à ce sujet quelques explications avec M.
de X... et il les terminait en faisant observer que Madame ne pouvant, sous tous les rapports, être plus
sûrement et plus agréablement qu'auprès de l'administration centrale, c'était là **qu'elle devait se** fixer.
Et moi de lui recommander de tenir ferme. Enfin,
lorsque j'appris quelques mois après que M. de X...
avait été surpris et fusillé par un détachement de républicains, il me vint cette idée, qui depuis a été con-
firmée par plusieurs indices, que c'était l'abbé Bernier
qui avait livré l'infortuné mari. Je lui dis aussi que
j'avais de fortes raisons de croire qu'il en avait usé
de même avec le général Stofflet qui... avait franchement déclaré qu'il était las de son despotisme. » Or
il advint que Bernier ayant été nommé au siège d'Orléans, madame Milscent, sa sœur et sa belle-mère s'em-
pressèrent d'aller chez lui en même temps que beaucoup d'autres dévotes; Bernier leur parla de leur parent, et comme il avait pu se procurer le rapport si
accablant envoyé contre lui, il leur demanda si elles
reconnaissaient l'écriture. Terrifiées, les dames se répandirent en excuses mais ne pouvaient rien nier,
puisque Bernier leur mettait en mains la note origi-
nale que Milscent lui-même avait remise à Fouché.
Au retour, il y eut une belle scène de famille, et le
dénonciateur, traité d'impie, devint la bête noire de
la maison (95).

Pour compléter le portrait de Bernier au moment
où il se préparait à travailler de nouveau au soulèvement de la Vendée, nous dirons comment ses contemporains jugeaient son physique. « Sa physionomie ne

prévenait point en sa faveur, dit Barré; il avait la figure pleine et commune, de petits yeux caves, et, sans être tout à fait louche, il dirigeait rarement l'œil en droite ligne vers l'objet visuel. En somme, il avait un air faux, un abord éloigné d'inspirer la confiance. Habile à contrefaire, il affectait l'air grave et imposant dans la moindre réception, il était minutieux dans tout son extérieur, sans ordre pour ses propres affaires, plus jaloux de se faire des créatures que des amis ». (96). Il avait la figure ronde et pleine, la vue basse, dit un rapport de police (97). Enfin, dans une demande de passeport pour la Suisse, qu'il nia d'ailleurs avoir faite, le signalement suivant est donné : « taille 5 pieds 2 pouces, cheveux noirs, visage plein, nez gros, menton rond, bouche moyenne, front petit, yeux bleus ». (98).

Tel est l'homme qui semblait au printemps de 1794 disposé à lier son sort à celui de Stofflet.

Du 20 au 22 avril, les chefs des quatre petites armées vendéennes que commandaient Charette, Stofflet, Sapinaud et Bernard de Marigny se réunirent dans les ruines du château de La Boulaye. Devant les républicains, obéissant à un commandement suprême et à une direction unique, les généraux vendéens, isolés, se soutenant peu et ne s'appréciant pas étaient voués à une rapide destruction. Cathelineau avait été généralissime, d'Elbée l'avait été après lui; il était indispensable de reprendre cette tradition, et Charette estimait que puisqu'il avait sous ses ordres la plus grande partie du territoire occupé, il était naturel que le commandement suprême lui fût attribué. C'était demander aux autres un sacrifice, puisque ces derniers considéraient Charette comme leur égal et ils furent désagréablement surpris de cette perspective.

Ce fut, dit-on, Bernier qui gâta tout. Non pas que le procès-verbal de la réunion ait été conservé, mais la tradition lui attribue la responsabilité de ce qui fut fait en ce jour. Le Bouvier-Desmortiers, Edmond Stofflet, disent qu'il usa de son prestige pour rendre stérile la conférence. Il ne se souciait pas du triomphe de la Vendée, et n'aspirait qu'à y tenir la première place. Aux côtés de Stofflet, il occupait un rang des plus honorables, jouant en quelque sorte le rôle de premier ministre. Sous le commandement en chef de Charette, au contraire, réduit au simple rôle d'aumônier divisionnaire, il eût été un tout petit personnage, enveloppé d'une demi obscurité.

Pour un motif ou un autre, il ne voulait pas du commandement en chef de Charette, et il réussit à empêcher que la décision ne fut prise. Les historiens de la Vendée lui prêtent un petit discours faisant appel à la vanité de Stofflet et l'engageant à ne pas abandonner son pouvoir, lui, plébéien, à un noble qui s'empresserait de le rejeter dans l'obscurité. Stofflet s'étant laissé convaincre, un plan fédératif fut proposé, soit par lui, soit par l'habile curé, plan d'après lequel chacun des chefs conserverait la maîtrise de son armée, mais s'engagerait à ne rien entreprendre sans l'assentiment de ses collègues. Stofflet, séduit, et heureux de concilier son amour-propre avec les nécessités de l'action commune accepta; Charette n'osa pas demander plus que n'offrait Bernier, et on arrêta le plan de collaboration dit de La Boulaye.

Les insurgés jurèrent « de n'avoir qu'une âme, qu'une volonté, de ne rien faire dans une armée sans avertir préalablement les autres armées qui donneraient leur opinion, et dans ce cas, le résultat du vœu général serait ce qu'on suivrait; que celui qui se conduirait d'une manière contraire, quel que fût son grade, fût-il général en chef, on sévirait contre lui, et qu'il encourrait la peine de mort, punition à laquelle on se soumettait. » (99).

C'était en somme un échec pour Charette qui avait eu l'idée de la conférence, mais l'échec était plus grave encore pour le parti vendéen. On peut discuter indéfiniment sur ce qui se serait produit si Charette avait obtenu le poste qu'il ambitionnait, mais, psychologiquement parlant, il est difficile de ne pas admettre que cette introduction du parlementarisme dans l'armée, ces délibérations en commun à des moments où il est nécessaire de prendre une décision immédiate ne pouvaient produire que de déplorables résultats et ne pousser qu'aux résolutions les moins viriles. Bernier, en empêchant l'organisation d'un commandement unique, trahit, par ignorance ou par faiblesse la cause de la Vendée.

La suite montra les très graves conséquences de ce qui avait été décidé. On constituait trois armées, celle du Haut-Anjou, aux ordres de Stofflet, celle du centre, commandée par Sapinaud, celle du pays de Retz, commandée par Charette. Marigny continuait d'être le chef de la division de Cerisay, sous les ordres de Stofflet (100).

Il fut décidé qu'on marcherait à l'ennemi. Les chefs devaient se rendre le 23 avril à Chemillé, et de là, à Jallais. Marigny arriva en retard, mécontent, peut-être ivre, et le lendemain, quand Charette, Stofflet et Sapinaud se mirent en marche vers Saint-Florent pour attaquer Dusirat, Marigny ne suivit pas. L'affaire avait été brillamment engagée, et les républicains, repoussés par Charette fuyaient en désarroi et pouvaient être mis en pièces si Stofflet se montrait plus énergique. Charette l'accusa d'abord de trahison, mais l'accord se rétablit, et Marigny seul fut considéré comme coupable.

Nous avons trop rarement la bonne fortune de posséder le récit fait par Bernier des événements auxquels il fut mêlé pour ne pas lui emprunter les notes qu'il laissa sur les opérations autour de Saint-Florent, d'où sortirent l'accusation et la mort de Marigny. Ces lignes, qui ont toute la sécheresse d'un procès-verbal ne nous donnent qu'un bref tableau de ce qui se passa, tableau rédigé de mémoire, et douze ans après l'événement.

« Marigny était chargé de couper la retraite de l'ennemi pendant qu'on l'attaquerait de front, et suivant sa coutume, il dérangea tout le plan en se montrant à l'ennemi avant l'attaque. Celui-ci, averti par cette indiscrétion qu'on lui coupait la retraite sur un point se retira bien vite sur Saint-Florent par un autre chemin. Stofflet suivit Charette dans ce combat, et tous deux montrèrent un accord parfait. Le lendemain, le conseil fit à Marigny les plus vifs reproches. Celui-ci répondit avec cette fougue qui le caractérisait toujours. Il déclare en termes indécents qu'il se moque des autres chefs, sort du conseil, fait battre la générale, invite l'armée à se désorganiser et part avec ses soldats. Le conseil, instruit du désordre, l'envoie prier de revenir dans son sein; il refuse. On envoie auprès de lui le chevalier Dulac, et quatre officiers pour le retenir. Il se détourne, menace Dulac, le couche en joue et le force à s'éloigner. Celui-ci et ses officiers font leur rapport au conseil, et le lendemain, sur les conclusions de M. de Charette, Marigny fut condamné à mort. » Il ne fut pris qu'un mois et demi après sa condamnation; il était, à l'époque de sa capture, abandonné de ses soldats qui obéirent aux ordres de Stofflet. Celui-ci voulait faire transporter Marigny à Saint-Florent, « mais les chefs militaires qui l'entouraient lui firent une loi de l'exécution de la sentence et il céda. Je n'ai point eu connaissance qu'on ait refusé un confesseur à Marigny » (102).

Divers historiens racontent avec détails la séance du conseil de guerre. Charette remplissait l'office de Procureur du Roi et la cause était assez simple. Marigny avait violé son serment, il avait empêché par son inaction un succès brillant, sa condamnation était donc normale. Dans quelles conditions la sentence fut-elle prononcée, on l'ignore, presque à l'unanimité, disent les uns, à une faible majorité, disent les autres. Personne ne prit soin de noter comment avait voté Bernier. On sait seulement, d'après Poirier de Beauvais, que plusieurs des juges refusèrent de condamner un homme sans l'entendre. Marigny, en effet, était contumax.

C'est le 8 juillet seulement qu'il fut pris, près de Combrand. Selon notre droit, le procès devait être fait de nouveau, et l'accusé admis à prononcer sa défense. C'est ce qui n'eut pas lieu, et de ce fait, l'exécution doit être considérée comme illégale. Elle fut, en outre, un grand malheur, indisposant les soldats et étalant aux yeux de tous les désaccords qui devaient amener la fin de la Vendée.

Quant à ceux qui pouvaient être considérés comme responsables de sa mort, se rendant compte immédiatement de l'erreur qu'ils avaient commise, ils voulurent se rejeter les uns sur les autres la responsabilité de cette action déplorable. Les responsabilités furent partagées. Stofflet pouvait s'opposer à la mort, sa volonté eût fait loi, mais il était violent et brutal, et partageait peut-être contre le coupable l'animosité de Bernier. Charette avait demandé la mort, et le capitaine Barbot affirme que Charette avait écrit à Stofflet des lettres « qu'il jure avoir lues » pour lui demander de hâter l'exécution de Marigny (103). Coulon, dans une note communiquée par son fils, mort curé de Chateauneuf-sur-Sarthe, dit que Bernier mit sous les yeux de Stofflet une correspondance mystérieuse, venue du camp de Charette et réclamant l'exécution de Marigny, et Stofflet un jour avait pu lui écrire : « Marigny a succombé, mais vous savez d'après quel témoignage et sur quel avis. »

Charette et Stofflet périrent peu après l'un et l'autre et leurs panégyristes rejetèrent sur Bernier la responsabilité d'une faute dont les conséquences pesèrent lourdement sur l'histoire de Vendée. Parmi les témoignages produits contre Bernier et qui peuvent impressionner par leur netteté, il convient de retenir le récit de Mlle Chetou, devenue plus tard Madame Grenaudier, qui nous a été transmis par son fils. Elle raconte que quelques jours après l'exécution de Marigny, elle avait alors treize ans, Bernier se trouvait à dîner à Chemillé chez ses tantes, en compagnie de l'abbé Cottenceau, mort curé de Trémentières. M. Cottenceau demanda à Bernier s'il était vrai qu'il eût conseillé la mort de Marigny, et Bernier, après un moment d'hésitation répondit qu'il l'avait conseillée, que Marigny était parjure, qu'il fallait un exemple, mais qu'il regrettait d'avoir donné ce conseil à Stofflet. Depuis ce moment, ajoute-t-elle, l'abbé Bernier me faisait horreur (104). Faut-il faire la critique de ce témoignage, et de cet aveu de Bernier, aveu absolument unique et peu conforme au caractère que nous lui connaissons ? Si aiguisée, d'autre part, qu'ait été à bien des périodes l'intelligence de certains enfants, et si vives que puissent être dans quelques cas leurs impressions, il y aurait imprudence à condamner un homme sur la déposition d'une personne qui raconte après de longues années, un fait dont elle a été témoin à l'âge de 13 ans.

On a dit que Bernier avait éprouvé le besoin de se justifier, et on cite de lui cette phrase rapportée par Beauchamp et après lui par Edmond Stofflet : « J'ai mis à dix pieds sous terre une bouteille bien scellée qui contient la vérité, » simple propos destiné sans doute à éconduire les curieux et à éviter les questions sur une affaire dont il n'aimait pas parler.

Un autre témoignage est celui de François Soyer, qui rapporte qu'après le premier ordre donné par Stofflet au capitaine Barbot, Bernier eut avec le général une longue entrevue, et qu'à la suite de cette entrevue, un autre capitaine reçut des ordres nouveaux (105).

Beauchamp, dans les premières éditions de son ouvrage sur la guerre de Vendée, n'accuse pas Bernier de la mort de Marigny, et ne fait aucune allusion au rôle qu'il aurait joué dans cette affaire. Dans la dernière édition, au contraire, il raconte le récit transmis par Muret, et dit qu'on a généralement attribué à Bernier la mort de Marigny (106).

Le même son de cloche est donné par les historiens postérieurs ; Bourniseaux écrit : « Tous les officiers, dans le conseil qui est tenu, gardent un morne silence et jettent des regards d'indignation sur Stofflet et le curé de Saint-Laud. Ce dernier, arrivé la veille du camp de Charrette, ne sait rien ou ne veut rien savoir. Il demande en grâce que l'on veuille l'informer de ce qui s'est passé. On savait pourtant que dans la nuit, il avait eu une conférence secrète avec Stofflet; on le soupçonna, peut-être sans motif, d'avoir décidé le général irrésolu et hâté la mort de la victime. Personne ne fut dupe de son ignorance affectée et de son doucereux patelinage; dès ce moment, il fut craint et détesté de presque tous les officiers de l'armée (107).

Armand de Béjarry rapporte que son père était convaincu de la responsabilité de Bernier dans la mort de Marigny, et que « presque tous les reproches que Stofflet a mérités dans la conduite de la guerre doivent être imputés à cet homme qui avait un grand empire sur lui et qui était son mauvais génie. » (108).

Madame de La Rochejacquelein rappelle qu'on a reproché au curé de Saint-Laud bien des crimes, et notamment la mort de Marigny, et que tous ses défauts ont paru petit à petit, mais toujours en augmentant (109).

On ne s'étonnera pas de voir Edmond Stofflet accuser Bernier avec empressement. Il rappelle, ce qui est certain, que Bernier n'aimait pas Marigny. L'abbé, dans les notes qu'il a laissées, en parle à chaque occasion en termes défavorables : il fait perdre les batailles, il massacre les femmes; le matin, il est doux comme un enfant, et féroce comme un septembriseǔr quand il est ivre. Bernier, d'après Edmond Stofflet, aurait tout fait pour que la condamnation portée contre Marigny fut exécutée; il aurait même poursuivi sa vengeance avec une ardeur et une insistance ignobles, montrant la cause sainte insultée à la fois et compromise par une violation de serment qui ne pouvait rester sans expiation, harcelant pendant deux jours le général pour obtenir la mort du prisonnier (110).

Il faut admettre qu'Edmond Stofflet, dans la question, n'est pas absolument désintéressé, et devant la faiblesse de l'accusation, on se demande s'il est nécessaire de présenter longuement la défense de l'accusé.

Gibert dit : C'est une calomnie inventée à plaisir; Bernier n'était pas à ce moment à l'armée, où il n'arriva que six heures plus tard (111).

La Comtesse de La Bouëre écrit à son tour que Stofflet ayant eu la pensée de conduire Marigny à Saint-Florent, M. X..., qui avait été officier dans un régiment de cavalerie et que Stofflet considérait comme instruit des lois militaires, lui dit que le jugement ayant été porté devait être exécuté. M. de La Bouëre fut toujours convaincu de l'innocence de Bernier dans cette affaire, et bien d'autres officiers, dit-il, pourraient témoigner dans le même sens que moi. Et il ajoutait : « On a assez à lui reprocher sa conduite ambigüe subséquente, sans en profiter pour l'accuser davantage des fautes des autres... Je ne cherche donc pas à prendre le parti de Bernier, je dis ce que je sais être la vérité. » (112).

Poirier de Beauvais dit (113) que ce fut R... qui dit à Stofflet qu'il n'avait pas le droit de changer quelque chose à un jugement porté par le conseil de guerre. Ce R... était Rostaing, qui nia d'ailleurs énergiquement les faits à lui reprochés (114). Les morts ont emporté dans la tombe le secret de la fin de Marigny. Le coupable, évidemment, ne fut pas unique, et ceux qui, étant à même d'empêcher le malheur n'ont rien tenté pour le faire, ont leur part de responsabilité.

La nécessité où nous étions de terminer le récit de l'affaire de Marigny, nous oblige à revenir en arrière, pour donner une idée de l'administration de Stofflet et du rôle joué auprès de lui par Bernier. **Nous pourrions** malaisément choisir pour ce récit des guides moins supects qu'Edmond Stofflet lui-même ou que Beauchamp. Il convient de remarquer que dans les deux premières éditions de son ouvrage, Beauchamp fait l'éloge de Bernier, presque sans réserve, disant seulement qu'il est peut-être trop tôt pour le juger en toute équité. Dans la dernière, au contraire, parue en 1819-1820 (il est vrai que la Restauration avait remplacé l'Empire), le ton est différent. Les passages élogieux sont supprimés, et remplacés par de longues pages de réserves, de critiques ou de blâmes, et Bernier apparaît sous un jour presque odieux.

Le premier acte administratif de Stofflet, daté du 11 mars 1794, proclamait soldats du Roi les habitants de l'Anjou et du Haut-Poitou âgés de 15 à 45 ans, et organisait la conscription et les recensements. Il établissait ensuite un état-major, généralement composé de paysans, et divisait en huit arrondissements, sous la garde de commandants divisionnaires, le territoire qui lui était confié. A Maulévrier, dont il faisait une sorte de capitale, il avait organisé des logements, des ateliers, une imprimerie, des hôpitaux, le tout si bien dissimulé, paraît-il, que nul étranger ne pouvait découvrir ces retraites. Des écuries, des magasins, des moulins, des fours, permettaient d'assurer les ravitaillements et de distribuer les vivres et les munitions. Autour de ce centre, des loges ou refuges abritaient la population valide, cabanes faites de terre, de piquets et de palissades, appuyées contre les arbres ou dissimulées dans les fourrés, servant d'abri à ceux que les bandes incendiaires avaient chassés de leurs demeures.

Le Bocage ayant été délivré des bleus, Stofflet, qui dominait en paix dans cette région, se reposait pour l'organisation des affaires civiles et judiciaires, sur le curé de Saint-Laud, dont l'ambition se trouvait cette fois d'accord avec l'intérêt royaliste.

Bernier commence alors la seconde période de sa vie, celle où, dit Beauchamp, il va se montrer ambitieux, jaloux, sanguinaire et sacrifiant tout aux calculs d'une froide et odieuse politique. Au château du Lavoir, où il commande en maître, il se montre défiant et soupçonneux, ne se laissant approcher qu'après s'être assuré de la qualité des visiteurs, ne sortant que précédé et suivi par les chasseurs de Stofflet, se ménageant des retraites et des réduits souterrains.

Pour qu'un titre solennel vint légitimer sa puissance, il conçut le projet de se faire attribuer le commissariat général de toute la Vendée. Il convoqua dans ce but, au château de La Mazière, pour le 28 juin, une assemblée générale du pays insurgé. Bien que Charette et Sapinaud eussent été invités à envoyer leurs représentants, ils ne répondirent pas à l'appel. La réunion fut nombreuse cependant, sept à huit cents délégués, et aussi solennelle que possible. On espérait voir prochainement le comte d'Artois en Vendée, et il était urgent d'assurer les bases d'un gouvernement provisoire. Bernier, après quelques mots de Stofflet, donna lecture de l'arrêté réglementant l'organisation nouvelle.

Tout acte d'autorité, tout exercice du pouvoir émanaient directement d'un Conseil militaire, qui entretenait, au dedans comme au dehors, toutes les relations nécessaires. Le Conseil rendait les ordonnances, arrêts et règlements, établissait dans les divisions des commissaires et des inspecteurs, possédait le droit de

vie et de mort et ne rendait compte de ses actes qu'au
régent et au roi.

Au moment du vote, le projet fut adopté à l'unanimité moins une voix, celle d'un délégué angevin,
nommé Dupuis. Bernier, mécontent, congédia immédiatement l'assemblée et demanda l'arrestation et la
mise en accusation de son adversaire. On doit supposer qu'il ne s'agissait pas d'une simple opposition, car
le conseil de guerre, convoqué, n'acquitta Dupuis que
par sept voix contre cinq. Malgré cet acquittement,
il allait être fusillé si le comte de La Bouëre n'était
intervenu en sa faveur, et il fut détenu en prison pendant plusieurs mois.

Bernier signala son administration par un grand
nombre de règlements utiles. Il organise la défense
du pays, assigne des secours aux veuves et aux orphelins, promulgue un code militaire et un règlement
annexe en 12 titres et 111 articles le 28 juin, et le
complète par l'instruction du 1 er août 1794 (115). L'ha-
billement, la chaussure, la boulangerie sont régle·
mentés, un arrêté fixe le nombre des bestiaux à tuer
dans chaque paroisse, les peaux, tannées, servent à
confectionner des chaussures en quantité suffisante
pour que tous les paysans en obtiennent et qu'il en
soit constitué une réserve; un atelier de tissage était
créé, où étaient dirigés les fils et laines qu'on pouvait
découvrir. Pour éviter l'espionnage, il interdisait aux
patriotes qui avaient fui de revenir en territoire occupé, et il assurait l'exploitation de leurs biens (116).

La lettre suivante, la seule peut-être que l'on ait de
Bernier à cette époque, donne une idée de l'adminis-

tration du pays insurgé sous la domination de Stofflet. Elle est adressée le 27 septembre 1794 à Mlle de La Rochejacquelein :

« L'obligation qu'on vous avait imposée de déclarer vos rentes était particulière à la division de Châtillon. Vous pouvez vous dispenser d'y satisfaire jusqu'à ce qu'un règlement général soit émané du Conseil à ce sujet. N'en payez également aucune que vous ne soyez assurée de l'existence du créancier de la rente, de sa résidence dans le pays conquis et de ses sentiments bien connus d'aristocratie, de peur de payer deux fois ou d'être inquiétée par les commissaires. Vous pouvez faire vos comptes de l'année dernière avec l'inspecteur divisionnaire, il est brave homme et tout s'arrangera pour le mieux avec lui. S'il s'élevait au reste quelques difficultés, vous me trouveriez toujours prêt à vous donner les éclaircissements que vous pourriez désirer. Je suis bien sensible au souvenir de M. de La Cassagne. Vous pouvez l'assurer que les billets émis à Laval (pendant la campagne d'outre-Loire) seront échangés pour des bons de nouvelle création... »

Il convient également de signaler la tentative qui fut faite au **mois de juillet 1794** par Stofflet et Bernier pour augmenter les forces de l'insurrection et donner plus **d'importance au mouvement royaliste**. Les 9 et 10 juillet avaient été lancées deux proclamations des chefs **des armées royales de l'Anjou et du Haut-Poitou** adressées, l'une à tous les Français et l'autre, aux Bretons demeurés fidèles à leur religion et à leur roi.

« Habitants des cités voisines de cette fameuse et impérissable Vendée, habitants trop faibles et trop

crédules des campagnes, ouvrez donc les yeux..
Croyez-vous jamais subjuguer toute l'Europe armée
contre vous ?... Ne vous y trompez pas, vous trouverez
votre tombeau dans la Vendée comme aux frontières.
La Vendée, l'illustre Vendée, est impérissable, elle
est plus forte que jamais... » Nous n'avons d'autre
désir que le retour au milieu de nous de la race si
chère des Bourbons. C'est pour elle que nous combat-
tons, « c'est pour rétablir les autels d'un Dieu vrai,
d'un Dieu juste, c'est pour rétablir le trône de Saint
Louis et de Henri IV que nous exposons volontaire-
ment nos jous. » Unissons-nous tous pour défendre la
cause de la royauté. Nous savons que vous avez été
égarés, nous vous ouvrons les bras. « Venez donc sans
balancer vous réunir sous les drapeaux du parti le
plus juste; suivez l'exemple de ces braves Bretons qui
viennent de s'insurger de nouveau, et croyez-en des
hommes vertueux qui, loin de vouloir tomber dans
l'esclavage, veulent être véritablement libres sous l'œil
bienfaisant d'un Dieu et l'appui des lois sages dictées
par l'humanité et la justice du plus malheureux des
rois. »

L'appel aux Bretons était plus pressant encore.
L'auteur montre l'oppression de la religion et la mort
du roi et dit : « Réveillez-vous donc, braves Bretons,
levez-vous en masse, secouez le joug qui vous op-
prime et montrez-vous comme les habitants de la
Vendée, les défenseurs du trône et de l'autel... La
cause pour laquelle ils ont combattu jusqu'ici est
celle de tous les Français, elle est la vôtre, braves
Bretons; joignez-vous donc à nous pour la défendre,

et faites de votre côté tous vos efforts pour terrasser le monstre qui cherche à vous dévorer. »

Les soldats républicains désertèrent en bien petit nombre et les Bretons ne purent se joindre aux Vendéens. La guerre ne pouvait reprendre l'importance qu'elle avait l'année précédente, car, en dehors des faits militaires, il fallait songer à la moisson, et l'appel du sol retentissait profondément au cœur des paysans de Vendée. Il se fit donc une sorte de trève, pendant laquelle les deux partis échangeaient des proclamations pacifiques. Mais la confiance n'existait pas et les instructions contradictoires des représentants ne pouvaient influencer sérieusement les insurgés. Bernier, aussi bien que les paysans, ne croyait pas à la possibilité de la pacification et il mettait, le 12 août, Stofflet en garde contre les tentatives qui pourraient être faites auprès de lui. « Ne vous laissez pas gagner par cet accès de fièvre pacifique et conciliatrice qui agite toutes les imaginations... Tenez ferme ; avant de songer à la paix, il faut songer aux meilleures conditions à proposer, et nous sommes en position de les dicter... Les temps de la paix honorable et profitable ne sont pas venus... La période révolutionnaire n'est pas accomplie; ne vous occupez donc pas d'autre chose que de la combattre. Attendez l'arme au bras, et si la révolution se consolide, il serait toujours temps d'avoir des paroles de paix. » (117).

Dans les deux camps, la récolte avait ramené l'abondance, mais divers incidents devaient accroître les désaccords entre les chefs royalistes et faciliter l'œuvre des républicains. Le 14 septembre, Charette avait enlevé le camp de Frérigné, quelques jours après avoir défait les républicains à La Rouillère, et les soldats du Bas-Poitou, fiers de cette victoire, reprochèrent aux troupes de l'armée d'Anjou leur mollesse et leur inaction. « Nous sommes donc les seuls, disaient-ils, qui, fidèles à nos serments et aux conventions de Jalais, ne donnions aucun repos à l'ennemi. A quoi servent nos victoires si nous ne sommes pas secondés par les autres armées ? Pourquoi Stofflet reste-t-il inactif ?... Sous la tutelle de l'abbé Bernier, préfère-t-il un honteux repos aux chances des combats ? » (118). Les quelques entreprises de Stofflet étaient demeurées sans profit sérieux, et la discorde entre les chefs allait éclater.

Stofflet s'était emparé du territoire primitivement attribué à Marigny, et il semblait y organiser son pouvoir en toute indépendance. Charette lui rappela que le pacte fédératif lui interdisait d'augmenter son influence sans accord avec les autres chefs. Bernier répondit d'une manière ambiguë et artificieuse qui déplut. Une autre occasion de brouille fut fournie par l'émission dans le domaine de Stofflet de six millions de « bons commerçables » (119), émission qui suscita même des désaccords sérieux au sein de l'Etat-major de Stofflet.

Dans ce petit monde fermé qu'était la Vendée insurgée, le commerce était devenu impossible, le numéraire manquant comme partout, et les réquisitions n'étaient pas payées, mais constatées par la remise aux fournisseurs de reconnaissances ou de bons rem-

boursables sur le trésor royal. Mais ces bons ne constituaient pas un instrument d'échange, et les porteurs
ne pouvaient se procurer avec eux rien de ce qui leur
était nécessaire. Les paysans, ne pouvant commercer
se plaignaient, et Bernier voulait fabriquer des assignats pour rembourser les porteurs de bons (120). Il
fut décrété qu'au lieu de cette contrefaçon de la monnaie républicaine, on créerait des bons, d'une valeur
de 10 sous à 100 livres, qui seraient échangés contre
les bons de réquisition, et admis dans le commerce,
avec cours forcé. Ces billets serviraient au paiement de la solde des officiers et soldats. Cette création
de bons était une erreur économique, et les paysans
ne tardèrent pas à se plaindre en les voyant tomber à
un taux infime (121). Les soldats de Stofflet venant
s'approvisionner dans les marchés moyennant la remise de ce papier d'une valeur fictive, les vendeurs se
considéraient comme victimes de vols et de confisca-
tions. Dans son conseil même, Stofflet avait rencontré
des opposants : La Bouëre, Rostaing, Berrard n'a-
vaient pas été convoqués, et cependant leurs noms fi-
guraient au bas de l'arrêté qui avait été pris. M. de
La Bouëre protesta, et Sapinaud refusa lui aussi son
consentement (122).

Charette, ayant eu connaissance des plaintes occa-
sionnées par l'émission, manda Stofflet devant les
Etats-Majors des armées du Centre et du Bas-Poitou,
l'invitant à exposer les motifs qui l'avaient poussé à
prendre une mesure aussi grave sans leur participation, contrairement au traité prescrivant que rien ne
devait être fait sans le consentement de toutes les ar-

mées. Bernier se rendit compte qu'en répondant à la convocation de Charette, Stofflet perdrait toute autorité, et il soutint qu'il ne fallait accepter aucune conférence. « C'est moins, dit-il à Stofflet, pour vous faire rendre compte de votre conduite que Charette vous adresse cette insolente injonction, que pour vous punir d'avoir plus de soldats et plus d'autorité que lui » (123). Stofflet refusa donc de se rendre à la convocation de Charette, qui convoquait à Beaurepaire les chefs des deux armées, et déclara qu'il ne pouvait venir puisque l'ennemi se trouvait en forces considérables devant ses postes du Layon (124).

Immédiatement fut rédigé et signé, le 6 décembre, un arrêté condamnant toutes les dernières mesures administratives prises par Stofflet. Cette pièce désobligeante était bien faite pour supprimer à jamais toute possibilité d'entente entre les deux chefs insurgés. Sur un ton de réquisitoire, Charette, Beauvais, Fleuriot, Sapinaud, etc...,

« Considérant :

« L'émission de papier-monnaie contre la protestation qu'en avaient faite les autres armées, au mépris de l'arrêt de Jallais et autres lieux, où il fut convenu qu'aucune chose concernant le bien public et l'intérêt de l'Etat ne serait admise et n'aurait lieu sans leur concours et consentement;

« Le soudoiement des soldats qui ne combattent que pour leur Dieu et leur Roi, obligés, d'ailleurs, de faire la guerre pour leur propre intérêt, moyen suborneur inventé par le plus orgueilleux et le plus vain despotisme;

« La profusion avec laquelle vous avez répandu et répandez une monnaie fictive et illusoire, qui lèse l'intérêt public et l'induit dans une erreur qui lui est préjudiciable;

« Les moyens de violence employés pour lui donner cours, l'abus et l'emploi pour l'accréditer du nom des autres généraux protestant contre;

« L'aveu sincère et publiquement émis que vous ne faites la guerre que pour vous;

« Le refus d'entendre la justification des chefs de division arbitrairement condamnés;

« L'infraction de votre parole d'honneur et de tout ordre;

Le Conseil arrête ce qui suit :

« 1° Les articles du Conseil tenu à Jallais, enfreints par Stofflet, sont comme non avenus;

« 2° Le serment prêté n'est plus obligatoire;

« 3° Les qualités indues qui peuvent avoir été prises sont déclarées nulles; ils ne prétendent aucunement les soutenir; au contraire, ils entendent que chaque armée reprendra sa forme première et promettent force et protection contre tout ambitieux qui chercherait à s'élever de sa propre autorité;

« 4° L'émission de papier-monnaie autre que celui généralement admis sera de suite supprimée;

« 5° Le présent arrêté sera publié et affiché dans toute l'étendue du pays conquis. » (125).

Ce dernier article était peut-être le plus grave de tous, car la publicité donnée à cette querelle devait troubler bien des officiers royalistes (126) et obliger Stofflet à répondre immédiatement. L'arrêté de Beau-

repaire constituait pour les républicains la plus grande victoire qu'ils eussent remportée depuis Savenay.
La réponse que fit Stofflet à cette insolente dénonciation d'un traité signé par tous ne fit que creuser le
fossé qui séparait de plus en plus les représentants du
trône et de l'autel et susciter des « divisions impla-
cables que les républicains connurent trop tard pour
en profiter avant la très malheureuse négociation
d'une pacification décevante » (127).

Bernier rédigea donc, pour riposter à l'arrêté de
Beaurepaire, une déclaration énergique et précise,
dans laquelle non seulement il défend la cause de
Stofflet, qui était un peu sa propre cause, mais où il
cherche à justifier ses actions et tente même, comme
s'il voulait porter la guerre chez l'adversaire, d'accuser Charette de faire le jeu de leurs ennemis communs.
Le ton de la note n'indique pas que la discussion
puisse être continuée. « Vous parlez de griefs contraires au bon ordre, contraires au bien de l'Etat qui me
sont imputés, je n'en connais aucun. Ma volonté est
celle du Conseil, ma conduite le résultat de ses délibérations, il n'en est comptable qu'à Dieu et au Roi.
Je pourrais donc, comme chef, garder le silence et
attendre en paix que les événements vous aient conduits, ainsi que moi, au tribunal de l'Eternel ou devant le trône de nos rois pour procéder à ma justification. Mais il est des juges, censeurs bienveillants
de ma conduite, aux yeux desquels je serai toujours
jaloux de paraître innocent. Ce sont mes amis, je
vous regarde comme tels, et c'est à ce titre que je
vais vous répondre. »

Stofflet répond alors point par point aux accusations portées contre lui. S'il n'a pas répondu à la convocation, c'est à cause de la menace ennemie, et parce qu'il estimait que son devoir lui imposait de chasser ses ennemis avant de venir répondre à des griefs inconnus.

Le nouveau papier-monnaie est une nécessité. « Ce papier est le gage des créanciers de l'Etat, le prix du sacrifice des propriétaires et des cultivateurs, le salaire de l'artisan, et la juste récompense du courage de nos braves soldats. Ils n'en combattent pas moins pour leur Dieu et leur Roi, parce qu'ils savent que cette solde qui leur est accordée n'est pas le prix de leur sang, mais le soulagement de leurs besoins, et que loin de supposer en eux des mercenaires, elle n'y fait entrevoir que des enfants, avec lesquels un père, touché de leurs malheurs, partage sa fortune et ses biens. Je ne sais quelle bouche mensongère a pu vous assurer que je ne faisais la guerre que pour moi. Cet aveu n'est jamais sorti de ma bouche, le sentiment qui l'eut fait naître n'exista jamais dans mon cœur; ce cœur n'est point avili par un bas intérêt. Je n'ai de trésor et de propriété que mon sang et ma vie; l'un et l'autre, après Dieu, appartiennent au Roi ». Si les armées sont maintenant séparées, l'armée d'Anjou est libre, et nul ne peut s'arroger un droit d'intervention chez elle. Stofflet termine sa lettre sur un ton violent et hautain, comme s'il était supérieur à tout autre, et avait le droit de commandement suprême. « Je ne crois pas qu'il existe aucun Français, ami de son roi, du bien public et du bon ordre qui veuille lancer au

milieu de nous de nouveaux brandons si propres à
susciter les feux d'une division intestine, ou s'il en
existe, il paiera de sa tête son imprudente et aveugle
témérité.

« Craignons, messieurs, que cette discorde ne par-
vienne à la connaissance de nos ennemis. Ils ont dans
l'intérieur des émissaires pour la souffler, des agents
pour l'entretenir ou la susciter. Quel triomphe s'ils y
réussissaient !... Nul sacrifice ne nous coûtera pour
procurer une union d'où dépend le salut public. Mon
armée ne deviendra l'asile d'aucun soldat mécontent,
je repousserai mes ennemis, je punirai les traîtres et
les artisans de discorde, j'accablerai du plus puissant
mépris les délateurs et les envieux, je procurerai le
bien public par tous les moyens qui seront en mon
pouvoir, et je volerai à votre secours quand vous l'exi-
gerez » (128).

Cette lettre faillit avoir les plus graves conséquences
et on crut un moment qu'il allait en résulter quelque
bataille entre les chefs royalistes. Ce suprême scandale fut évité (129).

La Convention, qui semblait disposée à abandonner
le système d'extermination, faisait en cette fin d'année
1794 afficher dans les communes des proclamations
pacifistes, mais les chasseurs de Stofflet, qui maintenaient les villages organisés en vue des rassemblements futurs, les enlevaient au moment où on cherchait à les répandre, et, dit Chassin, menaçaient d'incendie, de pillage et de mort quiconque entrerait en
relations avec les bleus. Les armées d'Anjou et du
Haut-Poitou étaient restées depuis l'arrêté de Beau-

repaire organisées militairement, civilement et reli-
gieusement. suivant les règlements des 19 juin et
1ᵉʳ août précédents. Stofflet, avec quelque deux ou
trois mille soldats, harcelait l'armée de Canclaux, qui
bordait le pays conquis. Sur le territoire qu'il occupait, les mariages, les naissances, les morts s'inscri-
vaient, les transactions se réglaient, la police s'exer-
çait au nom du roi, d'après les lois de l'ancien régime
et sous la haute direction de l'abbé Bernier (130), qui
inspectait les paroisses, contrôlait la tenue des registres, ainsi qu'en témoignent ceux de Mortagne-sur-
Sèvre pour l'année 1794-1795, cotés et paraphés « par
Etienne-Jean-Baptiste-Marie Bernier, curé et chanoine
de l'église royale de Saint-Laud d'Angers, commissaire général pour le Roi dans l'Anjou et le Haut-Poitou » (131) ; Bernier ne s'attribuait donc à cette époque
aucun titre auquel il n'eut droit canoniquement, et
s'il avait ambitionné celui de vicaire apostolique du
Saint-Siège, c'est au vieil évêque de Dol, Urbain-René
de Hercé, que les fonctions en avaient été attribuées,
c'est lui qui commandait aux ecclésiastiques insermentés du diocèse et correspondait avec les prêtres
attachés à l'armée catholique et royale (132).

En retraçant l'histoire des démêlés de Stofflet avec
Charette, nous avons paru nous éloigner de notre sujet, mais on doit se souvenir que Stofflet n'agissait
guère que d'après les conseils de Bernier et subissait
son influence, bien qu'il fût capable à l'occasion de
décider par lui-même. C'est pourquoi, si l'on doit
attribuer à Bernier des mérites d'organisateur et en
quelque sorte de premier ministre, il est impossible

de ne pas lui reconnaître une grande part de responsabilité dans les querelles qui brouillèrent les chefs
royalistes. Bien qu'on ignore les motifs qui le faisaient
agir, orgueil ou besoin de domination, on ne peut nier
les résultats déplorables de son action. Il s'était montré habile en tentant de réunir à sa cause les soldats
républicains venus pour la combattre; il était d'une
excellente politique d'unir l'action des insurgés bretons à celle des Vendéens; mais, tandis qu'il tentait
l'union du côté où elle était malaisée, il provoquait ou
hâtait le désaccord entre les chefs qui vivaient côte à
côte, et dont le premier devoir était de s'entendre. S'il
n'a pas été le seul coupable, ce n'est pas une raison
pour l'absoudre; les fautes d'autrui ne lavent pas les
nôtres.

L'armée de Stofflet, organisée et encadrée, semblait
prête pour un soulèvement général au printemps; les
événements devaient se dérouler de façon toute différente.

IV. — LA PACIFICATION

*La Jaunaie, La Mabilais, Saint-Florent. — Les Condi-
tions de l'accord. — La Paix impossible, la méfiance réciproque.*

Le monde était las des cruautés et des persécutions,
et la Convention, au moment où Charette et Stofflet
accentuaient leur brouille, promettait, à la date du
2 décembre 1794, l'amnistie à tous les Vendéens (et
non pas seulement aux soldats, comme l'avaient fait
les proclamations antérieures), qui déposeraient les
armes dans le délai d'un mois. Comme pour accroître
les espérances de calme, on voyait revenir les députés
proscrits, et Carrier subissait la peine de ses crimes.

Charette, le premier, avait entamé les conférences
avec les républicains par l'entremise de Bureau (133)
et semblait désirer la paix. Il n'avait pas jugé à propos de mêler Stofflet aux négociations, et celui-ci, à
l'expiration de la trève d'un mois qui devait permettre
aux insurgés de faire leur soumission, avait attaqué,
sans succès du reste, les troupes patriotes dans leur
camp de Beaulieu (134). C'était, d'ailleurs, les républicains qui semblaient le plus désireux de conclure
la paix; les Vendéens le sentaient, et Charette voulait
profiter de leurs désirs pour obtenir des conditions
plus libérales. Quant à Stofflet, il faisait rédiger par
l'abbé Bernier, le 28 janvier, un manifeste rejetant

l'amnistie, manifeste où le commissaire vendéen traitait les républicains non pas d'égal à égal, mais de
chef à inférieurs, œuvre d'une belle et haute allure
cependant, noblement pensée et fièrement écrite.

« Vous nous annoncez des paroles de paix. Ce vœu
est celui de nos cœurs. Mais de quel droit offrez-vous
un pardon qu'il n'appartient qu'à vous de demander ?
Teints du sang de nos rois, souillés par le massacre
d'un million de victimes, par l'incendie et la dévas-
tation de nos propriétés, quels sont vos titres pour
inspirer la confiance et la sécurité ? Seraient-ce vos
prétendues victoires ?... Serait-ce l'élargissement de
nos frères emprisonnés ? Mais la justice ne leur de-
vait-elle pas une liberté que la tyrannie seule avait
pu leur ravir ?

« Si, néanmoins, vos vœux étaient sincères, si vos
cœurs tendaient vers la paix, nous vous dirions : Ren-
dez à l'héritier de nos rois son sceptre et sa couronne,
à la religion son culte et ses ministres, à la noblesse
ses biens et son éclat, au royaume entier son antique
et respectable condition, dégagée des abus que le
malheur des temps y avait introduits.

« Alors, oubliant vos torts, nous volerons dans vos
bras, et confondrons avec les vôtres nos cœurs, nos
sentiments et nos désirs. Mais, sans ces conditions
préalablement acceptées, nous mépriserons une amitié
que le crime ne doit jamais offrir à la vertu, nous
braverons vos efforts et vos menaces; aidés de nos
fidèles et généreux soldats, nous combattrons jusqu'à
la mort, et vous ne régnerez que sur la tombe du dernier d'entre nous ». (135).

Stofflet avait en vain tenté d'étayer ce manifeste sur une action militaire, et le 12 février 1795, les représentants Ruelle, Dornier, Lofficial avaient rencontré Charette, Sapinaud et Béjarry et leurs compagnons. La discussion fut vive, Charette insistant pour obtenir la liberté du culte, celle des prêtres réfractaires, et des garanties. Stofflet devait être au courant de ces pourparlers, et malgré le manifeste de Bernier, le représentant Menuau ne désespérait pas de l'amener à négocier (136). Charette avait signé la paix le 17 février, malgré l'opposition de quelques-uns de ses lieutenants, et soit qu'il fût réellement fourbe, soit qu'il tentât de pallier ou d'excuser sa défection, il avait déclaré qu'il ne s'agissait que d'une trève, destinée à permettre la préparation d'opérations futures.

Cinq arrêtés contenaient les conditions de paix, proclamant la liberté religieuse, garantissant à la Vendée des indemnités pour les frais de la guerre, et des secours pour relever les ruines, autorisant la formation d'une garde territoriale, accordant des exemptions d'impôts et de service militaire.

Charette ne s'était nullement préoccupé de Stofflet, et quand celui-ci vint à La Jaunaie, il trouva tout terminé (137). Fort mécontent, il déclara vouloir consulter ses partisans avant de prendre une décision, et demanda une suspension d'armes de deux ou trois mois. Les représentants ne pouvaient admettre une prétention pareille, et voulaient une solution immédiate. Stofflet, peu disposé à reconnaître la République, s'en alla brusquement aux cris de « Vive le Roi! »

Trotouin, major général, résolu à la paix, écrivait

le 22 février dans ce sens à Stofflet, et trois jours après, celui-ci, par le plume de Bernier, lui répondait ainsi qu'à ceux qui avaient accepté les conditions républicaines. Il déclarait que si on ne voulait pas lui accorder la paix qu'il sollicitait, il était prêt à se battre, mais qu'il ne pouvait accepter la reconnaissance de la République, ni renoncer au rétablissement de la Royauté, que la liberté du culte que les représentants voulaient bien accorder n'était en somme qu'une tolérance précaire, sans distinction de ministres, sans cérémonies extérieures, sans signes de catholicité. « Fidèles à Dieu et au Roi, vous vous rallierez autour de vos chefs, qui vous précéderont au champ de l'honneur, et combattront pour la défense de l'autel et du trône jusqu'au dernier soupir. » (138).

Pendant ce temps, Charette et une partie des officiers soumis assistaient aux fêtes organisées à Nantes en l'honneur de la paix, et Stofflet recevait communication de l' « Adresse aux habitants des campagnes de la Vendée » que Charette, Fleuriot, Sapinaud, Couetus et de Bruc lançaient le 26 février contre lui et contre Delaunay. Il pouvait y voir exposés les avantages de la pacification, avantages bien faibles d'ailleurs, du moins en ce qui concerne la religion, car la loi du 21 février 1795, qui proclamait la liberté des cultes apportait à l'exercice de cette liberté des restrictions qui la rendaient inutilisable (139). Stofflet, rentré à Maulévrier et ayant remplacé dans son armée les démissionnaires, convoqua tous les chefs qui n'avaient pas suivi Charette et les siens dans « le lâche abandon de leur poste et leur réunion aux ennemis de l'Etat ».

Les 55 présents, réunis le 2 mars sous la direction de Bernier, délibèrent sur les moyens d'arrêter les progrès de la séduction et d'offrir au peuple un centre d'union et un point de ralliement. Lui dictant, l'assemblée adoptait un arrêté en 9 articles, destiné à être affiché dans le pays conquis et publié au prône des messes paroissiales. Tous les officiers fidèles au roi étaient invités à venir se concerter pour le salut public, tous les actes qui avaient pu altérer l'union des catholiques étaient déclarés non avenus, et quiconque tenterait de nouveau d'affaiblir dans le cœur des peuples l'attachement à la religion et au Roi serait puni exemplairement » (140).

Dans toutes les communes, le solennel manifeste du 28 janvier était placardé de nouveau, et Bernier y ajoutait une adresse aux habitants du pays conquis en réponse à celle des anciens chefs de la Vendée devenus républicains. Il nous est impossible, dit-il, de renoncer à notre foi, de blasphémer notre Dieu et de quitter son culte, de croire aux serments des impies et de violer les nôtres, de trahir un roi malheureux, de délaisser nos amis et d'abandonner nos chefs pour voler dans les bras des tyrans. Bernier accusait les pacifiés d'avoir transigé avec leur conscience parce que les représentants avaient fait briller à leurs yeux tous les trésors de la République (141). Un jour, Bernier céderait, lui aussi, mais au moment où il écrivait ces lignes, il faut reconnaître qu'au point de vue moral, c'est lui et Stofflet qui avaient le beau rôle, en demeurant obstinément fidèles à la cause qu'ils avaient embrassée.

Les représentants du peuple annoncèrent alors qu'il n'y avait plus de Vendée, et la Convention entendit proclamer le 3 mars que le pays insurgé était rentré dans le sein de la république et que Stofflet, s'il persistait dans sa révolte ne saurait être dangereux (142).

Des événements plus pénibles encore que tous ceux dont la Vendée avait souffert semblaient sur le point de se produire, et on put croire une seconde fois que les chefs vendéens allaient se livrer bataille, l'un demeurant fidèle à son passé, et l'autre apportant l'appui de son épée à la République. Pendant que l'armée républicaine qui devait attaquer Stofflet et le poursuivre avec vigueur (143) commençait à encercler le général rebelle, Charette demeurait sur la défensive, moins désireux de protéger les opérations des bleus que de préserver son territoire des incursions des belligérants, et il se chargea seulement de garder la route de Nantes à Clisson et les bords de la Sèvre. Il explique les motifs de sa conduite dans une lettre du 13 mars 1795 aux représentants du peuple, mais il n'en protégea pas moins des convois de munitions contre les attaques de son ancien allié, ce dont les républicains le remercièrent chaleureusement (144).

Deux chefs de division de Stofflet, Prud'homme et Martin, avaient accepté la pacification de La Jaunaie; le premier, même, avait aggravé sa faute en arrachant sa troupe au général légitime pour la faire passer sous un autre commandement. Ils furent poursuivis. Martin fut sauvé par l'abbé Bernier, mais Prudhomme fut condamné à mort et exécuté, on pourrait dire massacré. Sapinaud fut également attaqué par les troupes de Stofflet qui voulait lui reprendre des canons dont il était détenteur, mais parvint à s'échapper.

Ces disputes ne pouvaient que rendre plus difficile la position de Stofflet. Il ne désespérait pas cependant, et même il avait l'intention d'entrer en forces dans l'armée de Charette et dans celle du Centre pour les unir à sa cause. Ses émissaires, des prêtres dirigés par l'abbé Bernier tentaient de soulever le Bas-Anjou. Le 22 mars, il attaquait Saint-Florent avec trois mille hommes, et l'affaire, mal conduite, lui coûtait sa dernière pièce de canon. De plus en plus menacé par Canclaux, il errait dans les environs de Maulévrier et de Chatillon-sur-Sèvre. L'adjudant général Becker s'étant porté à sa rencontre pour lui offrir la paix, reçut une réponse écrite dans la nuit du 30 au 31 mars qui l'invitait à évacuer jusqu'à la fin des entrevues le pays où sa présence annonçait des intentions hostiles. Canclaux, naturellement, niait toute mauvaise intention, mais les républicains qui n'avaient aucune confiance en Stofflet, n'étaient pas disposés à céder. Grouchy écrivait que le général royaliste ne voulait que gagner du temps, Lofficial ne pouvait croire qu'il fût disposé à se rallier sincèrement tant qu'il serait gouverné par Delaunay et Bernier (146).

Les conférences avec les chefs des Chouans avaient commencé à La Mabilais le 3 avril, et ceux-ci avaient demandé la suspension des hostilités contre Stofflet. Les délégués de Stofflet, Palierne et Poirier de Beauvais arrivèrent dans la soirée, mais le dernier ne se montrait pas satisfait de la présence de son compagnon et désirait Bernier, qui ne vint pas. Rien, dit Beauvais, ne fut discuté dans ces conférences, les Vendéens se contentant de faire quelques réflexions sur les lois que dictaient les républicains (147).

Le 20 avril, les conditions de la pacification étaient arrêtées à La Mabilais entre les représentants du peuple et les Chouans. Les représentants des armées d'Anjou et du Haut-Poitou n'avaient pas signé au nom de Stofflet, estimant que leurs pouvoirs étaient insuffisants, mais Forestier avait déclaré à l'assemblée que Stofflet avait donné sa parole d'adhérer à tout ce qui serait conclu, et c'est sur cette déclaration que les officiers des Chouans avaient cédé (148).

Les délégués de la Convention, désireux de ne pas voir la guerre traîner indéfiniment, résolurent d'activer les pourparlers. Les troupes républicaines pénétraient dans la partie de la Vendée soumise à Stofflet, avançant par petits groupes, bien disciplinées, éclairant leur marche par tous les moyens de découverte et particulièrement d'espionnage, mais s'abstenant de la violence et des réquisitions brutales. D'autre part, les représentants se maintenaient en contact non seulement avec les chefs pacifiés, mais même avec ceux qui n'avaient pas voulu se soumettre. Le 15 avril 1795, Dornier réunissait dans un somptueux dîner les chefs déjà soumis de l'armée catholique, et Bernier (149). C'est à la suite de ce dîner que le curé de Saint-Laud, dit Edmond Stofflet, vendit son concours moyennant 100.000 livres. Et après ce marché, il écrivit à Stofflet pour l'engager à écouter les nouvelles propositions de paix que le général Humbert avait mission de lui faire (150).

Cette vente de Bernier est, non pas prouvée, aucun fait de ce genre ne se peut jamais prouver, mais indiquée par un mémoire des représentants en mission dans l'Ouest, demandant au Comité de salut public les ressources nécessaires pour assurer les moyens de la pacification. On y lit cette phrase : « On a en quelque sorte promis à Bernier 100.000 livres, et on lui a dit que l'on donnerait à Stofflet de quoi exister. »(151). Faut-il en conclure que Bernier s'est vendu, comme l'ont dit ses adversaires ? Sans doute, les représentants étaient autorisés à promettre et à donner de l'argent, mais le document ne prouve pas que les sommes versées aient eu pour but un achat de consciences. Ces demandes datent du 6 mai, quatre jours par conséquent après l'acceptation par Stofflet et Bernier des conditions de pacification. Parmi les sommes payées, il y en a qui avaient été promises à des officiers de l'armée de Stofflet, qui l'avaient quitté : 36.000 livres à partager entre six ; Sapinaud reçoit la promesse de l'indemniser des vols qui lui ont été faits par quelques officiers, Charette reçoit 20.000 livres, Cormatin en réclame 10,000 pour les pertes qu'il a éprouvées, Solilhac, l'un des chefs des Chouans reçoit la promesse de 60.000 livres.

Ainsi, selon l'esprit et les dispositions dans lesquels on lira ce document, on y trouvera la preuve que les officiers de l'armée catholique avaient vendu leur soumission, ou au contraire, la constatation que la république les indemnisait, comme elle s'y était engagée, des pertes qu'ils avaient éprouvées (152), d'autant plus que le mémoire se termine ainsi : « On croit qu'il ne convient pas de donner directement à ces chefs des mandats sur les receveurs, comme on l'a fait pour quelques uns des chefs de l'armée de Stofflet, parce qu'il en est résulté plusieurs inconvénients. On croit même que la publicité pourrait donner prise à la malveillance. » Il n'est pas nécessaire d'avoir longuement pratiqué le trafic des consciences pour savoir qu'on ne fait pas payer celui qui se vend au moyen d'un mandat sur le trésor public et les représentants n'étaient pas assez naïfs pour laisser trace des paiements de ce genre. Il y a donc lieu de croire que les versements régulièrement constatés n'avaient pas fait l'objet de marchandages déshonnêtes, ce qui n'exclut pas un trafic occulte, assez vraisemblable, sur lequel la lumière n'a pu et ne pourra se faire. Une autre preuve de la vénalité de Bernier a été cherchée dans une lettre du Comité de salut public du 1er septembre 1795 : « On assure que Bernier est un homme à tout faire pour de l'argent. Il faut le faire sonder, tirer provisoirement des caisses publiques une somme pour la lui donner, lui promettre davantage par la suite », etc. Cette lettre encore ne prouverait rien, sinon qu'à la date indiquée, Bernier n'était pas encore vendu (152 bis).

Stofflet, poursuivi et traqué dans la forêt de Maulévrier, toujours caché, mais errant de ferme en ferme avec une escorte ridiculement réduite, faisait demander le 26 avril une conférence aux représentants, et convoquait tous ses officiers à Saint-Florent, où, le

2 mai, il signait avec eux la convention mettant **fin**
à la guerre.

Ils déclaraient adhérer « aux mesures prises **par**
les représentants pour la pacification des départements insurgés en nous soumettant aux lois de la république une et indivisible, promettant de ne **jamais**
porter les armes contre elle, et de remettre dans **le**
plus court délai notre artillerie... Nous invitons **les**
représentants du peuple qui ont concouru à la pacification à se transporter à la Convention nationale **pour**
y exprimer la sincérité de nos vœux, et détruire **les**
soupçons qu'élèvent les malveillants sur la loyauté
de nos intentions ». Cette pièce, signée de Stofflet **et**
de ses officiers, portait sur un des exemplaires la mention : « Pour adhésion : Bernier. » (153).

En échange de cette déclaration, les représentants
prenaient immédiatement cinq arrêtés exactement
semblables à ceux qui avaient sanctionné l'accord de
La Jaunaie.

Stofflet, en somme, avait cédé au moment où toute
résistance lui était devenue impossible, car il était
persuadé que cette suspension d'armes éteindrait dans
le cœur des Vendéens toute ardeur belliqueuse; l'événement prouva qu'il avait raison.

Pour comprendre et juger les événements qui suivirent, il convient de se rappeler que ces pacifications
comme on les appelait, n'avaient aucunement le caractère d'un traité, et ne représentaient pas un accord
mutuel et un échange de conditions, mais deux déclarations simultanées et relatives à la même affaire.
On a énergiquement reproché aux chefs Vendéens

d'avoir renié leur signature en reprenant les armes, mais il faut songer que les arrêtés des représentants ne pouvaient être exécutés, étant contraires aux lois. Le premier accordait le libre exercice du culte à tout individu et toute section de citoyens quelconque; or, la loi du 23 germinal (17 avril) recommandait aux administrations de tenir la main à l'application des lois relatives aux émigrés et aux prêtres réfractaires, ce qui était, il faut bien le reconnaître, une singulière façon d'assurer le libre exercice du culte. Ces dispositions légales ne pouvaient qu'exciter de nouveaux troubles, et le général Krieg les prédisait, tandis que de divers côtés, on se plaignait de voir les réfractaires rebaptiser, remarier, bouleverser l'ordre social établi, voire même faire égorger les prêtres constitutionnels (154).

En somme, les pacifiés pouvaient être fidèles à leurs promesses de soumission, les représentants ne pouvaient tenir leurs engagements de tolérance, et un républicain, Joseph Clemanceau, appréciait ainsi les événements : Le plan de destruction et de massacres préconisé et employé par Turreau et les colonnes infernales donna le résultat qu'on pouvait attendre. « Des hommes qui s'étaient soumis et voulaient sincèrement la paix, furent forcés de se soulever de nouveau. Alors, Stofflet et Bernier formèrent leurs premiers rassemblements. » (155).

Les représentants Ruelle, Bollet et Dornier étaient satisfaits de Stofflet, et plus encore de Bernier, qui s'était, disent-ils, très bien montré. Stofflet avait obtenu, ce qui constituait une faute de la part des républicains, une garde de 2.000 hommes, et Bernier, l'orateur et l'écrivain du parti avait été chargé de rédiger la proclamation aux habitants, annonçant la conclusion de la paix. Les nouveaux ralliés ne firent pas à Angers l'entrée solennelle qu'avaient faite à Rennes ceux de Bretagne, et à Nantes ceux de Basse-Vendée. Un sentiment de fierté dut leur ôter le désir de triompher et de parader avec les républicains. La proclamation est « on ne peut plus embarassée, et comme style peu digne de la réputation du curé de Saint-Laud » (158). Le rédacteur, dissertant dans les nuages, déclare qu'en divers points, les propriétés ont été violées, les personnes outragées et les lois méconnues. Ces excès ne provenant que de la licence, suite des guerres civiles, il convient de faire respecter partout la religion, l'ordre et le gouvernement. « Détruisez les effets de la malveillance en montrant à la France entière par une conduite aussi irréprochable que ferme et soutenue, combien vous êtes jaloux de mériter son estime et le suffrage de la postérité. » Il invitait également les habitants à hâter la formation de la garde territoriale que les arrêtés avaient promise (159).

Bernier dut connaître, en rédigeant ces lignes quelques-unes des angoisses qui étreignaient les prêtres jureurs au moment où lui-même refusait le serment à la constitution civile, et se torturer l'esprit pour concilier dans ses phrases ce qu'il devait à l'autorité avec ce qu'il ne voulait pas abandonner de ses principes. Rien ne prouve cependant qu'il ait eu l'intention de tromper les républicains, mais presque immédiatement on se rendit compte que la paix ne pouvait durer. Nous ne voulons pas même parler des « articles secrets » par lesquels les représentants auraient promis la restauration de la monarchie et de la religion catholique. Un des historiens qui ont étudié cette question avec le plus de soin ne croit pas à leur existence, il était impossible aux représentants de proposer pareilles choses sans risquer l'échafaud; M. de la Sicotière estime par contre qu'il put y avoir de vagues promesses faites avec l'intention de tromper les candidats à la pacification qui auraient eu le tort de s'y laisser prendre (160). Mais les négociateurs du Comité de salut public s'étaient engagés à évacuer les postes qu'ils avaient à l'intérieur des terres, et notamment celui de Maulévrier, où Stofflet avait son quartier général, à rendre aux Vendéens ce qui avait été pris dans la forêt, à rembourser les bons émis par Stofflet dont le total atteignait 2.243.000 francs. Aucun de ces engagements ne fut tenu (161). Bien plus, les généraux républicains s'indignaient en entendant les stofflétiens parler de l'évacuation de leur pays ; Savary leur reprochait de s'organiser en garde territoriale, alors qu'il n'y aurait pas dû avoir d'autre armée que celle de la République; il s'inquiétait de la réunion de Stofflet et de Bernier au château de la Moroussière, des vols de chevaux et des attaques de soldats isolés (162). Delaunay, représentant du peuple, écrivait également le 18 mai au Comité de salut public qu'il ne pouvait approuver la pacification de Saint-Florent, estimant que Stofflet n'avait cédé que parce qu'il constatait l'impossibilité de ramener le roi par la force, et lui-même, ne voulait pas demeurer dans la Vendée stoftiétienne, parce qu'il sentait que Bernier et le général vendéen se rendaient compte du peu de confiance qu'il avait en eux (163).

Au sujet de l'exercice libre du culte, un petit incident montrera combien il était malaisé de le garantir. L'abbé Bernier qui ne perdait pas un jour pour étendre son action ecclésiastique sur les villes et communes occupées par les républicains, avait envoyé le curé Boinaud à Cholet, pour y dire la messe et lire la proclamation relative à la paix. Le curé est assez mal reçu quand il demande qu'on lui remette les objets nécessaires à la célébration de l'office, et plus mal encore quand il se trouve au milieu des soldats qui manifestent la plus grande indignation pour les prêtres qu'ils considèrent comme les promoteurs de la guerre civile,. si bien que le commandant intérimaire de le 1ere division croit devoir lui offrir une garde pour sa sûreté. Boinaud jugea plus prudent de se sauver, laissant son vicaire tenir sa place (164).

De temps à autre, aussi, pouvaient arriver d'outre-mer des lettres rappelant aux anciens insurgés la cause qu'ils avaient abandonnée. Les 2 et 15 mai 1795, le marquis d'Autichamp, oncle du chevalier, écrivait à Bernier pour lui exprimer le désir qu'il avait de rejoindre l'armée catholique et royale, et de servir la cause de la monarchie en compagnie de Stofflet (165). Et, pendant que les chefs pouvaient se rappeler les souvenirs anciens, les populations ne connaissaient pas le traité, les administrations républicaines n'ayant reçu le texte officiel des arrêtés qu'avec un mois de retard (166). Ni les uns, ni les autres, ne pouvaient se soumettre à des prescriptions qu'ils ignoraient, et l'ancien pays conquis continuait d'être gouverné et administré comme si la république n'avait pas été reconnue.

« Les chasseurs de Stofflet, disait à la date du 1er juin 1795 le procureur syndic du district de St-Florent, expulsent les réfugiés et s'emparent de leurs propriétés.

« Les prêtres sont les auteurs de ce système de tyrannie. Sur la rive gauche comme sur la rive droite, ils ont profité des jours de l'Ascension et de la Pentecôte pour fanatiser le peuple. Ils prêchent qu'il ne faut souffrir aucune autorité constituée qui pourrait gêner leur culte. C'est Bernier, curé de Saint-Laud, qui est à la tête de tout. Il tient son palais épiscopal au Lavoir et dirige Stofflet, ainsi que 42 prêtres qui exercent leurs fonctions dans les différentes communes du district, sans comprendre ceux qui parcourent les campagnes. Le pouvoir des chefs est actuellement nul, le fanatisme fait tout. » (167).

La question est résumée de manière assez précise dans l'arrêté du Comité de salut public du 9 prairial, an III (28 mai 1795). Le Comité rappelle que les arrêtés pris n'ont pas amené le résultat heureux que l'on espérait, et que les brigands ont maintenu et même accru leur organisation, mais avoue que la méfiance d'un côté, quelques imprudences de l'autre, ont pu donner lieu à la prolongation des désordres. Ruelle, dans le but de hâter la pacification, dit-il, avait convoqué pour le 8 juin, à La Jaunaie, Charette, Sapinaud et Stofflet, et ce dernier avait prié Bernier d'exposer les revendications et les desiderata des anciens insurgés. Ruelle ayant présenté un arrêté signé de lui et de ses collègues, Bernier, après l'avoir parcouru. donna lecture d'un mémoire fort bien fait, dans lequel les **chefs de la Vendée,** s'abstenant de toute allusion à des articles secrets, se déclaraient soumis aux lois de la République, adhéraient avec toute la confiance possible aux mesures d'exécution que les représentants croiraient devoir prendre de concert avec le Comité de salut public, mais protestaient contre les inculpations que paraissait contenir l'arrêté du 28 mai, affirmant avoir employé tous les moyens de sagesse et de prudence qui dépendaient d'eux pour maintenir la paix. Ils niaient avoir nommé des chefs à la place de ceux qui avaient traité, affirmaient n'avoir provoqué aucun rassemblement ni tenté d'embauchage parmi les troupes républicaines. Nous n'avons autour de nous qu'un petit nombre d'amis, disaient-ils, et s'il y a eu quelques victimes parmi les réfugiés patriotes, on ne peut l'attribuer qu'à la rentrée impolitique et précipitée de quelques terroristes dans leurs foyers. En écartant des contrées pacifiées un petit nombre d'hommes de sang, on pourra rétablir la tranquillité générale. Les ennemis de la paix ne sèmeront plus d'alarmes, les haines et les soupçons s'évanouiront, la garde territoriale fera respecter les personnes et les propriétés.

Le curé de Saint-Laud produisit ensuite un papier public qui annonçait la prochaine arrestation de **Charette** et de **Stofflet.** Ce fut alors au tour des représentants de protester contre une telle supposition.

Comment se déroula cette réunion du 8 juin ? Comme pour presque toute l'histoire de ces négociations, nous ne le savons que par les correspondances officielles des représentants du peuple, qui pouvaient avoir quelque intérêt à noircir leurs interlocuteurs. En rendant compte au Comité de salut public de cette réunion, Ruelle écrivait : Cette conférence « n'a été qu'une comédie assez bien jouée, surtout par Bernier, qui en a fait tous les frais ». Ainsi, les intentions pacifiques des chefs vendéens sont considérés comme de nouvelles perfidies. Ils sont accusés de fourberie, et c'est en vain que tout le monde se sépare en se donnant des marques réciproques de confiance et d'affection. La séance est à peine terminée que les compte-rendus qui vont partir vers Paris indiquent clairement l'opinion d'une partie au moins des négociateurs. « Il nous a semblé prudent, disent-ils, de temporiser jusqu'à l'arrivée de 10.000 hommes de l'armée des Pyrénées... Nous sommes bien décidés à l'arrestation de tous les chefs, mais il faut pour y réussir dans le même jour, au moins 40.000 hommes. » Et Lofficial mettait dans son journal : « Les chefs des rebelles ont continué à tromper, nos collègues ont dissimulé » (168).

Les déclarations des Vendéens étaient donc considérées comme sans valeur et les chefs ne cessaient de protester contre l'action des représentants de la Convention. Charette se plaignait à Stofflet de ce que, malgré sa bonne foi, aucune des promesses faites n'eût été tenue. Les municipalités étaient composées de terroristes; aucun des secours promis n'avait été donné, des officiers avaient été arrêtés, du blé, du vin, des bestiaux avaient été saisis, le bruit courait de prochaines arrestations (169).

A toute occasion, cependant, Stofflet et Bernier affirmaient des intentions pacifiques et expliquaient par la crainte de se voir attaqués, l'attitude que prenaient dans certains cas des paysans, qui repoussaient les patrouilles républicaines, supposant qu'elles avaient des buts hostiles (170).

La situation de Stofflet à cette époque (juillet 1795), était plus difficile encore, puisque le 26 juin, Charette avait repris les hostilités, attaqué un poste républicain, et lancé son fameux manifeste. Le moment est venu, disait-il, de déchirer le voile qui couvre depuis longtemps les véritables clauses secrètes du traité de pacification de la Vendée, et de faire connaître aux braves Vendéens, à tous les bons Français et à l'Europe entière les motifs qui nous ont conduits à cette apparence de conciliation avec la soi-disant République française.

Au moment de la reprise des hostilités, Scépeaux et Béjarry, envoyés par Stofflet, Sapinaud et Bernier, étaient en marche vers la capitale, et ils y arrivèrent paraît-il, au moment même où on prenait, à Paris, connaissance du manifeste de Charette. Comme les deux délégués vendéens avaient pour mission de hâter les négociations pacificatrices, cette décision inattendue devait les gêner fortement dans leur action. Consternés, **ils écrivaient le 18 juillet** : « Notre mission auprès du Comité de salut public ne peut avoir un prompt effet, et se trouve entravée par un prétendu manifeste signé de Charette ». Ils demandaient le désaveu de ce factum qu'ils considéraient comme l'œuvre d'un faussaire, et écrivaient de même à Charette, lui disant que la proclamation qui circulait sous son nom ne pouvait que nuire à la pacification (171).

Bernier et Stofflet tentèrent de calmer l'ardeur belliqueuse de Charette, mais, loin de réussir, ils s'attirèrent ce bref message : « M. de Beaurepaire, qui vient de me remettre les papiers du Comité de salut public, vous portera ma réponse que je vous prie d'envoyer tout de suite à ce comité : « Au Comité de salut public. « MM. Je renouvelle le serment à jamais irréfragable « de ne déposer les armes que lorsque l'héritier présomptif de la couronne de France sera sur le trône « de ses pères, que lorsque la religion catholique sera reconnue et fidèlement protégée » (172).

A Béjarry, Charette répondait d'un ton plus fier encore : « Charette est trop connu pour qu'on puisse croire un seul moment qu'il fasse une démarche rétrograde et déshonorante » (173).

Au moment où Bernier apprenait ces nouvelles, Stofflet n'étant pas près de lui, il signa seul la réponse adressée le 24 juillet 1795 à Scépeaux et Béjarry. Il ne cachait pas son désir de paix, et rien dans sa correspondance ne pouvait faire supposer qu'il songeât à imiter le geste inconsidéré de Charette ; bien au contraire, il paraissait disposé à tout faire pour que les négociations entreprises à Paris ne fussent pas interrompues. « Cette conduite d'une tête exaltée compromettra-t-elle le caractère dont vous êtes revêtus ? Non, sans doute. Vous êtes les envoyés des armées dites d'Anjou et du Centre; le territoire de ces armées est en paix et celui de Charette en agression, même avant votre départ, preuve certaine que votre mission était **celle d'agents des deux premières armées** et de médiateurs par rapport à la troisième... »

Le **Comité** ne devait pas l'entendre ainsi; le 15 août, les émissaires de Bernier rentraient en Anjou, n'ayant rien obtenu.

Stofflet, complètement libre dans son pays, s'était abstenu, depuis la reprise d'armes de Charette, de tout ce qui pouvait être considéré comme un acte hostile, et Bernier, commissaire général pour le roi dans le pays conquis, parcourait les campagnes, faisant abat-tre les arbres pour la reconstruction des églises détruites, et prélevant la dîme comme sous l'ancien régime. Mais, si l'exercice du culte le préoccupait, le soin des biens de ce monde ne le laissait pas indifférent. Il surveillait les récoltes, et les réservait aux besoins de ses partisans. Il prêchait et faisait prêcher la tranquillité, mais point d'autorités révolutionnaires, point de troupes, aucun signe républicain; bref, toute cette région était gouvernée spirituellement et temporellement par les prêtres (174 bis). Et même, si l'on en croit Le Bouvier Desmortiers, Bernier usait de toute son influence pour empêcher Stofflet de suivre son rival : « Cet homme, lui dit-il, vous fera donc faire la guerre et la paix comme il lui plaira. Il ne vous appela point pour la paix de La Jaunaye; il déclara la guerre sans votre coopération. Laissez-le déployer ses moyens, il n'a pas partagé avec vous ce qu'il a reçu d'Angleterre (175).

Bien des petits faits sans importance considérable

par eux-mêmes, qui nous ont été transmis par les correspondances des diverses autorités administratives expliquent le mécontentement des chefs républicains contre Stofflet, et surtout contre Bernier dont on voyait partout la main. Tout ce qu'ils faisaient l'un et l'autre, était considéré comme acte hostile, et toutes leurs déclarations de loyauté, taxées d'hypocrisie. Le Comité de salut public accueillait même les dénonciations anonymes, comme celle d'« un voisin du curé Bernier », qui déclarait : « Les habitants des campagnes ne veulent point recommencer la guerre, mais Stofflet et le curé Bernier ne travaillent qu'à se procurer les moyens de la faire. Ils font déserter les soldats, achètent de la poudre et du plomb, ils cherchent à soulever les campagnes en annonçant le secours des émigrés. Je vous conseille de faire arrêter sans délai Stofflet, le curé Bernier et les chasseurs qui leur servent d'escorte ; sans cela, vous n'éviterez point la guerre » (176).

Michel Coulon note également que beaucoup d'émigrés venaient au quartier général, où on leur fournissait ce dont ils avaient besoin (177). Stofflet et Bernier les protègent, disent d'autres relations, et c'est pour ce motif que les agents chargés de l'approvisionnement ne peuvent obtenir quoi que ce soit pour leurs magasins, ces messieurs n'ont pas assez pour leurs partisans et ne peuvent rien céder (178).

Le pays paraissait calme au début de juin, et rien ne faisait présager un soulèvement, car Stofflet, ayant convoqué une assemblée pour la garde territoriale, n'avait réuni qu'une centaine d'individus (179); mais, au mois de juillet, le procureur syndic d'Angers s'inquiétait. « L'insurrection dans la partie de Charette excite quelques mouvements dans celle de Stofflet. Il y a eu le 3 un rassemblement au château du Lavoir où l'on a procédé à la nomination de nouveaux chefs. Tout fait craindre une insurrection générale (180).

La nullité de l'administration républicaine (181) était pour les insurgés, une excuse s'ils tentaient de gouverner le pays à leur gré. Mais ils ne manquaient jamais une occasion de protester de leur bonne foi et de leur dévouement, et cela, non seulement dans leurs déclarations aux autorités républicaines, mais encore dans leur correspondance privée. Le 23 juin. Bernier, Stofflet et Scépeaux avaient écrit à Ruelle, en lui exposant qu'ils étaient prêts à offrir leur médiation entre les troupes gouvernementales et les Chouans et, le 21 juillet, Bernier et Stofflet écrivaient à Scépeaux qu'ils faisaient tous leurs efforts pour le maintien de la paix (182). D'autres lettres de Bernier, de la même époque, indiquent la même préoccupation et le même désir de paix. L'une est écrite du Lavoir, le 21 juin, à Cormatin-Desoteux, pour lui annoncer que l'œuvre de la pacification menace d'avorter. « Charmé, Monsieur, de la confiance que vous m'avez témoignée à la dernière entrevue de La Jaunaie, je me joins à M. Leveneur pour vous prier de prendre en considération l'état de votre enfant chéri. Il est plus en danger que jamais; on désespérerait presque de son rétablissement; mais, accoutumé à voir les événements sans émotion, je crois qu'on peut encore, avec un régime doux, en évitant les imprudences et faisant, au lieu d'incisifs, usage des émollients, remplir vos vues et sauver votre progéniture. » Il lui demande de venir avec M. Blin s'entendre avec lui dans ce but (183).

Une autre lettre de la même époque, dont le destinataire est inconnu, exprime les mêmes sentiments que l'on pourrait supposer sincères : « Nous espérons, dit Bernier, le succès de nos démarches. Nous avons trois obstacles à vaincre : la malveillance et les insinuations perfides de quelques terroristes réfugiés, le préjugé d'une guerre longtemps soutenue, et l'obscurcissement de la paix dans les contrées qui nous avoisinent. » Il se plaint de la malveillance du Comité de salut public, et de l'« œil de soupçon » avec lequel on regarde ses députés (184).

En dehors de ces déclarations, certains actes de Bernier pouvaient être considérés comme des preuves non équivoques de bonne volonté. Au moment de la désastreuse expédition de Quiberon, il ne fît aucune démarche pour venir en aide à ses coreligionnaires, et ne protesta pas contre la violation de la capitulation. C'est même, dit Chassin, pendant les plus nombreuses exécutions d'émigrés que Stofflet et Bernier affectèrent de donner des preuves de dévouement à la république, et s'offrirent comme médiateurs entre elle et les insurgés (185).

Cette attitude obéissante ne les empêchait pas de réclamer avec insistance le maintien de leurs droits et de leurs libertés. Le président du tribunal de Saint-Florent se plaignait de leurs exigences (186) et si les documents émanés d'eux n'indiquent pas toutes les prétentions dont le fonctionnaire républicain les accusait, un long mémoire rédigé par Bernier, et daté de La Moroussière, le 3 messidor an III (21 juin 1795) écrit, dit Chassin « sous une forme on ne peut plus artificieuse » expose l'ensemble des griefs des Vendéens pacifiés.

L'auteur dit (187) qu'au moment où, à La Jaunaie et à Saint-Florent, ils promettaient de ne jamais porter les armes contre la République, ils le faisaient dans des sentiments d'absolue sincérité et de parfaite bonne foi. Ils avaient compté sur une réciprocité de sentiments, mais aucune des promesses faites n'avait été tenue et ils se demandent si la paix que les représentants ils leur ont accordée n'est pas une paix simulée et une manœuvre machiavélique. L'auteur répond ensuite aux accusations qui ont été portées contre les Vendéens, et indique les motifs qu'ils ont de se plaindre des autorités gouvernementales, sur lesquelles il rejette la responsabilité de tous les incidents signalés dans le pays insurgé. Nous ne pouvons analyser longuement cette pièce, qui, bien que sortie de la main de Bernier concerne l'histoire générale plus que celle de son rédacteur. Le Comité de salut public répondit en niant tous les points affirmés par Bernier, et en rejetant sur les royalistes la responsabilité de toutes les fautes commises, affirmant qu'aucune promesse n'avait été faite, etc. (188).

Bernier voulait des garanties. Il pressait Scépeaux et Béjarry d'obtenir du Comité une réponse satisfaisante aux demandes des Vendéens (189). Il exposait ses désirs en ces termes, le 17 août 1795 : « Fortement résolus à maintenir la paix, et à donner des preuves de dévouement à la République, nous vous prions :

1°). — de suspendre toute mesure hostile à l'égard des départements de l'Ouest insurgés, jusqu'au moment où la justice nationale aura prononcé qu'il n'est plus de moyens à employer pour les pacifier;

2°). — d'envoyer des représentants du peuple avec lesquels ils puissent se concerter pour tenter de ramener à la paix ceux qui s'en sont éloignés;

3°). — de hâter le retour de Scépeaux et Béjarry, susceptibles d'employer leur influence dans ce but » (190).

Aucune démarche ne diminuait la méfiance des républicains. « La partie de la rive droite de la Loire jouit d'une apparence de tranquillité, disait Grouchy, (191) mais la foi vendéenne est trop connue pour qu'on puisse regarder comme sincères les paroles de paix de Stofflet et Bernier. Embauchage de troupes, accueil aux déserteurs, massacre des ordonnances, enlèvement des grains et fourrages, rien n'est négligé par eux pendant qu'ils protestent de leur bonne foi et de leur soumission. » Il était nécessaire, dit-il, d'occuper le pays, de maintenir la discipline des troupes, d'assurer le respect des propriétés et des personnes et la liberté entière des cultes.

C'est pour répondre à ces désirs, autant qu'à la pétition rédigée à La Moroussière le 3 messidor par Bernier, que le Comité de salut public arrêtait, le 14 août, les dispositions à prendre pour assurer la pacification et principalement rétablir l'administration et les au-

torités dans le pays jadis troublé, pour y réorganiser
la gendarmerie, ce qui semblait exclure le maintien
des gardes territoriales (192). Cet arrêté, imprimé et
accompagné d'une proclamation datée du 1er septembre, rédigée par Jard-Panvillier et Bodin, fut remis
en de nombreux exemplaires à Bernier pour être affiché, lu et commenté au prône des messes paroissiales, afin que lui fut donnée la plus grande publicité
possible. La publication en avait été retardée par
suite de l'ignorance où les représentants se trouvaient
de l'état du pays; Bodin, ayant pris ses informations,
se déclara sans doute satisfait (193).

Les prêtres que dirigeait Bernier semblaient eux-
mêmes revenir à des dispositions pacifiques. Au moment où Charette concluait la première paix et quand
Stofflet protestait contre cette décision, Bernier avait
envoyé un grand nombre de prêtres sur la rive droite
de la Loire, mais il avait depuis changé de politique
et Chassin pense qu'un autre de leurs directeurs leur
avait prescrit de continuer leurs prédications incendiaires. Le comte de Chatillon protesta contre leur
conduite et fit voter le 15 août par l'assemblée de
Pourmont, l'expulsion des ecclésiastiques compromet-
tants, et écrivit aux généraux et aux représentants du
peuple qu'ils réprouvaient tout désordre et renonçaient à toute action hostile, « à moins qu'on ne les
attaquât ».

Comme toujours, cette disposition bienveillante fut
mal accueillie, et le procureur général syndic du Maine-et-Loire déclara que les ennemis renonçaient au
système de terreur pour pratiquer celui de l'hypocri-

sie et voulaient préparer la contre-révolution « en royalisant sourdement » (194). Un autre témoignage. celui de Bodin, indique que les prêtres qu'influençait Bernier, avaient une attitude modérée et conciliatrice. L'un d'eux avait même dit à son auditoire qu'il était impossible de résister à la république et nécessaire de s'y rallier (195).

De quel droit Bernier donnait-il ces instruction aux prêtres ? Du droit que lui donnaient son intelligence personnelle et sa situation aux côtés de Stofflet, car il n'était pas muni de pouvoirs spéciaux et M. de Lorry l'écrivait le 2 octobre 1795 : « M. Bernier, curé de Saint-Laud, n'a aucun pouvoir de moi. Je n'ai même eu aucun rapport avec lui depuis sa sortie d'Angers, et il ne peut tenir de personne autre la juridiction épiscopale dans le diocèse d'Angers. Je le crois trop instruit pour abuser des fidèles en exerçant un pouvoir qu'il n'a pas (196).

Pendant ce temps, les négociateurs passaient de l'espérance à l'inquiétude; les deux frères Martin, lieutenants de Stofflet, estimaient qu'il serait peut-être malaisé de faire accepter la constitution par les assemblées primaires, mais Bernier, d'Autichamp et autres croyaient possible de la faire admettre par les chefs; on pensait même que Charette, si engagé qu'il fut, ne serait pas éloigné de la paix. Bernier écrivait à Hoche exprimant l'espoir que l'entrevue proposée au bourg de La Pommeraie procurerait la paix au pays. Mais il suffisait d'une vague dénonciation pour tout gâter. Une femme ayant raconté qu'on parlait d'une reprise d'armes parmi les officiers de l'armée d'Anjou, le général Caffin proposa immédiatement, le 11 octobre, d'enlever Stofflet, Bernier et les autres, et ce n'est que parce que Stofflet n'était pas considéré comme dangereux qu'on ne mit pas le projet à exécution (197).

L'arrivée prochaine du comte d'Artois n'était pas sans inquiéter quelque peu les républicains; le 3 octobre, Béjarry, agent de Bernier, avait participé à la surprise de Mortagne, et quoique l'affaire fût sans aucune importance, elle pouvait faire craindre que Stofflet lui-même ne se trouvât entraîné à reprendre les armes; Charette semblait faire tous ses efforts pour obtenir ce résultat (198). MM. de Rivière et de Trion, envoyés du comte d'Artois, ne parvinrent pas à rétablir l'accord entre les chefs vendéens (198 *bis*), et ce dernier ne demeura pas longtemps à l'île d'Yeu. Il retourna en Angleterre le 18 novembre, à la grande indignation de Charette. Il avait déclaré que Stofflet lui avait promis de reprendre les armes lorsqu'il en donnerait l'ordre, mais peut-être se faisait-il des illusions quand il écrivait ces lignes, car ses instructions avaient été mal accueillies au Lavoir et à La Moroussière. Le plan de campagne proposé avait été immédiatement déclaré irréalisable par Stofflet, et Bernier avait protesté contre l'insuffisance de la croix de Saint-Louis pour le chef des armées d'Anjou et du Haut-Poitou, alors que Charette avait reçu le cordon rouge (199).

Le 26 novembre 1795, Stofflet faisait demander à Hoche le jour, le lieu et l'heure d'une conférence, et huit jours plus tard, par une lettre signée de lui et de Bernier, il lui offrait ses bons offices pour la pacification de l'armée dite du Centre et lui demandait une suspension d'armes (200).

Hoche se réjouissait, presque étonné de voir que Stofflet ne faisait rien (201) pour venir en aide à Charette, rudement poursuivi, mais il lui écrivait que malgré son désir de voir le rétablissement de la paix, il devait exiger la remise des armes. Les trop généreux républicains, dit-il, ont été trompés une fois, ils ne sauraient obtenir trop d'assurances. Stofflet sentait ce manque de confiance, et, se rendant compte de la surveillance dont il était l'objet, adressait à Hoche, « du meilleur style de l'abbé Bernier », dit Chassin, un long mémoire justificatif : « Si je fus le dernier à conclure la paix, dit-il, je suis le plus fidèle et le seul constant à en observer les conditions. » C'est en vain que l'on m'accuse de tous les crimes, de recevoir de la poudre, de favoriser les désertions, d'accueillir les émigrés, d'avoir des émissaires à la flotte, de communiquer avec Charette. Toutes ces affirmations sont fausses ou absurdes; j'ai même appris, dit-il, que j'étais condamné à mort par le tribunal de Charette. Et s'il est vrai que cette lettre exprime non seulement les pensées de Stofflet, mais aussi celles de Bernier, il faut noter ces lignes : « Je reçois les émigrés, fausseté indigne; l'on m'accusait d'être leur ennemi avant la paix, je ne sais ce qui aurait pu me les faire aimer depuis cette époque. » (202).

Trois jours avant la conférence, Hoche semblait plein d'espoir, et le 12 décembre, il rencontrait au May, près de Cholet, Bernier et Stofflet. Après que l'on eut traité de la question de l'armée du Centre, on aborda l'examen de la situation dans le pays de Stofflet. Nous n'avons, naturellement, aucun compte-rendu émanant de Bernier. Nous citerons une partie du très intéressant rapport adressé le 22 par Hoche au Directoire (203).

« Bernier, qui portait la parole, après avoir eu grand soin de me remettre sous les yeux l'état heureux, comparativement aux habitants de la Vendée, dont jouissaient ceux du pays qu'ils administre encore, me déclara que ce même pays ne pouvait cependant rester tel qu'il était, qu'il fallait qu'il fût organisé constitutionnellement comme le reste de la France, que Stofflet et lui désiraient prouver à la République entière combien ils lui étaient attachés, et l'horreur qu'ils conservaient pour le parjure. Ils me prièrent l'un et l'autre de m'employer auprès du gouvernement pour leur faire obtenir l'exécution des arrêtés de pacification, et finirent par m'assurer que si jusqu'à présent ils avaient fait des réquisitions dans le pays, ce qu'ils savaient me déplaire et n'être pas juste, ce n'était que pour vivre et faire vivre une infinité de jeunes gens sans ressources qu'ils retenaient par ce moyen dans le devoir, et qu'enfin, pour prouver combien ils étaient attachés au bien de ce pays, ils se seraient chargés de faire arrêter une foule de voleurs et de brigands qui s'étaient soustraits à nos poursuites en passant la Sèvre, s'ils n'eussent craint d'être désapprouvés, ou au moins blâmés par le gouvernement, dont ils n'avaient aucune mission pour exercer de pareils actes.

« Ils me promirent de se conformer entièrement aux lois, de les faire exécuter, non brusquement et par des moyens violents, mais bien au contraire, par la persuasion, la douceur et la fermeté qu'il convenait de mettre à un sujet aussi important. J'attends aussi de Bernier un petit travail qu'il m'a promis à cet égard.

« Si le gouvernement m'ordonnait de lui faire connaître quelle est mon opinion sur l'opération à faire, je lui déclarerais franchement que je désirerais voir ces hommes ne pas jouir d'une haute considération, mais employés cependant, sous la direction d'autorités supérieures, l'un, par exemple, comme commissaire du Directoire exécutif pour mettre les lois en vigueur de concert avec un homme bien patriote, fort éclairé, aussi sage qu'humain, l'autre, comme militaire, à la tête de 600 gardes territoriales, faisant sous les ordres d'un officier général la police du pays, le premier correspondant avec le Directoire et l'administration du département, le second avec les chefs. Les uns et les autres pourront toujours être punis s'ils s'écartent de leur devoir. Je pense même qu'il est prudent de mettre à profit la confiance dont les habitants de leur pays les honorent, confiance que d'autres individus n'acquièreront pas facilement. Ces habitants ne se réinsurgeront jamais, j'en ai l'assurance la plus positive...

« Le troisième objet dont il fut question, est la cause des chouans. Bernier, qui porte toujours la parole intercéda pour eux, alléguant des motifs d'humanité, d'intérêt politique et national. » Sur ce point, Hoche parut disposé à faire bien peu de concessions, de même que pour les demandes concernant les émigrés.

Peut-être Bernier n'aurait-il pas été fâché de se voir chargé par le gouvernement d'organiser la totalité du pays insurgé. « Certes, il a bien les talents convenables, mais l'importance que cela lui donnerait dans un pays où sa réputation est déjà bien établie, serait peut-être dangereuse, et il me paraît préférable de ne pas le sortir de son petit cercle. »

Quant aux prêtres, c'est d'eux que dépend la pacification générale du pays, et il convient de les ménager.

En somme, Hoche semblait avoir été séduit par Bernier, comme Bonaparte devait l'être dans la suite, et il écrivait de lui : « Ses dispositions sont parfaites. C'est un prêtre comme il en faudrait beaucoup. L'abbé Bernier juge les choses de haut. Il n'a pas l'air de tenir beaucoup au parti royaliste qui s'en va, je crois donc utile de l'employer. Il connait le fort et le faible de chacun; je lui accorde toutes ses demandes, il n'en fait que de raisonnables, mais dans ces circonstances difficiles, je crois que le gouvernement pourrait compter sur son autorité plus que sur son zèle. » (204).

V. — LA GUERRE DE VENDEE

La Reprise des hostilités. — La Mort de Stofflet. —
Bernier agent général.

Le plan proposé par Hoche était évidemment ce qui avait été établi de plus raisonnable pour la pacification de la Vendée, et Bernier en transmettait, en les atténuant quelque peu, d'ailleurs, (205) les conditions à Charette, Bossard, Sapinaud et Béjarry, ce qui laisse supposer qu'il ne songeait pas à cette époque à une nouvelle agression.

Les deux partis, royaliste et républicain ont à l'envi déclaré qu'à ce moment, Bernier était traître. Edmond Stofflet écrit même, d'après Beauchamp, qu'au cours des entrevues qu'il eût avec Hoche, Bernier avait jeté avec le général républicain les fondements d'un pacte mystérieux où le chef royaliste fut sacrifié (206). Cette assertion, comme bien d'autres, ne repose que sur des hypothèses, et même si l'on fait de Bernier un émule de Machiavel, il est absurde de supposer qu'il déclancha une nouvelle guerre, à seule fin de se débarrasser de Stofflet.

Sa conduite, en cette fin d'année 1795, est évidemment quelque peu mystérieuse, et sans aucun doute il travaillait dans un but que nous ne connaissons pas. Il trompait quelqu'un, peut-être trompait-il tout le monde et lui-même. Il était, par tempérament et par caractère, trop ami de l'ordre pour désirer une prolongation indéfinie des combats; sans aucun doute, ses préférences le portaient vers le roi en qui il voyait le restaurateur naturel de l'ordre public et de la religion et il pouvait croire que l'ordre une fois rétabli, même sans le souverain, celui-ci reviendrait inévitablement. Il ne lui serait pas, dans ces conditions, interdit d'accepter l'état actuel, même imparfait, en vue d'une organisation future, meilleure et plus conforme à ses goûts et à ses vœux. Peut-être Hoche aurait-il pu préparer cet avenir heureux. Cette incertitude de l'avenir et l'ignorance des voies qui le mèneraient à son but, expliqueraient sa politique à deux faces et les tentatives qu'il faisait pour ménager les divers partis, et s'assurer la bienveillance du pouvoir, quel qu'il fût.

Le 15 décembre, presque au sortir de la conférence tenue avec Hoche, le conseil de l'armée d'Anjou et du Haut-Poitou se réunissait, et à l'issue des délibérations un mémoire était envoyé à Monsieur. Ce mémoire n'est pas signé, mais Savary le considère comme rédigé par Bernier ou à l'aide de ses notes (207). D'après ce factum, l'insuccès de la descente et les revers subséquents provenaient de ce que Sa Majesté avait été trompée sur les chouans de la Vendée, et de ce que Charette avait rompu prématurément la paix, en dépit de ses collègues. Sans dissimuler que la situation générale était peu avantageuse, puisque les Vendéens se refusaient à passer une seconde fois la Loire et qu'une guerre générale était impossible devant la force des troupes gouvernementales, l'auteur proposait les moyens suivants : « Ouvrir des négociations avec la République, les traîner en longueur en multipliant les difficultés, tenir pendant ce temps le peuple en haleine et sur une défensive respectable, entretenir les liaisons au dedans et au dehors, préparer ses batteries avec plus d'assurance et d'union, concerter un plan général pour l'époque la moins éloignée et passer ainsi la dure saison jusqu'au débarquement promis par S. A. R. »

Charette, mécontent, songea à faire mettre Stofflet à mort (208). Mais Charette n'avait plus ni troupes, ni autorité. Plusieurs fois battu dans la fin du mois de décembre, il errait, épuisé et malade, en pleine débâcle et presque sans asile. Chassé du pays qu'il occupait, il approchait des régions dominées par Stofflet, et le général Willot se demandait quelle serait l'attitude de ce dernier vis-à-vis de son allié d'autrefois. Stofflet, à cette époque, offrait encore sa médiation, et renouvelait ses assurances de fidélité, demandant l'organisation de la garde territoriale, destinée à maintenir l'ordre. Chassin affirme que cette demande et l'affichage de l'adresse aux habitants des campagnes, du mois de mai précédent, provenaient simplement du désir qu'avaient les insurgés de savoir le nombre d'hommes dont ils pouvaient disposer en cas d'hostilités, et de l'intérêt qu'ils avaient à maintenir en haleine les paysans.

Mais Hoche, à cette date, avait complètement changé d'opinion sur Stofflet et sur Bernier. Peut-être à la suite de la démarche faite auprès de lui par Constant de Suzannet pour lui offrir de mettre ses talents au service du roi, peut-être parce que Willot lui avait communiqué ses soupçons et ses doutes, Hoche se déclarait, le 20 janvier 1796, nettement ennemi des deux royalistes. « Les sentiments d'estime que ces messieurs me prodiguent, ne peuvent me toucher; ils ne sont pas réciproques. Après avoir recueilli tous les rapports, je suis convaincu que Bernier voudrait faire de Stofflet un prince dont il serait le ministre. Il accueille les émigrés, les chefs fuyards de la Vendée, les déserteurs. Enfin, son pays est le réceptacle de tout ce qu'il y a d'impur dans les environs... C'est la soumission aux lois de la République qui doit avoir lieu, et non pas un vain traité dont aucun article ne sera rempli par les ennemis » (209).

Ce même jour, 20 janvier, se tenait au château de Bourmont la réunion de tous les délégués des belligérants de Bretagne, Vendée, Maine, Normandie. Le chevalier Colbert de Maulévrier apportait à Stofflet, avec la croix de Saint-Louis, l'ordre de reprendre les hostilités immédiatement. Stofflet se serait incliné en disant : « Mes amis, nous marchons à l'échafaud, mais c'est égal ; Vive le Roi quand même !» (210).

Quelques jours plus tard, on affichait dans le pays les diverses proclamations appelant les Vendéens aux armes, toutes rédigées par Bernier. L'une, signée de Stofflet seul disait à ses compagnons d'armes : « Le moment est venu de nous montrer. Dieu, le Roi, le cri de la conscience, celui de l'honneur et la voix de vos chefs vous appellent au combat. » Une seconde, signée par Stofflet et par tous les chefs, contenait une longue déclaration de Louis XVIII, datée de Vérone, le 8 juillet 1795, et l'adresse du conseil militaire des armées d'Anjou et du Hant-Poitou aux troupes républicaines.

Le lendemain, Stofflet et Bernier écrivaient à Monsieur, pour lui annoncer la reprise des hostilités, une lettre déférente, mais non enthousiaste : « Monseigneur, vos vues sont remplies, vos intentions satisfaites. L'Armée d'Anjou, que des considérations politiques avaient jusqu'ici conservée en état de paix, vient de se déclarer .... Il ne nous reste plus qu'un vœu à former, celui de voir Votre Altesse Royale au milieu de nous. Tous les braves Vendéens le désirent, et prodigueront pour Elle le sang que la rage de nos ennemis a jusqu'ici égargné. Votre présence, Monseigneur, est indispensable pour le soutien de la cause, sans elle, les efforts seront vains, les succès balancés, le découragement inévitable.... » Sapinaud écrivait dans le même sens avec moins d'enthousiasme encore (211).

Quelle fut la part de Bernier dans la reprise des hostilités ? Ses ennemis l'en rendent responsable. Edmond Stofflet déclare qu'il changea d'opinion par intérêt personnel, dans l'espoir de précipiter Stofflet vers l'abîme et de s'élever sur les ruines d'un pouvoir qui gênait son propre essor (212). Joseph Clémanceau, en général assez modéré dans ses appréciations, dit de Stofflet qu'après la première pacification, « des espérances illusoires, et surtout les conseils du prêtre Bernier le déterminèrent contre la foi jurée à reprendre les armes » (213). Clémanceau, d'ailleurs, n'avait jamais cru à la sincérité des négociations entre catholiques et républicains, et il disait : Les distributions d'argent prouvaient l'immoralité des uns et la vile cupidité des autres, et, dans la « confusion des couleurs républicaines mêlées aux drapeaux blancs et aux panaches royalistes, on découvrait une triste vérité, c'est que chacun des partis cherchait à tromper ses adversaires par des moyens que ne pouvaient avouer ni l'honneur, ni la loyauté » (214). Dans un des manuscrits de l'abbé Pataud, conservés à la Bibliothèque d'Orléans, on lit que le curé de Saint-Laud entraîna Stofflet à reprendre les armes par la lettre où il lui prouvait qu'en demeurant plus longtemps sur la défensive, on fatiguerait les gardes, on montrerait de la faiblesse et on donnerait à croire qu'ils étaient hors d'état de faire des rassemblements (215). Cette lettre existe en effet, mais Savary la date du 26 janvier 1796 ; elle n'aurait donc pas trait à la reprise des hostilités, décidée depuis une semaine, mais à une action offensive, destinée à ôter aux républicains l'initiative des opérations (216).

Hoche ne fut pas troublé. La guerre stofflétienne durera quinze jours, disait-il, et il ne se trompait guère. Stofflet tenta inutilement un coup de main sur Chemillé, et bientôt réduit à l'impuissance, se retira dans la forêt de Maulévrier. Les uns après les autres, ses lieutenants étaient pris et massacrés, et lui-même, perdu dans les bois, songeait à offrir sa soumission. Edmond Stofflet, qui voudrait prouver qu'il fut trahi et livré par Bernier, raconte ainsi ses derniers jours : Après un séjour de deux semaines dans sa hutte froide, Stofflet reçut de Bernier une invitation pressante à se rendre à la ferme de la Saugrenière, métairie isolée où il vint le 23 février dans la matinée et où Bernier le rejoignit à midi. Il remettait une lettre de Puisaye, du 29 janvier (217), lettre qui semblait désapprouver l'action du comte de Maulévrier et indiquait Bernier comme le plus capable des agents possibles.

Une vive discussion s'engagea au sujet de cette lettre. Les deux délégués bretons proposaient de retirer à Colbert ses pouvoirs pour les donner à Bernier; Chesnier-Duchesne, que Charette avait délégué au conseil gardait une attitude réservée, Stofflet soutenait avec force la cause de son maître et cette fidélité hâta sa perte. Au cours de l'entretien, Bernier envoya à Cholet un chasseur attaché à son service, sous le futile prétexte d'acheter du tabac, et cet émissaire ne reparut jamais dans la Vendée. A deux heures du matin, Bernier se retira, disant qu'il s'en allait à la Petite-Ramée, et il engageait Stofflet à demeurer à la Saugrenière pour la nuit. Mais, contrairement à ce qu'il avait annoncé, il se rendit à la métairie du Chêne Percé, à cent pas de la route de Chemillé. Au milieu de la nuit, une troupe de 200 hommes et 25 cavaliers qui avaient reçu du général Caffin l'ordre de se rendre à la Saugrenière en passant par Souchereau, s'arrêtèrent devant la maison qu'occupait Bernier. Un homme se détacha des rangs, frappa au volet de la fenêtre de l'abbé Bernier. La fenêtre s'ouvrit, l'inconnu échangea quelques paroles avec l'abbé, rejoignit les rangs des soldats, et la troupe repartit, conduite par Loutil, chef du 7e bataillon de Paris et Liégeard, aide de camp de Caffin.

Les soldats, peut-être guidés par un paysan, arrivent à quatre heures du matin à la Saugrenière. Ils entourent la ferme, entrent en se donnant comme royalistes, fouillent la demeure, et Stofflet s'échappant de la retraite où il se dissimulait est saisi par les soldats et conduit à Angers pour être fusillé (218).

Bernier, qui s'était à de nombreuses reprises, déclaré tout dévoué à la République, prit part, en rédigeant les correspondances et les proclamations, à la reprise d'armes de Stofflet, mais s'il a poussé à une nouvelle guerre, ce ne fut pas génie ni habileté politique de sa part; la situation de Stofflet au 20 janvier était, en effet, tellement précaire, qu'aucun habile homme ne devait à cette époque se compromettre avec lui. Nous croyons bien volontiers que ni l'un ni l'autre n'avaient grand désir de reprendre la campagne. Stofflet, comme dit son épitaphe, mourut en obéissant ; Bernier, se rendant compte des difficultés qu'ils couraient, laissa également son opinion de côté pour suivre l'avis de ceux qui lui disaient que le plus grand bien de la monarchie exigeait la reprise des hostilités (218 bis).

Edmond Stofflet a reproduit avec plus d'insistance que tout autre, l'accusation portée contre Bernier d'avoir livré Stofflet aux républicains, et il termine le récit des derniers jours du général vendéen par ces réflexions : La conduite de Bernier « provoqua les soupçons parmi les Vendéens. On se rappela la mort de Marigny, et l'on accusa hautement le curé de Saint-Laud d'avoir livré Stofflet qui commençait à secouer son joug... D'Autichamp lui-même s'en défiait. Un jour, réfugié dans la cache de ce prêtre astucieux pour se soustraire aux poursuites des bleus, il montra un pistolet en déclarant que s'il était victime d'une surprise, il lui briserait la tête avant de tomber entre les mains des soldats. Le soupçon devint bientôt chez le plus grand nombre une conviction invincible, transmise par les pères aux enfants, et répandue aujourd'hui dans toute la Vendée » (219). Chassin, qui semble faire sienne l'accusation portée contre Bernier, dit que les rapports de Loutil, de Mesnage et d'Hédouville confirment la thèse royaliste (220). Peut-être en ce qui concerne la capture elle-même, mais non en ce qui touche la participation de Bernier et les incidents qui donnèrent lieu à l'accusation portée contre lui. Cette accusation ne repose donc que sur des bases extrêmement faibles, pour ne pas dire inexistantes, et certains détails du récit d'Edmond Stofflet semblent difficiles à prouver. Dans la suite, la conduite de Bernier rend moins vraisemblable encore l'accusation portée contre lui, car il eût été bien extraordinaire qu'après avoir livré Stofflet par ambition, il se fût attaché à d'Autichamp, dont la situation était plus précaire encore que ne fut jamais celle de l'ancien garde-chasse. Humainement parlant, tout pour Bernier devait être à cette époque plus avantageux que la fidélité au parti royaliste.

D'après d'autres témoignages, ce n'est pas la capture de Stofflet qui était envisagée, mais celle de Bernier, dont Hoche désirait vivement s'emparer. D'après Clémanceau, d'après la première édition de l'ouvrage de Beauchamp, c'est Bernier que le général Mesnage comptait surprendre. Il avait été avisé que cet ecclésiastique devait conférer dans la nuit avec plusieurs officiers vendéens au château de Soucheran, près de la Poitevinière; la troupe fouilla le château, mais sans succès. Le paysan qui servait de guide assure que le curé de Saint-Laud s'était retiré dans une métairie, on y court, on la cerne. Au lieu de Bernier, on trouve Stofflet, qui est pris avec deux aides de camp et trois domestiques (221). Loutil déclara lui-même à M. de La Bouëre, qu'il était chargé d'arrêter Bernier, et Mme de La Bouëre, dans ses mémoires, dit qu'il est faux que Stofflet ait été trahi. « C'est seulement, dit-elle, à la suite de sa conduite sous le Consulat que la calomnie s'acharna contre Bernier et qu'on l'accusa de toutes sortes de crimes ». Elle raconte ainsi l'événement du 24 février : « Stofflet, voulant se concerter avec l'abbé Bernier qu'il savait caché à la Saugrenière, y arriva le soir, mais on avait averti Bernier que beaucoup de pauvres étaient venus ce jour-là, qu'on les soupçonnait d'être des espions déguisés, et qu'il devait pour sa sûreté changer de retraite. Il se retira donc à la métairie du Pré-Grimaud, à très peu de distance. Stofflet, arrivant le soir, pensa qu'il pouvait sans inconvénient passer la nuit à la Saugrenière, et c'est là qu'il fut pris. On a toujours été convaincu dans le pays que les mendiants étaient véritablement des espions » (222).

Aussitôt après la mort de Stofflet, fut pris l'arrêté rendant définitives les résolutions discutées l'avant-veille à la Saugrenière, et décidant l'envoi de déclarations aux puissances belligérantes, les invitant à reconnaître Louis XVIII, et nommant Bernier commissaire général de l'armée d'Anjou et du Haut-Poitou, députe au nom des armées catholiques et royales de France, en qualité d'agent général auprès des puissances belligérantes résidant à Londres (223). Il paraissait, d'après le chevalier d'Autichamp, le plus instruit de leur position, de leurs moyens, méritant leur confiance et justifiant leur choix unanime (224). Bernier répondait aux éloges du chevalier en le désignant « sous le bon plaisir de Sa Majesté » pour prendre le commandement des troupes de Stofflet, et l'abbé, annonçant cette nouvelle au comte d'Artois, lui disait, non sans quelque exagération, que les troupes royalistes, brûlant du désir de venger leur chef, avaient marché à l'ennemi et triomphé des républicains (225).

Forestier, le plus ancien des officiers de l'armée aurait pu, à ce titre, prétendre à la succession de Stofflet, mais, dit Le Bouvier-Desmortiers, Bernier ayant nommé d'Autichamp de sa propre autorité, Forestier ne réclama point, et on lui prête même cette plaisanterie peu cléricale : « C'est l'abbé Bernier qui a nommé M. d'Autichamp général; il a fait cela comme il aurait donné l'absolution à une vieille femme » (226). Forestier était nommé commandant en second.

De divers côtés, des lettres parvinrent, exprimant les regrets que causait aux chefs royalistes la mort de Stofflet, et ces lettres, toutes élogieuses pour le chef qui venait de disparaître, montraient à l'occasion des sentiments de chaleureuse amitié pour Bernier. Le comte de Scépeaux écrivait : « Votre nomination à la place d'agent général des royalistes auprès des puissances étrangères, remplit parfaitement mon vœu. Vos talents et vos connaissances, la confiance des peuples, les suffrages unanimes et l'intérêt du parti vous appellent à des fonctions importantes. » Charette, à l'expression de ses regrets ajoutait : « Permettez-moi de vous exprimer la joie que m'a causée votre nomination d'agent des armées royales. Elle est d'autant plus vraie, qu'elle est fondée sur vos connaissances, sur votre caractère, et votre parfait dévouement pour la cause que nous défendrons jusqu'à la dernière goutte de notre sang. » Et Puisaye, promettent de venger la mort du grand homme que le parti royaliste avait perdu, ajoutait : « Votre zèle pour la cause que vous avez servie, ne se ralentira pas et vous continuerez, j'espère, de nous seconder des talents que vous avez si bien employés. Veuillez correspondre fréquemment avec moi, et soyez sûr que toujours je m'estimerai heureux d'être compris parmi vos amis, comme je le serai sans cesse parmi vos admirateurs » (227).

Les hostilités, en somme, étaient finies. Il était impossible aux royalistes de reconstituer leurs armées. D'Autichamp errait de ferme en ferme, incapable de rassembler aucune troupe, et toujours accompagné de Bernier. Ils ne furent pas poursuivis activement et les amis de Stofflet ont pensé que cette inaction provenait d'un accord secret conclu entre Hoche et Bernier (228). Ce dernier, toujours actif, mettait son zèle à servir la cause royale. Il faisait rendre la justice au nom de Louis XVIII et comme il n'était plus possible pour le moment de triompher par les armes, il songeait à obtenir un succès diplomatique et des secours d'argent susceptibles de permettre une reprise de l'action militaire à un moment donné.

Des bruits étranges avaient circulé sur les trésors de Bernier et du parti royaliste. Le Bouvier-Desmortiers prétendit que Bernier avait pris la caisse de l'armée, qui comprenait 35.000 livres en numéraire et deux billets de 24.000 livres sur la Banque d'Angleterre (229). Hédouville avait déclaré au gouvernement que les royalistes avaient 4 à 500.000 livres de numéraire que Stofflet avait tenu caché, et que d'Autichamp avait pris (230). Pourtant dans toutes les lettres, la question financière paraît être mise par les royalistes au premier plan. Scépeaux le dit à Bernier le 24 mars : Nous n'avons aucun argent dans aucune armée; la veille, Bernier l'écrivait au ministre Windham, disant que le besoin d'argent les pressait et qu'il était urgent d'envoyer les subsides demandés (231). Dans les lettres au comte d'Artois, au duc d'Harcourt, cette question tient la première place, ce qui fait douter de l'exactitude des renseignements d'Hédouville.

Bien que Bernier ait ambitionné la place d'agent général, au point d'avoir été supposé capable d'un assassinat pour l'obtenir, il ne montra aucun empressement à l'occuper, soit qu'il se crut indispensable en Vendée, soit pour quelque autre motif. Les correspondances expédiées de France en Angleterre par les royalistes à cette date, montrent le désir qu'ils avaient de conserver Bernier avec eux. C'est la raison que donne le chevalier d'Autichamp en annonçant au comte d'Artois que Bernier a désigné le chevalier de La Garde pour le suppléer provisoirement à Londres. Bernier, écrivant lui-même au ministre Windham, lui parle de cette nomination et du profit que le parti royaliste pourra tirer de la présence d'un agent en Angleterre, et il ajoute : « Mais j'étais bien éloigné de soupçonner qu'en réalisant ce projet salutaire, le suffrage des armées m'appellerait à cette place. C'est néanmoins ce qui vient d'avoir lieu, malgré la conviction de mon insuffisance et mes justes représentations. » Il écrivait dans le même sens au comte d'Artois, affirmant avoir fait tous ses efforts pour se soustraire au fardeau que l'on voulait lui imposer. Il va même plus loin puisqu'il ajoute : Oserai-je maintenant supplier V. A. R. de me dispenser d'occuper une place que la conviction intime de ma faiblesse et de mon insuffisance me fait redouter. Ce serait un bienfait de sa part, dont je conserverais une éternelle reconnaissance (232).

En même temps que ces correspondances, le chevalier de La Garde emportait des instructions pour sa mission. Un des articles de ces instructions est intéressant en ce qui concerne Bernier : « 4º. — Il (M. de La Garde) présentera à S. A. R. un exemplaire de la lettre circulaire adressée par l'agent général aux prêtres de la Vendée et pays insurgés, en exprimant à S. A. R. la sincère douleur dont il est pénétré de ce qu'il n'a point été désigné jusqu'à ce jour de supérieur ecclésiastique pour ces contrées, qui, revêtu du pouvoir du Saint-Siège, eût rappelé tout à l'uniformité.

Même sans titre officiel, l'abbé Bernier accueillait à Maulévrier les prêtres du pays et recevait les rétractations d'assermentés, ainsi que Taveau le constate dans une lettre au Directoire, du 30 floréal an VI (233). Toutefois, la demande d'une autorité ecclésiastique spéciale pour les pays soulevés ne prouve pas chez lui un absolu désintéressement; on peut rapprocher cette demande d'un passage du mémoire sur les grâces à accorder aux chefs de l'armée catholique et royale, adressé à Monsieur, peu de temps avant la mort de Stofflet. « Monsieur ne peut rien faire dans ce moment pour un ecclésiastique. Il ne peut qu'assurer au curé de Saint-Laud les grâces du roi pour l'époque où S. M. sera en mesure d'user de sa puissance ; toutes les grâces accordées à M. Stofflet rejaillissent sur le curé de Saint-Laud; mais il sera payé de la confiance que Monsieur parait lui accorder et puisque l'ambition du curé de Saint-Laud est comme celle de tous les **hommes supérieurs, plutôt d'amour-propre que d'ambition, une lettre de Monsieur fera sur lui plus d'effet que n'en feraient des grâces accumulées** sur la tête d'un homme ordinaire » (234).

La correspondance confiée à La Garde ne devait jamais parvenir à destination. Elle fut trouvée dans le bagage abandonné par lui au moment où il tentait de s'embarquer sur les côtes du Morbihan. Elle contenait sans doute le texte de la lettre circulaire aux prêtres de la Vendée, et il est difficile de croire que ce n'est pas cette circulaire dont copie fut envoyée au Directoire avec la lettre de Hoche du 22 mai 1796, peu de temps, par conséquent, après la capture de La Garde. On souhaiterait, pour la mémoire de Bernier que cette pièce ne fût pas authentique, car elle est peut-être celle qui porte sur sa mémoire la tache la plus grave. Les royalistes et les républicains l'ont à l'envi accusé de tromperie, et on peut, à ces trahisons, trouver des excuses. Il n'a pas tenu les promesses faites à la République parce que celle-ci ne pouvait ou ne voulait tenir ses engagements vis-à-vis des Vendéens; il a quitté le parti royaliste quand il lui semblait que ce parti ne possédait plus aucune chance de rétablissement, pour se rallier au parti de l'ordre, ce dont il est difficile de lui faire grief. Mais au printemps de 1796, il semble qu'il ait comme sacrifié la cause à laquelle, vu son caractère sacerdotal, il eût dû avant tout demeurer attaché. Les historiens catholiques n'ont pas voulu lui en faire grief, par charité ou par discrétion ; il n'en convient pas moins de citer cette « circulaire aux prêtres de la Vendée », qui fut sans doute rédigée peu de temps après la mort de Stofflet.

Elle n'est pas un chef-d'œuvre, ni par le style, confus et embarrassé, ni par l'élévation des sentiments, car on éprouve quelque honte à voir un prêtre catholique prêcher en quelque sorte la grève des curés et engager ses confrères à sacrifier la religion à la politique. L'allure de ce document ne rappelle en aucune sorte le style vif et entraînant d'autres lettres et proclamations de Bernier ; on ne peut, cependant, mettre en doute son authenticité, car elle répond à ce que laissaient prévoir les instructions données au chevalier de La Garde, sur le besoin d'uniformiser la conduite des prêtres de la Vendée.

Voici le texte de cette circulaire :

« Monsieur, je viens de lire une circulaire du gé-
« néral Hoche dans laquelle il m'accuse de vouloir,

« conjointement avec le général d'Autichamp, atten-
« ter à la vie de plusieurs de mes confrères et massa-
« crer ceux dont j'ai depuis longtemps partagé les
« travaux. Si cette atroce calomnie ne pesait que sur
« moi, je plaindrais ses auteurs, et, fort de ma cons-
« cience, j'attendrais sans crainte ma justification des
« événements. Mais elle annonce un projet qu'il est
« temps de dévoiler au grand jour et sur l'existence
« duquel je me reprocherais éternellement d'avoir
« gardé le silence ».

« Ne nous le dissimulons pas, on veut séparer la
« cause de l'autel de celle du trône, et les intérêts des
« chefs de ceux des ministres de Dieu. On promet à
« ceux-ci protection et sûreté, pour se saisir plus
« adroitement des autres. On tolère momentanément
« l'exercice du culte pour s'emparer des armes sans
« trouble et sans commotion, empêcher les rassem-
« blements et asservir sous le joug des lois républi-
« caines, le peuple abusé sur ses vrais intérêts. »

« Mais si, ce qu'à Dieu ne plaise, ce désarmement
« s'effectuait, si les chefs étaient immolés, le peuple
« soumis, le pays pacifié, quel espoir conserveraient
« les ministres de Dieu ? Craindrait-on d'attenter à
« leurs jours, quand leurs vrais amis seraient sans
« moyens et sans armes ? Respecterait-on les objets de
« leur culte, quand la monarchie n'aurait plus de
« soutiens et d'appuis ?... »

« Craignons, d'ailleurs, que le défaut d'uniformité
« dans la conduite du clergé vendéen dans les années
« précédentes et celle qu'une partie de ses membres
« tient actuellement, ne donne aux fidèles une occa-

« une désunion qui n'existe pas. Craignons qu'ils ne
« sion de scandale. Craignons qu'ils ne soupçonnent
« disent : On s'efforçait de nous inspirer en 1793 et
« 1794 l'horreur des régicides, et on veut en 1796 nous
« familiariser avec eux. C'est sous leurs yeux et sous
« leurs auspices que l'on célèbre aujourd'hui nos di-
« vins mystères, après nous les avoir représentés com-
« me des impies, des sacrilèges et des profanateurs.
« Nous aurait-on trompés sur leur compte dans les
« années précédentes, ou voudrait-on nous abuser
« dans celle-ci ? Nous avons, il est vrai, vécu avec eux
« dans une espèce de paix ou de trêve pendant neuf
« mois, **mais nous étions alors** soumis à l'ancien ré-
« gime, nos chefs nous gouvernaient, nous ne connais-
« sions d'autres lois que celles de la monarchie. Au-
« jourd'hui, ce sont ces chefs que l'on poursuit, c'est
« la monarchie que l'on attaque, c'est la République
« que l'on veut établir, et on ne nous dit pas comme ci-
« devant : Vous avez promis obéissance à vos chefs,
« suivez-les; vous avez juré de rétablir le trône, vous
« devez être fidèles à ce serment, le parjure est un
« crime. »

« Tenir aux fidèles un semblable langage, n'est pas
« s'écarter du ministère de paix que nous devons exer-
« cer, mais leur retracer des devoirs que la conscience
« oblige de remplir. Que serait-ce si la célébration pu-
« blique de nos divins offices allait entraîner des mal-
« heurs qui n'ont été déjà que trop multipliés, si nos
« augustes mystères étaient profanés, si au milieu
« de cette célébration, les ministres étaient enlevés,
« si la république saisissait ce moment pour arracher

« de nos temples ses victimes ? De quels reproches
« leurs parents, leurs amis n'accableraient-ils pas le
« pasteur qui, sans le savoir aurait facilité l'exécution
« de ce fatal projet ? »

« Or, qui pourrait douter que ce projet n'existe,
« quand les avis les plus multipliés et les plus dignes
« de foi annoncent l'arrestation prochaine des prêtres
« de la Vendée, et quand déjà, l'on essaie de familia-
« riser les esprits avec l'idée de leur trépas ? Méfions-
« nous de la perfidie des régicides, et soyons assurés
« que, si dans toute la France il n'est de temples ou-
« verts que pour le schisme et l'hérésie, la Vendée,
« une fois désarmée, n'aura plus les siens ou ne les
« conservera qu'à des conditions que la conscience et
« la foi de ses ministres ne leur permettra jamais
« d'accepter. »

« Cessons donc l'exercice des augustes fonctions
« qui nous sont confiées, dans les bourgs, lieux et
« cantonnements occupés, envahis ou menacés par
« l'ennemi. Ce moyen, seul, peut établir l'uniformité
« de conduite, sauver la religion, remplir les inten-
« tions du monarque et des chefs. Préservons le pays
« d'une ruine fatale, épargnons au clergé de la Ven-
« dée des reproches qu'aucun de ses membres ne vou-
« drait mériter, et rappelons tous les habitants à l'ac-
« complissement de leurs obligations comme sujets. »

« Croyez, je vous prie, Monsieur, qu'en vous traçant
« ces réflexions et en vous adressant l'invitation qui
« les suit, le seul sentiment qui m'anime est celui de
« mon devoir, comme chargé des intérêts du pays, et
« le plus parfait dévouement aux intérêts de mes

« confrères ». (235).

L'administration départementale de Maine-et-Loire avisait à cette époque le général en chef que « d'Autichamp et Compagnie avaient fait défense aux prêtres qui exerçaient publiquement le culte dans la Vendée, d'en continuer les fonctions, et que cette mesure ne manquerait pas de rejeter l'odieux sur les républicains afin de réinsurger les habitants ».

Mais les paysans, satisfaits du rétablissement du culte, ne répondaient pas à l'appel qui leur était adressé de reprendre les armes (236). Quant à Bernier, il correspondait avec La Garde, avec Puisaye, semblant n'avoir en vue que le bien de la « cause ». Le seul intérêt général me retient en France, disait-il. « Maintenant, tout s'anime et prend un nouvel essor; les délais auront une fin; je remplirai vos vœux ou j'y succomberai ! (237). Prenez toutes les mesures que vous jugerez les plus promptes et les plus efficaces, et croyez que je me ferai toujours un devoir de les seconder. » A Windham et à Woodfort, Bernier expose les besoins de la Vendée, et demande des secours pour le pays insurgé, disant qu'il est obligé de donner plus de preuves qu'aucun autre de son attachement à la monarchie (238). Au marquis d'Autichamp, il demandait de venir en France, occuper un poste auquel sa réputation, si justement acquise, ses qualités personnelles et ses exploits semblaient l'appeler (239).

Chose extraordinaire, au moment où Bernier semblait ainsi s'intéresser au sort de la Vendée et lui cherchait de tous côtés des appuis, on trouve une lettre de lui à Joseph Trotouin, administrateur des hô-

pitaux d'Angers, qui pose pour l'historien un nouveau
problème :

« Monsieur, toute la Vendée sait combien votre sensibilité et votre courage ont sauvé de victimes, et ce
pays, en vous comptant au nombre de ses bienfaiteurs,
n'attend pour vous exprimer sa reconnaissance que
le moment d'une paix si nécessaire et si désirée. On
publie que mon influence peut en retarder l'affermis-
sement, et c'est pour imposer silence à cette calomnie
que je me propose de sortir d'un pays où l'on ne me
rend plus de justice et dont les malheurs n'ont été
causés que par mes calomniateurs (ceux qui n'osent y
rentrer).

« Je m'adresse donc à vous, monsieur, pour obtenir,
soit du général Hoche, soit des commissaires du Directoire, un passeport pour la Suisse. Je vous donne
ma parole d'honneur, en croyant à celle du général et
de ces messieurs, que je me rendrai de suite en pays
étrangers, et ne mets d'autre condition que l'exception
de ma qualité de prêtre. Soyez sûr, monsieur, que quel
que soit le pays que j'habite, j'y publierai toujours que
vous êtes un véritable ami des hommes, et que s'ils
vous ressemblaient tous, nous verrions renaître l'âge
d'or que je désire bien sincèrement à la France » (240).

Il semble étonnant que Bernier, qui pouvait aller
en Angleterre, au prix de quelques risques, il est vrai,
et qui déclarait à tous ceux qui l'approchaient que sa
présence en France était indispensable, ait songé à
se rendre en Suisse. Le passeport fut, paraît-il, accordé avec empressement, et en guise de souhait de bon
voyage, Hoche écrivait de son ancien vis-à-vis de

conférence : « Bernier, le cafard Bernier part enfin. Il lui a été délivré un passeport pour la Suisse, où il ne jouera certainement pas le rôle d'agent près les puissances coalisées. Plus adroit que bien d'autres, il emporte sa santé, pour 200.000 livres de lettres de change et le reste des fonds de l'armée catholique » (241). Cependant, Bernier, auquel Hoche, avec si peu d'aménité, souhaitait bon voyage, ne partit pas, et trois jours plus tard, le général républicain demandait au ministre de la police de le faire arrêter (242).

Mais ce qui semble étrange, c'est que Bernier, ayant appris les bruits qui couraient sur sa conduite à cette époque, répliqua en ces termes : « Le curé de Saint-Laud n'a jamais demandé de passeport pour la Suisse. Il n'a jamais voulu partir de France; il y est constamment demeuré, dans l'intime persuasion qu'il n'y avait rien à attendre des puissances étrangères. Cette demande de passeport fut une supercherie inventée par Hoche pour parvenir à ses fins. La lettre qu'on suppose avoir été écrite alors par le curé de Saint-Laud est une pièce apocryphe » (243).

Cette protestation si nette, où Bernier accuse de faux ceux qui portaient témoignage contre lui, fait croire qu'il existait, à côté des royalistes, une fabrique de faux documents, car il paraît évident qu'une autre pièce, signée de tous les chefs vendéens, et dont Bernier, en qualité de commissaire général aurait ordonné l'affichage est également un faux (244) ce qui pourrait faire douter de l'authenticité d'autres pièces attribuées aux royalistes.

Bernier se cacha dans les Mauges angevines, chez

différents fermiers, « à qui il ne paye même pas l'hospitalité » (245). L'adjudant général Savary, député aux Cinq-Cents, signalait le 5 janvier 1797 sa présence au ministre de la police, ajoutant que les autres chefs vendéens cherchaient à se saisir de lui pour avoir leur part de la masse de Stofflet, dont il s'était emparé. Quelques jours plus tard, Travot écrivait qu'il ne devait pas avoir quitté le Lavoir, et qu'un d'Autichamp avait indiqué d'une manière assez précise la région où il se trouvait, et que dans cette région se trouvait précisément le château du Lavoir (246). La police supposait que sa capture serait aisée, et Letourneur, commissaire du Directoire exécutif dans la Loire-Inférieure, écrivait au ministre de la police : « Soyez assuré que je brigue par dessus tout l'honneur de faire arrêter ce conspirateur » (247).

Par la soumission de d'Autichamp qui avait fait sa paix à la fin de mai 1796, sans même prévenir Bernier, (247 bis), la seconde guerre de Vendée se terminait en effet et Bernier qui, maintenant, négociait avec les émigrés et avec les Anglais, pouvait à juste titre être considéré comme un conspirateur. C'est comme tel qu'il vivait, toujours caché et insaisissable. Bien que la Vendée fut décimée et que la Bretagne eût été forcée par Hoche de déposer les armes, les politiciens du parti royaliste avaient préparé pour la fin de 1796 un soulèvement général, à condition qu'un prince vint se mettre à la tête des Vendéens et des Chouans réunis. Bernier songeait à préparer une mobilisation rapide des forces vendéennes.

C'est d'accord avec lui, que Forestier, le plus ancien

des chefs royalistes se mettait en relations avec le comte de Puisaye (248) et, malgré la difficulté et le péril qu'il y avait à établir dans la Vendée une correspondance sûre, des agents le maintenaient en communication avec les princes (249). Mais, il existait a Londres et peut-être ailleurs, un foyer d'intrigues où Bernier n'était guère épargné. Le malheur voulut même que La Garde, son envoyé, prit parti contre lui. Après avoir protesté mille fois de son attachement, La Garde, accusé de vol, perdit la confiance de Puisaye et de Bernier qu'il cherchait à desservir, en présentant sous un jour peu favorable sa conduite au moment de la pacification, et il interrompait sa mission en Angleterre.

Bernier se rendait compte que le parti royaliste n'arriverait à aucun résultat tant que les chefs seraient en perpétuel désaccord, et on constate, dans toutes les lettres qu'il écrit, le zèle et l'insistance avec lesquels il prêche l'union de tous. Puisaye, Bernier et Chalus semblaient marcher parfaitement d'accord, ainsi que Charles-Auguste d'Autichamp. Bernier considérait même au mois de novembre 1797, que l'organisation royaliste était toute prête et s'étendait jusqu'au delà de Poitiers et aux portes de La Rochelle. Une seule chose manquait, l'argent, et c'est cela qu'il fallait avant tout obtenir (250).

Le comte de Chalus affichait la plus grande confiance en Bernier, le regardant comme un de ces hommes dont la conscience a toujours été reconnue pure et les principes intègres, si bien que l'on s'explique à peine comment celui en qui presque tous semblaient se fier, devait être plus tard l'objet de l'exécration générale et le bouc émissaire que l'on charge de tous les crimes. Sa conduite est difficilement explicable, peut-être, mais ce que l'on constate chez lui, et ce qui est un trait de son caractère, c'est le besoin d'un accord général et de l'union de tous. Il n'avait pu ne pas reconnaître que les désaccords entre Charette et Stofflet avaient amené le désastre de leurs deux armées, et maintenant que les opérations militaires sont interrompues et qu'il s'agit seulement d'une organisation en vue d'événements possibles, il n'y a pour ainsi dire pas une de ses lettres qui n'exprime le désir de voir l'union s'établir entre tous les royalistes. Le souvenir des époques paisibles doit contribuer à l'uniformité de principes et de sentiments qui les réuniront en un seul bloc et feront leur force au milieu des troubles. Dans les lettres au comte de Puisaye, dans les notes qu'il met en réponse aux instructions transmises à M. Aza, c'est toujours le besoin d'accord qui domine et qui semble inspirer sa conduite. Il ne faut, dit-il, donner aucune suite aux rapports des malveillants, ne pas écouter leurs dénonciations et faire le silence autour de leurs intrigues. C'est en les dévoilant qu'on entretient les inimitiés.

Il tentait de centraliser tout, s'efforçant d'obtenir des secours et un appui, non seulement de l'Angleterre, mais encore de l'Espagne, chose quelque peu malaisée, puisque ces deux pays se trouvaient en état d'hostilité. Mieux l'étranger serait renseigné, dit-il, plus il serait aisé d'obtenir qu'il fît en faveur du parti royaliste quelques sacrifices. C'est dans ce but qu'il demande qu'on lui envoie l'état des forces dont ses amis peuvent disposer dans la Bretagne, la Normandie et le Maine, les plans d'organisation qui ont été adoptés, afin que tout puisse être établi sur un plan uniforme (251).

Il avait conçu un projet d' « asssociation générale entre les Français de tous les départements amis de la religion, de la justice, du gouvernement légitime et des lois ». On a fait remarquer (252) que dans ce plan, le mot de monarchie ne figurait pas et que ce silence pouvait faire prévoir une évolution de Bernier, disposé déjà à reconnaître une autre autorité que celle du Roi. C'est anticiper quelque peu et il semble difficile de penser que Bernier ait eu, en 1797, l'idée d'un gouvernement « légitime » qui n'aurait pas été la monarchie. Il espérait enrôler dans son association ceux mêmes qui, précédemment, n'étaient pas engagés dans le parti royaliste.

Son plan, politique et administratif seulement, ne devait en rien gêner les organisations militaires, dont les chefs conservaient leurs droits et leur influence. La Vendée, et toutes les régions disposées à faire cause commune avec elle étaient, par Bernier, divisées en cantons, d'une étendue variable, selon le nombre et la densité de la population, mais comprenant toujours cinq paroisses au moins.

A la tête de chaque canton, était placé un homme probe, religieux, discret, président en chef du bureau de correspondance, et dans chaque paroisse, un commissaire, ami de l'ordre, sage et sobre, se maintiendra en rapports avec lui et le renseignera sur la situation

politique, indiquant notamment le nombre d'hommes
en qui on pourrait avoir confiance au cas où les événements nécessiteraient une résistance à l'oppression, la
situation et l'effectif des colonnes républicaines, ainsi
que leurs projets, l'état d'esprit des habitants. Bref,
c'était une véritable organisation d'espionnage, avec
correspondance occulte et courriers secrets, aucune
lettre n'étant signée du nom de celui qui l'envoie; chaque semaine ou chaque quinzaine, les renseignements
parvenaient ainsi dans les centres où ils étaient résumés sur des tableaux et transmis au général en chef.

Les présidents ou chefs de cantons, doivent fixer
leur choix sur les hommes capables de devenir capi-
taines de paroisses, pour qu'ils connaissent par avance
leurs associés et en soient réciproquement connus.
Dans chaque paroisse, les hommes disposés à servir la
religion seront répartis en deux classes : d'un côté,
ceux qui ne veulent servir que dans le pays, et de l'autre, ceux qui, moyennant une solde raisonnable, con-
sentiraient à être envoyés au dehors et partout où il
serait nécessaire, de telle sorte qu'un état de mobili-
sables fût bien établi. Il ne s'agissait pas de préparer
un soulèvement partiel, une insurrection de quelques
cantons en particulier, mais un mouvement général
qui pût avoir assez d'énergie et de consistance pour
confondre à jamais les projets du crime et des tyrans.
Les chefs doivent exposer aux honnêtes gens le devoir
qu'ils ont de combattre la tyrannie, de retirer la religion de l'oppression dans laquelle elle gémit, et la nécessité de quelques sacrifices destinés à amener une
paix solide et durable. Enfin, « les ministres du culte

catholique sont très instamment priés de concourir personnellement à l'exécution de ce plan, dont le succès, également intéressant pour eux et pour l'Etat sera d'autant plus assuré qu'ils mettront plus de zèle à le procurer par leurs lumières, leur influence et leurs sages conseils ».

Dans une lettre un peu postérieure, il revient sur le danger qu'il y aurait à se laisser entraîner à un soulèvement prématuré, malgré les arrestations opérées par le Directoire et le mécontentement qu'elles causent (253).

Bernier, en dépit du manque d'argent dont il souffrait, pensait réussir dans son entreprise « Chaque jour, nos travaux s'avancent, disait-il à M. de Chalus, le 27 novembre 1797, nos succès et notre espoir s'augmentent. Nous travaillons dans le silence et prenons toutes les mesures nécessaires pour qu'enfin, notre attente ne soit pas inutile » (254). Son correspondant semblait d'ailleurs se faire de singulières illusions sur les forces dont il pouvait disposer, car il évaluait à 185.000 hommes, dont 92.000 prêts à partir au premier signal, le total des combattants que pourraient lui fournir les arrondissements de Vannes, de Saint-Pol de Léon, de Quimper, Saint-Brieuc, Rennes et le Bas-Maine (255).

Bernier, au début de 1798, fut nommé, par M. de Coucy, évêque de La Rochelle, son grand-vicaire et son représentant dans le diocèse, et cette situation devait augmenter son autorité et son influence. Il était satisfait du clergé dans son ensemble, sauf pour la région de l'Anjou, dont le pasteur avait toujours eu une conduite molle et chancelante. « J'embrasserai, dit-il, dans l'étendue de mes relations, tout le pays que l'on voudra soumettre à mon inspection.... je ne puis, vu mon état, être rival des uns ou des autres. Nous courons une carrière essentiellement différente et je suis persuadé qu'ils me verront sans peine concourir au succès de leurs efforts » (256).

La situation, avec le Directoire, semblait devenir de moins en moins favorable aux royalistes, et Bernier se demandait si l'énergie de son parti n'allait pas se perdre peu à peu et ses espoirs s'évanouir. Il n'approuvait pas la politique des agents royalistes de Paris, qui disaient, à propos du Directoire, qu'une tête était plus facile à abattre que cinq. Bernier, qui n'était en rien démocrate, ne partageait pas leur opinion et ce qu'il dit à ce propos peut encore servir à expliquer sa conduite future : « Je crois fermement que plus le gouvernement se rapproche de l'unité, plus il a de force et de consistance. L'unité d'action et de sentiments fait sa stabilité. La disparité de vues et d'intérêts entre cinq agents du même pouvoir, devient pour eux une semence de discorde, un germe de destruction » (257). Cette opinion et ce besoin qu'il éprouvait d'un pouvoir central unique et fort, imprimant à l'Etat une direction et une impulsion constantes, fournit une explication fort plausible de sa conduite passée et future. Il fut fidèle au pape parce que le Souverain Pontife représentait pour lui l'unité dans l'Eglise, contrairement à la doctrine de la constitution civile du clergé. Il fut pour le même motif fidèle au roi tant qu'il crût possible son retour en France, et du jour où Bonaparte, prenant dans le gouvernement toute l'influence, représenta à son tour l'autorité possédée par un seul homme, il s'attacha à lui parce qu'il respectait en lui le principe d'autorité, et sinon le chef légitime, du moins, l'homme universellement reconnu comme susceptible de donner la paix à la Nation.

Les catholiques, à ce moment, étaient les maîtres en Vendée; les prêtres tenaient leurs réunions, reconstruisaient les églises, faisaient librement leurs processions; dans bien des paroisses, le curé était le même qu'avant les troubles, les patriotes eux-mêmes ne faisaient rien contre les pasteurs (258).

Les prêtres étaient soumis aux évêques de Luçon et de La Rochelle, par l'intermédiaire de leurs grands vicaires, Brumauld de Beauregard, Supiot et Bernier. Mais l'arrestation de Brumauld de Beauregard et son envoi à Cayenne, purent diminuer l'influence cléricale ; Bernier se terra et fit le mort. Les prêtres réfractaires dépendant de lui continuèrent cependant l'exercice de leur ministère, et les fonctionnaires du Directoire, lassés de l'éternelle chasse à l'homme, mirent parfois peu d'ardeur à les poursuivre (259).

Dans le calme où il vivait, Bernier avait commencé d'écrire l'histoire de la Vendée, répondant aux demandes de Rome, qui lui avait réclamé à plusieurs reprises le détail des événements qui avaient troublé le pays. En janvier 1798, le récit était achevé jusqu'à la bataille de Savenay (260).

VI. — LA PAIX DE MONTFAUCON

*Bernier intrigue en vain. — Il entre en relations avec
Bonaparte. — Son retour à Angers. — La Lutte des
constitutionnels contre lui. — Son action politique
et religieuse.*

Pendant plus d'une année, Bernier semble avoir
disparu. A la fin de l'année 1798 et au début de 1799,
les députés de la Vendée au Corps législatif s'étaient
plaint des troubles suscités par Forestier, le chevalier de Céris, Sapinaud, Béjarry. L'un de leurs partisans, Renou s'était mis à la recherche de Bernier et
il avait été convenu que l'agent général des armées
catholiques et royales près des puissances étrangères
engagerait les fidèles à reprendre les armes et écri-
rait au comte d'Artois pour faire nommer le duc de
Lorges généralissime. En apprenant ces nouvelles, au
mois de juin 1799, l'un des lieutenants du pacifié
d'Autichamp. Soyer, l'aîné, fit passer à Bernier cet
avis menaçant : « Je vous charge, monsieur, d'avertir
les prétendus chefs des nouveaux insurgés que nous
sommes absolument décidés à réprimer leurs outrages.
Vous êtes en relations suivies avec ces messieurs. S'il
est tué un officier, nous nous en prendrons, non pas
aux instruments du crime, mais aux auteurs de ces
mouvements irréguliers et nous ferons une justice si
prompte et si éclatante que nous mettrons fin à des

forfaits qui sont la honte de notre parti. » (261). Le soulèvement de Forestier ne dura d'ailleurs que quelques semaines.

Bernier, à ce moment, fuyant toujours la police républicaine, s'était réfugié à Château-Gontier, dans une maison amie, et les registres des archives de cette ville conservent la trace de son passage. Le citoyen Chaffin, lieutenant de gendarmerie à Laval, était en effet venu, le 4 thermidor an VII, porteur d'un ordre du commandant de gendarmerie de la Mayenne, prescrivant de faire recherche du nommé Bernier, ci-devant curé de Saint-Laud d'Angers, scélérat renommé par ses crimes, qui doit arriver le 2 ou le 4 courant chez le nommé Syette-Villette. La police se rendit immédiatement au lieu indiqué, fouilla la maison suspecte et les immeubles voisins, mais sans succès (262).

Quelle que fut sa cachette, Bernier trouvait moyen de correspondre avec ses amis et de travailler à l'organisation du pays, s'attendant toujours à un soulèvement qui amènerait le triomphe du parti royaliste.

« Le conseil que S. M. nous autorise par ses lettres du 4 à former dans la Vendée, écrivait-il à Jean Soyer, sera divisé en trois sections, l'une de la division du Bas-Poitou, dirigée par M. de Suzannet, l'autre du Centre, composée de MM. de Grignon, de Béjarry et Chantreau, la troisième d'Anjou, dont vous, M. Cadi et moi sommes membres, avec la recommandation de nous adjoindre MM. Forestier et Dubouchet dans un cas particulier qui vous sera indiqué. Ces trois divisions correspondront ensemble et ne formeront dans la réalité qu'un seul et même conseil...

Nous devons avoir pour maxime de ne pas exciter des mouvements partiels. Mais quand ils sont nés, quand ils prennent un caractère sérieux, il est de notre devoir de nous en emparer au nom du Roi et de les diriger par des gens affidés, afin qu'il ne se fasse rien de contraire au bien du pays » (263).

La guerre commençait de tous côtés sur les frontières et Bernier pensait que le parti royaliste ne pourrait qu'en tirer profit ; ne voyant pas les événements sous le même angle que nous, il se réjouissait des batailles dont l'issue devait affliger les Français : « L'Archiduc a battu Masséna à Baden, Souvarow a gagné la bataille de Novi le jour de l'Assomption. Joubert y a été tué, Moreau blessé.... Le manifeste de Souvarow, paraît-il, reconnait le Roi, promet et garantit l'intégrité de la France... » (264).

Beauvollier recevait le conseil de travailler avec persévérance et courage, et Bernier comptait toujours sur l'action du clergé. « La république, dit-il, effrayée des mouvements que l'on peut faire, a recours aux moyens dont Hoche s'est si bien servi.... Elle veut encore régner en divisant et relâcher une partie de ses ennemis pour triompher plus facilement de l'autre. Mais tout cela ne produira rien. Le clergé doit trop sentir qu'il n'y a de sécurité pour lui que dans un autre régime. Sans culte, d'ailleurs, que ferait-il ? Il s'éteindrait sans gloire et sans mérites » (265).

Il s'indignait des retards et de l'inaction de son parti et se répandait parfois en propos désolés. « Nos braves sont désespérés, disait-il, le 17 septembre, et méditent d'abandoner le pays, pour passer outre-

Loire, s'il ne se présente pas de chef pour les conduire. Les républicains savent s'unir pour combattre
leur ennemi, et nous, nous délibérons. Il aurait fallu
nous montrer en masse comme en 1793. La gloire de
la Vendée ne s'éclipsa que quand l'esprit d'intrigue
voulut s'enter sur les vrais royalistes. Reprenons
l'énergie de 1793, ne consultons que le salut du pays
et le retour de la royanté ; appelons pour s'unir à nous
tout ce qui respire pour l'un et pour l'autre. Après
tant de grandeur, que de faiblesse ! » (266).

Quelques jours plus tard, Bernier reprend confiance, à la nouvelle que le duc de Bourbon s'apprête
à venir en Vendée :

« Je me réjouis autant qu'il est possible de l'arrivée
future du duc de Bourbon. J'ai reçu de lui des témoignages d'estime des plus flatteurs. Il n'aime pas l'intrigue, il connaît, qui plus est, les intrigants, et les
aime comme ils le méritent. Le jour où il viendra,
la Vendée renaîtra de ses cendres. Je lui écris aujourd'hui. Si vous et quelques autres officiers voulez
lui écrire, j'ai des moyens sûrs de lui faire parvenir
vos lettres. Il désire autant que vous de venir dans
nos pays. C'est un homme mûr, ennemi de la cabale
et qui rendra aux anciens officiers toute la justice
que leurs travaux leur ont méritée. Adieu messieurs,
croyez fermement que la plus heureuse nouvelle est
celle que vous venez d'apprendre. Avec le duc de Bourbon, la Vendée triomphera. » (267).

Les succès des chouans à Varades, Montrelais, Pouancé, semblaient justifier un espoir du réveil du parti
royaliste ; l'action du comte de Bourmont au Mans

permettait de croire que la Vendée se soulèverait elle
îaussi. Mais ces succès n'avaient été qu'éphémè-
ıcs ; les insurgés manquaient d'argent et de munitions, et, à moins de recevoir promptement l'un et
l'autre, ils se verraient contraints de traiter, ce qui
rendrait impossible un soulèvement futur. Rien, cependant, ne pouvait galvaniser le pays, de tous côtés
on n'entendait parler que de retards, de manque d'argent, de poudre et de munitions n'arrivant pas, de
princes ne venant pas davantage (268).

Quant à Bernier, continuant la politique inaugurée
par la circulaire aux prêtres de Vendée, il tentait de
nouveau à la fin de 1799, de mettre les ecclésiastiques
au service de la cause royaliste, semblant même assez
peu se soucier des intérêts de la religion ou des devoirs
des pasteurs catholiques. En plusieurs endroit des
lettres qu'il écrit à cette époque, on trouve la trace de
cette tendance d'esprit. Il comptait même sur le pape
pour combattre l'influence républicaine : « Au lieu
d'un Souverain Pontife captif et décrépit, nous en au-
rons un indépendant, qui parlera avec force et sans
craindre l'influence républicaine, ce qui peut beaucoup sur l'esprit des catholiques », dit-il, le 15 septembre 1799. C'est avec une nuance de regret qu'il
écrit à Beauvollier que la liberté du culte a été proclamée et que des prêtres ont déjà publiquement célébré
l'office ; c'est une nouvelle preuve que le soulèvement
qu'il prépare ne commence pas au moment le plus favorable ; quelques jours plus tard, il lui recommande
de voir les prêtres du canton qui pourraient être utiles
à la cause. Lui-même leur écrivait en blâmant ceux

qui semblaient protester contre la reprise de la guerre, décidée par « une poignée de scélérats » (269).

Bernier avait beau s'agiter dans son coin, il n'était pas le maître des événements qui se déroulèrent tout autrement qu'il ne l'avait cru et espéré. Le duc de Bourbon ne vint pas en Vendée, le comte d'Artois se faisait attendre, tandis que Bonaparte, arrivé à Paris le 16 octobre se débarrassait des conseils, des directeurs, et créait la commission consulaire exécutive.

Le 17 novembre, ces nouvelles avaient été communiquées à Bernier qui écrivait : « Tout est bouleversé ; la constitution n'existe plus, le Directoire a existé, des consuls le remplaçent, l'assemblée est à peu près dissoute, Bonaparte est maître à Paris. Le sort de la France va être décidé. Je m'arrête là ; je ne dois rien hasarder dans une lettre. Mais, je le répète, espérez. »

Conservant toujours l'illusion d'un rétablissement prochain de la royauté, qu'il avait pensé d'abord obtenir par la force, puis avec l'appui de Hoche et par des négociations, il songe maintenant que Bonaparte pourrait travailler pour le souverain légitime, et il fait part de ses espérances à l'abbé Soyer, qui, peu partisan de la reprise des guerres intestines se faisait sur le Consul les mêmes illusions que Bernier : « Je désire, comme vous, que Bonaparte et Monk se ressemblent. Jusqu'ici, le premier a eu les moyens qu'employa le second. Il les possède encore. Mais a-t-il les mêmes intentions ? C'est ce que seuls, les événements peuvent nous apprendre. Sa conduite passée pourrait jeter quelques nuages sur les desseins qu'on lui suppose,

Mais Monk eut aussi des reproches à se faire, il suivit aussi le parti de Cromwell et des meurtriers de Charles Ier, mais de grands services effacent de grandes fautes ; puisse Bonaparte adopter ce moyen ! Ce sera le seul qui puisse mettre le sceau à sa réputation et dissiper les doutes que sa conduite antérieure donne lieu d'élever sur ses intentions. » (270).

En tous cas, Bernier estime qu'il faut être prêt aux événements, et ne pas se laisser surprendre par eux, en tenant vis-à-vis des républicains une conduite uniforme. « De l'union, de l'ensemble et de grands moyens, voilà notre seule ressource. Si nous les employons, nous accorderons la paix au lieu de la recevoir ; sinon, nous perdrons le fruit que nous pourrons tirer des circonstances. Dieu veuille que tout se passe pour le mieux. Il vous recommande les intérêts du pays. Soutenez, de concert avec vos collègues, la gloire antique de la Vendée. Puisse-t-elle ne pas s'éclipser ! Je connais assez votre cœur pour répondre qu'il ne s'y passera rien de votre aveu qui puisse flétrir les lauriers cueillis en 1793. » (271).

Hédouville avait annoncé le 24 novembre la suspension des hostilités, adjurant tous les citoyens de travailler au rétablissement d'une paix solide; les chefs royalistes, dans la conférence de Pouancé, acceptaient une partie des conditions proposées par Hédouville, et le 22 novembre, un projet de traité était établi et remis aux mains du général en chef de l'armée dite d'Angleterre. Peu de jours après, Hyde de Neuville et les chefs de l'Ouest se trouvaient mis en relations avec Bonaparte. Le chevalier d'Andigné ayant apporté une lettre par laquelle Suzannet, Bourmont, Châtillon, Frotté, La Prévalaye et d'Autichamp se déclaraient désireux de concourir à la réunion générale des Français avec le nouveau chef du gouvernement, Bonaparte répondit immédiatement en faisant savoir à tous que la révolution était faite, la liberté de conscience entière et absolue et que la protection serait égale pour tous les citoyens.

Quant à la question du retour des Bourbons, Bonaparte les déclarait impossibles et n'en voulait pas ; par contre, il se montrait disposé à une grande bienveillance pour les émigrés et surtout pour les prêtres. Les Consuls déclarent que la liberté des cultes est garantie par la constitution, qu'aucun magistrat ne peut y porter atteinte, qu'aucun homme ne peut dire à un autre homme : « Tu exerceras tel culte, tu ne l'exerceras que tel jour. » Les églises non vendues seront mises à la disposition des communes ; les prêtres ne seront tenus de prêter d'autre serment que celui de fidélité à la constitution (272).

Hédouville, ayant communiqué le 31 décembre ces nouvelles aux chefs des chouans, les engageait à accepter la paix, mais comme Georges et Frotté semblaient disposés à résister et qu'Hédouville comptait s'appuyer sur les prêtres et espérait obtenir quelque chose de Châtillon, Bourmont et d'Autichamp, Bonaparte, qui n'aimait pas à voir traîner les choses, répondit aux nouvelles transmises en prescrivant de dissiper les rassemblements par la force, de brûler les communes, de fusiller les rebelles, bref, d'en finir immédiatement (273).

Hédouville qui, depuis longtemps, par l'intermédiaire de Mme Turpin de Crissé, négociait avec les chefs de la Vendée, voulait au contraire temporiser, et reculait devant les moyens violents; il signa à Candé une convention préliminaire le 11 janvier, envoyant à Paris le chevalier d'Andigné pour tenter d'aplanir les difficultés.

Bernier n'avait pas paru mêlé à ces premières négociations et, pour divers motifs, avait perdu une grande partie de son crédit auprès des autorités royalistes. La Garde, envoyé par lui en Angleterre, n'avait pas réussi dans sa mission; il était ensuite allé à Mitau où il n'avait pas eu plus de succès qu'à Edimbourg. Mais Bernier ne devait pas être fâché de rentrer en scène, et il écrivait le 3 décembre 1799 à un de ses agents, Martin-Dubois : « Faites entendre que je puis beaucoup dans le dénouement qui se prépare, j'ai la confiance des paysans ; celle des chefs ne me fera pas défaut. Qu'on me fasse des propositions, qu'on vienne à moi, car, vous sentez bien que je veux avoir la main forcée. Une fois entré en pourparlers, vous verrez de quelle manière je conduirai la barque. » (274).

Napoléon se vanta d'avoir découvert Bernier ; en somme, c'est lui qui s'était offert et mis sur les rangs, mais, dès qu'il eût entendu parler de lui, Bonaparte avait chargé Hédouville de le découvrir, et celui qui jusqu'aux derniers jours de novembre portait toutes ses pensées vers les défenseurs du trône allait maintenant se mettre au service du Consulat.

L.-L. Barré, ancien commissaire des guerres, chargé de nouer les relations, a laissé le récit de ses rapports avec le curé de Saint-Laud. Tous les amis de la paix considéraient Bernier comme l'un des principaux auteurs de la prolongation des troubles, et estimaient que sa présence était un fléau pour la contrée. Hédouville crut possible de l'éloigner en lui donnant l'assurance que le Premier Consul voulait l'employer sur un plus vaste théâtre. Mais Bernier, d'une prudence extrême, ne voulait ni s'exposer, ni se compromettre. Aussi, quand Barré vint dans l'arrondissement de Beaupréau, à l'endroit où il pensait trouver Bernier, on lui fit savoir que l'ancien curé était invisible et qu'il était seulement possible de lui transmettre une lettre. Barré demanda donc une entrevue et la réponse ne se fit pas attendre. L'invisible curé ne pouvait le recevoir sans connaître de façon précise les motifs de sa visite. Barré riposta par une longue lettre de compliments, exposant à Bernier que le Premier Consul avait la plus haute idée de ses talents et voulait l'employer dans un poste éminent où il travaillerait à la paix et au bien du pays.

De telles offres ne pouvaient que flatter et réjouir celui qui les recevait, mais, soucieux de ne pas s'engager à faux, il tenait à obtenir l'assurance que les pouvoirs de Barré lui permettaient de négocier les questions importantes, telles que la liberté du culte catholique, estimant que seul, l'octroi de la paix religieuse excuserait et justifierait ses intelligences avec le nouveau gouvernement. L'objet des entrevues étant ainsi réglé, les deux plénipotentiaires prirent rendez-vous, désireux l'un et l'autre d'aboutir à une entente.

Barré exposait à son interlocuteur que sous le régime terroriste, l'insurrection était excusable, mais que depuis le retour de l'ordre et le règne établi des lois, la protection accordée par le gouvernement à la religion catholique et le désir du Consul de faire appel à lui, rien ne pouvait justifier l'effusion du sang, et que, si Bonaparte désirait utiliser Bernier, celui-ci avait tout intérêt à n'arriver aux Tuileries qu'une fois la pacification obtenue. Les circonstances, de l'avis de Bernier, paraissaient éminemment favorables, et il estimait que la première chose à faire était de garantir le libre exercice du culte et les cérémonies extérieures. Mais, comme son interlocuteur lui proposait l'envoi d'une lettre circulaire à tous les curés, les avisant qu'ils pouvaient célébrer publiquement les offices, Bernier déconseilla les avis écrits, comme pouvant prêter à la controverse.

Ce qui suit montre bien quelle était son influence dans le pays et la portée de son action, en même temps que la parfaite organisation qu'il avait créée. Lui-même, dit-il, donnerait verbalement des instructions aux prêtres qui viendraient le voir. Barré s'étonnait de ce procédé et prévoyait des lenteurs et des délais, beaucoup de prêtres étant cachés et bien timides encore peut-être, mais Bernier était plein d'assurance, comme si en frappant seulement sur le sol, il eût été capable d'en faire sortir des légions d'ecclésiastiques et d'assurer la célébration publique du culte dès le prochain dimanche. Et de fait, dès le premier jour, les prêtres les plus influents du pays, mandés par des avis secrets, répondaient avec empressement aux convocations urgentes de Bernier. Instruits par celui-ci et par l'envoyé d'Hédouville, ils se montraient pleins de bonnes dispositions, montrant leur désir de paix et se réjouissant des intentions du pouvoir relativement au culte. Et les églises, effectivement, s'ouvrirent, ainsi que Bernier l'avait prévu (275).

Il avait donc entièrement changé sa politique, et au lieu de conseiller aux prêtres de s'abstenir de tout culte public en une manifestation boudeuse et dans un but politique, il leur conseillait maintenant d'user de leur liberté. Il n'avait dans ces premières entrevues parlé que des prêtres, sans faire allusion aux chefs militaires et à l'influence qu'il pouvait avoir sur eux. C'est qu'en effet il n'avait pas été mêlé aux premières négociations avec les commandants de détachements. Une partie de ceux-ci : Georges, Frotté, Bourmont, voulaient la guerre ; d'autres, d'Autichamp, Suzannet, Monnier, Gogué, Thuillier, Soyer, Cady, La Bouchetière, désiraient la paix. Les derniers avaient, le 2 janvier 1800 (276), écrit de Montmoutiers à Hédouville pour lui exprimer leur désir de voir le gouvernement faire quelques concessions et l'espoir d'obtenir des mesures qui assureraient la sécurité du pays. Renou et Beauvollier, sur lesquels Bernier avait une influence personnelle, n'avaient pas signé cette lettre, mais ce même jour, Bernier entrait lui-même en scène en écrivant à Hédouville :

« Je viens d'être appelé par les chefs de la Vendée au quartier général de Montfaucon... J'ai promis d'unir mes efforts aux leurs pour procurer la paix et accélérer par tous les moyens possibles le bonheur du pays. Je m'acquitte de cette promesse en vous exprimant leurs sentiments unanimes et les miens. » Il répète que tous les chefs ont le plus vif désir de voir cesser l'insurrection, et qu'ils craignent seulement les risques que leur ferait courir la livraison de leurs armes. Il parle également du serment des prêtres, qu'il convient de ne pas exiger avec trop de rigueur, toute sorte de serment alarmant les consciences et effrayant le peuple (277).

Deux jours plus tard, Hédouville répondait à d'Autichamp et à Bernier qu'il apporterait tous les adoucissements possibles aux mesures prescrites par Bonaparte. Frotté écrivait de son côté, annonçant l'envoi à Candé de deux de ses agents, et le 9 janvier, les chefs de la Vendée chargeaient d'Autichamp de négocier la paix en leur nom, tout en se réservant de reprendre les armes si les circonstances devenaient meilleures. Le même jour, Bernier, qui de plus en plus semble mener la discussion et se pose comme le mandataire des chefs vendéens, envoie Du Bouchet a Hédouville pour lui faire connaître les véritables sentiments du pays et de ses compagnons d'armes.

On touchait à la fin, et les négociations entre le général républicain et l'abbé devinrent dès lors quotidiennes. Hédouville, qui avait pris sur lui de prolonger l'armistice et s'exposait à la fureur de Bonaparte si les choses ne s'arrangeaient pas rapidement (278), priait Bernier de venir en toute hâte se rencontrer avec lui à Angers. Bernier répondait immédiatement, le 13 janvier : « Je me dispose à me rendre de suite auprès de vous, je tâcherai d'arriver assez tard aujourd'hui pour garder l'incognito que le bien public exige, et ne pas troubler le repos que vos fatigues doivent vous rendre bien nécessaire. Puissé-je être assez heureux pour seconder vos intentions et vous aider par mes faibles moyens à consommer le grand ouvrage dont le gouvernement vous a chargé et dont la gloire doit rejaillir uniquement sur vous. »

Barré et Bernier partirent donc dans la nuit, et aux Ponts-de-Cé, se produisit un petit incident qui causa à Bernier quelque émotion et au cours duquel il se montra sans élégance, si l'on en croit le récit laissé par son compagnon. Les règlements militaires interdisaient formellement toute communication avec les Vendéens, et, au milieu de la nuit, Bernier et Barré furent arrêtés par un poste républicain. Barré exhibait ses papiers, mais les militaires ne voulaient rien entendre, et Bernier, pâlissant, croyait qu'on avait voulu l'attirer dans un piège et qu'il allait bientôt se trouver devant le peloton d'exécution. Après trois quarts d'heure d'angoisses cruelles, il fut conduit à Angers et l'accueil qu'il reçut d'Hédouville le rassura complètement (279).

Hédouville rendit ainsi compte de l'entrevue :

« J'ai encore un peu d'espoir de pacifier sur la rive gauche de la Loire, j'ai vu hier Bernier qui se flatte qu'il réussira à y faire soumettre les Vendéens et les Chouans. En conséquence, je lui ai remis la déclaration dont la copie est ci-jointe, et je lui ai promis que si le licenciement était complet et absolu au 1er pluviôse, je l'enverrais en porter la nouvelle

au Premier Consul. Bernier...... a de l'esprit, du caractère, de l'ambition et beaucoup d'influence, et
s'il veut servir le gouvernement, il lui sera extrêmement utile. »

Bernier retourna en Vendée, et le 15 janvier il
écrivait à Hédouville : « Je suis de retour au sein de
la malheureuse Vendée, votre proclamation, ou plutôt celle des consuls, en date du 21 nivôse, y est déjà
connue. On se demande avec effroi si de nouvelles
scènes d'horreur se préparent. Mais les projets connus de Bonaparte et vos intentions personnelles inspirent la confiance et raniment l'espoir de nos infortunés compatriotes. J'ai trouvé à mon retour les dépêches de M. d'Autichamp ; il me faisait part de ce
qui s'était passé à Candé.... Il me témoigne le désir
le plus vif de la paix, et paraît ne douter nullement
qu'elle ait lieu à l'époque désirée. Déjà, l'augmenta-
tion de forces que la crainte de la rupture avait fait
prescrire est contremandée.... ».

« Agréez, général, l'expression de ma reconnaissance pour le vif désir que vous avez de rendre à la
malheureuse Vendée le bonheur et la paix. Je trou-
verai ma félicité dans la sienne ; je ne plaide auprès
de vous que pour elle. Si je réussis, mon cœur sera
content et mes vœux satisfaits. MM. de Châtillon et
Bourmont suivront certainement l'exemple de la Vendée, et, quoi qu'il arrive, les autres chefs les imite-
ront. »

Bernier avait pressé d'Autichamp d'écrire à Châtillon et Bourmont pour les inviter à se rendre à Montfaucon, mais lui-même n'y allait pas ; simple agent

dans l'affaire de la pacification, il disait n'être pas chef et en pas vouloir être considéré comme tel (280).

La conférence de Montfaucon ne se passa pas sans quelques orages et le lieu de discussion faillit devenir un champ de bataille. Mais, l'accord étant finalement conclu, Bernier s'empressa d'aviser Hédouville par la lettre partout publiée: « Vos vœux et les miens sont remplis. Aujourd'hui, à deux heures, la paix a été acceptée avec reconaissance à Montfaucon, par tous les chefs et officiers de la rive gauche de la Loire...... » L'empressement de Bernier à communiquer cette bonne nouvelle déplut à d'Autichamp qui recommanda à Hédouville de se méfier des auteurs de cabales.

Le jour même où il venait de rendre au gouvernement le service de faciliter la paix, Bernier, qui ne perdait pas une occasion de rendre service à ses amis, sollicitait la radiation des noms de Beauvollier, Du Bouchet et Renou, puis, bientôt, de La Garde, portés sur la liste des émigrés et dépouillés de leurs biens (281).

Le mérite de la pacification revient en premier lieu à Hédouville, qui avait tout tenté pour assurer la paix, et s'était montré d'une parfaite modération vis-à-vis des chefs insurgés, négligeant au besoin les ordres de Bonaparte qui le disgraciait en le mettant sous l'autorité du général Brune et lui prescrivait de ne pas quitter ses bottes avant d'avoir détruit les rebelles (282). Du côté des Vendéens, les circonstances et la nécessité avaient amené la soumission, mais Bernier avait eu l'habileté ou la chance d'apparaître

au moment où se tenaient les conférences et de se
poser en médiateur influent, alors qu'il n'avait plus,
semble-t-il, beaucoup d'autorité sur les chefs militaires, à l'exception de Pallu du Parc, Renou, La Garde,
Beauvollier. Sa manœuvre, si manœuvre il y eut,
réussit admirablement, et il fut du premier coup considéré par Bonaparte comme un important personnage. « .....Ce n'est pas avec moins de satisfaction que
le Premier Consul a arrêté son attention sur la conduite du citoyen Bernier, ex-curé de Saint-Laud, et
sur les espérances de tranquillité que sa lettre au général Hédouville a fait naître... Bernier et lui (d'Autichamp) n'ont besoin que d'être encouragés par vous
pour amener la paix si désirable des départements
situés sur la rive gauche de la Loire. Le Premier Consul... désire... que vous fassiez connaître à l'un et à
l'autre, et, particulièrement à Bernier, que le gouvernement approuve les soins qu'ils prennent, et que vous
leur fassiez entrevoir qu'il ne sera point sans reconnaissance des services essentiels qu'ils peuvent rendre pour assurer le repos de leurs concitoyens. Après
la réussite, Bernier pourra, s'il le désire, venir à Paris et vous l'enverrez alors au gouvernement. » (283).

L'avenir montrerait les avances faites à d'Autichamp l'avoir été en pure perte, mais Bernier s'apprêtait à prendre le chemin de Paris, où l'on put
croire qu'il allait rencontrer la fortune.

Pour le moment, les soumissions continuaient d'af-
fluer. Châtillon, Bourmont, La Prévalaye annonçaient
successivement leur intention d'épargner au pays la
continuation de la guerre, et Bernier, tout heureux,

partait pour la capitale, sous la conduite de l'aide de camp Paultre de la Motte, et accompagné de Du Bouchet, l'un des sous-chefs de la Vendée angevine.

Le lendemain de son arrivée, il écrivait à Hédouville : « Mon premier soin a été de me présenter au général Clarke ; j'en ai été accueilli avec cet air de bonté qui lui est naturel. Il m'a donné rendez-vous pour demain 10 heures dans son hôtel ; nous irons de là, probablement, chez le Premier Consul... Il est convenu que je ne verrai le ministre de la guerre qu'après avoir vu le Premier Consul, et suivant ce que celui-ci décidera. J'existe ici sous le nom de ma feuille de route. Je ne visite personne et vis absolument ignoré. Tel est aussi le désir qu'a manifesté le général Clarke. Aussi, si vous daignez m'écrire, adressez votre réponse au citoyen Deschamps, petit hôtel de Vauban, rue de la Loi, n° 1249. Cette adresse est pour vous seul jusqu'à ce que j'aie su quelle est la volonté du Premier Consul sur cet incognito. »

Au moins autant que l'avait été Hoche, Bonaparte fut enchanté de sa première entrevue avec Bernier (283 bis). Il crut avoir trouvé en lui l'homme qu'il lui fallait. Il donna de suite à celui qui, dans ses prédications pour la paix l'avait appelé le sauveur de la France, toute l'importance que cet habile homme s'était attribuée, se prétendant le représentant de l'ensemble des populations ci-devant rebelles, et se vantant d'être l'ecclésiastique le plus capable de rétablir l'unité dans le clergé catholique français, pour le mettre, orthodoxe, à la disposition du gouvernement nouveau.

Le 1ᵉʳ février, nouvelle lettre de Bernier à Hédouville : « Je rendrai difficilement l'accueil que j'ai reçu du Premier Consul. J'ai dîné avec lui à la campagne
et successivement chez les autres consuls et différents
ministres. Tous m'ont témoigné les mêmes égards, les
mêmes vœux, le même désir de concourir au bonheur
et à la paix de mes concitoyens. Je suis désolé plus
qu'étonné de la résistance de MM. Georges et Frotté.
Mon nom et le sien (Du Bouchet, son compagnon de
voyage) ne sont plus un mystère. Bonaparte a voulu
que je parusse avec toute la publicité possible. »

Le 15, il écrivait encore à Hédouville : « Le Premier Consul se plaint des lenteurs de Bourmont. Il a
même ajouté qu'il donnait l'ordre de marcher contre
lui. Que cet ordre vous soit ou non parvenu, je vous
conjure de tout faire pour éviter d'en venir aux hostilités. Le Consul verra avec plaisir tout ce que vous
ferez pour éviter l'effusion du sang. » Mêlant adroitement la flatterie et les conseils, il engage Hédouville
à user des officiers de Bourmont pour l'engager à la
soumission, et prenant même le ton d'un protecteur
bienveillant, il lui expose l'intérêt qu'il y aurait à ce
que les fonctions de général et celles de préfet à Angers fussent réunies dans la même main, et laisse entendre que le Premier Consul serait disposé à lui con-
fier ce double office, et, dans une conclusion à la fois
protectrice et discrète, il ajoute : En sollicitant votre bonheur par la continuation de vos pouvoirs et
de votre résidence dans nos contrées, nous désirons
ne rien faire, ne rien demander qui ne soit d'accord
avec vos vues. Nous attendons de votre part une déci-

sion finale sur cet objet, elle sera la règle de notre conduite.

Hédouville n'accepta pas la préfecture, mais n'agit pas contre Bourmont comme le lui avait demandé Bonaparte, et, au lieu de marcher contre lui, lui remit un passeport pour Paris, exposant au Premier Consul qu'il ne pouvait exécuter ses ordres. Comme le dit Bourmont plus tard, « il faut se reporter au temps où cela se passait pour apprécier combien il y avait de courage dans cette façon loyale d'agir. » Hédouville eut la chance d'éviter la colère de Bonaparte que durent affronter l'aide de camp Dalton et Bernier, qui obtinrent l'approbation de la conduite du pacificateur (284).

Bernier, immédiatement lancé dans le monde de la capitale fut du premier coup considéré comme un personage important que doivent mentionner les gazettes ; sa présence est remarquée au bal donné le 7 ventôse an VIII (26 février 1800), par le ministre des relations extérieures, et le public put conclure que cette fête était surtout consacrée à célébrer cette heureuse pacification de la Vendée, qui n'a coûté au Premier Consul que quelques jours de négociations (285).

Bernier, près du pouvoir, se met au service de ses anciens amis, et fait son possible pour leur obtenir les grâces et les faveurs du gouvernement. Un long état des demandes faites par les pacifiés vendéens avait été rédigé (286) et Bernier, constatant que les radiations n'étaient pas vivement obtenues, avait adressé au ministre de la police un long mémoire,

insistant pour la prompte solution de cette affaire,
disant que la Vendée qui avait souffert plus qu'aucune
autre contrée des troubles passés et avait donné la
première l'exemple de la soumission au gouvernement avait droit à toute sa bienveillance. Pour son
compte, il demanda la radiation de quelques femmes
de la région de l'ouest, et celle de M. de La Paumelière, fusillé à Angers (287).

Bernier, à cette époque, voyait fréquemment Bonaparte et au cours des entretiens qu'il avait avec le
maître, à la Malmaison, il était souvent question des
prêtres. Comme il pensait que l'élection du nouveau
pape favoriserait l'apaisement religieux, il avait proposé ses offices à Bonaparte qui ne tarda pas à le
supposer l'homme le plus apte à amener une réconciliation de l'Eglise et de l'Etat (288), et l'agent
indispensable pour opérer la conversion de l'ancien
clergé royaliste en une police sacrée, toute dévouée
à sa personne.

Une curieuse lettre de lui donne des renseignements
sur ses premières entrevues avec Bonaparte et sur les
préliminaires lointains du Concordat (15 février 1800).
« Le Premier Consul est un homme extraordinaire, qui
sent parfaitement que tous les sacrifices faits par les
Vendéens ne peuvent être condamnés à la stérilité.
Quand je lui raconte la piété et les traits de courage
dont plus d'une fois j'ai été le témoin, sa figure s'anime, on croirait qu'il est jaloux de ces soldats qu'il n'a
pas commandés. Il m'a dit plus d'une fois : je serais
fier d'être Vendéen, et il me demande si c'était seulement pour leurs princes que les paysans affrontaient

ainsi tous les dangers. Je lui réponds que les Bourbons ʋvaient bien leur part d'un semblable dévouement, mais que le plus grand nombre des paysans ne combattaient ainsi que parce qu'on avait touché à leur foi et à leurs prêtres. Plus d'une fois il m'a dit : Je leur rendrai tout cela. Ne faut-il pas faire quelque chose pour ceux qui ont tant fait en faveur de la religion ? J'ai la certitude qu'il le fera, car jamais, peut-être, homme n'a saisi si bien la portée des choses » (288 bis).

Bernier servait utilement la politique du Premier Consul en s'efforçant de procurer aux anciens soldats de la guerre sainte des situations militaires avantageuses ou des grades équivalant, dans l'armée régulière, à ceux qu'ils avaient dans l'armée catholique.

A part un petit nombre, les anciens chefs étaient peu disposés à accepter ces emplois, peut-être parce qu'ils attendaient les résultats de la campagne qui allait s'ouvrir sur le Rhin et en Italie, prêts à oublier leur soumission si les armées étrangères étaient victorieuses, et Bernier fut l'un des rares Vendéens marquants qui se rallia sincèrement à Bonaparte avant la bataille de Marengo. Aussi devenait-il le dispensateur des grâces consulaires aux rebelles soumis et l'un des yeux de la police pour la surveillance attentive du parti qu'il avait quitté. Il ne manquait guère une occasion de faire savoir dans le pays quel était son pouvoir et il ne cachait pas la peine qu'il se donnait pour rendre service à la Vendée.

Bien que le serment de fidélité à la constitution ne fut pas strictement exigé dans les départements de l'Ouest, le culte public se rétablissait malaisément, et peu avant son départ pour l'Italie. Bonaparte invita Bernier à reprendre possession de sa cure de Saint-Laud, l'engageant à parcourir les paroisses sur lesquelles s'étendait l'autorité spirituelle dont il se prétendait investi. Il cherchait du premier coup à en faire son agent politique, l'invitant à surveiller les prêtres, à catéchiser les populations, à surveiller ceux qui pourraient susciter des troubles (289).

Bernier rentra donc à Angers le 3 avril. Retour peu triomphal, d'après Chassin, qui dit que le curé, aussi mal vu des royalistes que des républicains, disparut rapidement dans les Mauges, peut-être pour se rendre au château du Lavoir, si bien qu'Hédouville qui désirait s'entendre avec lui ne savait où le trouver.

La sagacité de Chassin est rarement en défaut, et l'on constate en effet la présence de Bernier au Lavoir, mais il n'y restait pas inoccupé, et il avait fait entre le mois d'avril et celui de juillet plusieurs séjours à Angers (290). Il entretenait soigneusement ses relations avec ses amis, écrivant fréquemment, en particulier à Renou et Beauvollier, des lettres qui ne parvenaient pas toujours, et dont la poste d'Angers faisait sans doute « ce qu'elle fait de beaucoup d'autres, des chiffons quand elle n'y trouve rien. » Heureusement, souvenir des temps troublés qu'il avait vécus, il trouvait de temps à autre, une occasion sûre de correspondance. Il cherchait à être agréable à tous ceux qui l'entouraient, sollicitant pour eux, quelle que fût leur situation, avec une insistance discrète et un sentiment de bienveillante charité. Parlant d'un pauvre homme, il écrit : « Je vous prie de l'obliger, s'il est

possible, car autant que je connais sa situation comme
père de famille, autant je suis convaincu de vos embarras et de la gêne que vous devez éprouver. Quoi
qu'il en soit, je vous prie de le recevoir avec bonté :
c'est invoquer votre caractère et solliciter les dispositions que vous avez pour tout le monde. Aussi, m'abs-
tiendrai-je de vous en parler de manière plus expres-
lois » (292).

Demandant la restitution de ses biens en faveur de
Mme de Soucelles, il dit : « Sa mémoire est précieuse
pour tous les amis de l'humanité ; bienfaitrice des
hôpitaux, appui des orphelins, consolatrice de tous
les indigents, son existence au milieu de nous a été
une continuité d'œuvres charitables et généreuses qui
lui ont mérité l'estime et l'affection de tous ses concitoyens... Vous rendrez à la protectrice des pauvres
la justice que réclament pour elle ses bienfaits et les
lois (292).

L'intérêt qu'il portait aux petites gens ne lui laissait pas ignorer les puissants du jour. Ayant connu
les victoires de Bonaparte, il lui écrivit une lettre
enthousiaste qui toucha le triomphateur, dont Talleyrand fut chargé de transmettre les remerciements.

« Général, si, au milieu de vos triomphes, vous pou-
viez attacher quelque prix aux félicitations d'un particulier, je vous adresserais les miennes. Mais, que pour-
raient-elles ajouter aux témoignages éclatants de la
satisfaction et de l'admiration des Français au 14 juillet. Ce jour, général, a dû être pour vous le plus déli-
cieux de votre vie. C'est à ce moment que vous avez
senti plus que jamais le prix des services glorieux

rendus par vous à la Patrie. Les échos des rives de la Loire ont répété à l'envi les accents de Paris. Le cœur les dictait ici comme là où vous êtes......

« C'est en vain que l'Angleterre a fait paraître sur nos côtes une partie de ses flottes. A peine a-t-elle trouvé deux hommes qui voulussent tenter les chances cruelles d'une nouvelle insurrection, et ces deux hommes ont fait de vains efforts pour acquérir des partisans. Partout repoussés par le peuple, ils ont pris le parti de se dérober à la poursuite qu'en ont faite les habitants de nos campagnes. La paix est plus raffermie que jamais parmi nous. Puisse-t-elle bientôt étendre ses bienfaits sur tout le continent.

« La France l'attend de vos efforts ; c'est au vainqueur de Marengo qu'il appartient de la donner à l'Europe. Elle sera le fruit de ses triomphes et la plus douce récompense qu'il puisse espérer après tant de travaux, de combats et de victoires.

« Recevez, général, l'assurance inviolable des sentiments qui m'attachent à vous et du profond respect que je vous ai voué. — *Bernier* » (316).

Bernier avait certainement conservé au fond de son cœur un sentiment de pieuse affection pour ses anciens paroissiens de Saint-Laud, qui lui avaient, au début des temps troublés, donné des témoignages de réel attachement. Son voyage lui permit de retrouver ses paroissiens, mais non pas son église, détruite au cours de la révolution et remplacée par l'église des Récollets. C'est là qu'il reprit solennellement possession de sa cure, le 18 juin 1800.

A cette occasion, il adressa à ses anciens paroissiens

une longue lettre, sorte de mandement, qu'il fit imprimer à Angers chez la veuve Pavie.

« Séparé de vous, mes très chers frères, depuis les premières années de la révolution, je n'ai pas cessé de soupirer après mon retour vers vous. Mon cœur et mon esprit me portaient sans cesse au milieu de vous : je partageais vos peines, je compatissais à vos souffrances, j'endurais vos privations et vos besoins. Mon vœu le plus cher était de pouvoir me faire tout à tous, de m'affliger avec les malheureux pour parvenir à les consoler, et de me réjouir avec ceux que la mort épargnait pour les encourager. Pénétré d'un zèle et d'un amour égal pour tous, j'eusse désiré, de près comme de loin, pouvoir travailler au salut, à la paix et au bonheur de tous. L'instant où j'apprenais que vous étiez plus ou moins malheureux était pour moi celui de la douleur. Je m'offrais en sacrifice à Dieu... Aussi vous disais-je, dès 1791, comme Saint-Grégoire de Naziance à son peuple : « Si pour apaiser l'orage et vous rendre le calme il ne faut que mon sang, qu'il coule jusqu'à la dernière goutte pourvu qu'il éteigne l'affreux incendie qui ravage la maison du Seigneur ».

Dans la suite de cette lettre qui ne doit pas figurer au nombre des meilleures pièces sorties de sa plume, l'auteur fait appel à la concorde, à l'union de tous, à l'oubli du passé. Son discours rappelle la phraséologie révolutionnaire et une sensibilité que ses autres lettres n'avaient pas coutume d'étaler. En pensant à l'union future, ses yeux « versent des larmes d'attendrissement et de joie. Qu'elles sont douces, après tant d'amertumes !... Je mourrais content et n'éprouverais

d'autre regret que celui de ne pouvoir jouir plus longtemps du bonheur de vous voir unis. Mais, que dis-je?
Eloignons ces sinistres idées... »

Il s'ément cependant à la fin, pour engager son peuple à demander l'assistance de Dieu et rend hommage
à ceux qui sont demeurés au poste de péril, auprès
des temples désaffectés. « Pourrais-je en vous adressant cette première exhortation ne pas rappeler à
votre souvenir les bienfaiteurs de l'église que Dieu
m'a confiée ? Grâces vous soient rendues à vous qui
dans les temps moins heureux et moins calmes avez
su conserver, au milieu des fidèles dont j'étais éloigné,
la foi catholique dans toute son intégrité, la religion
dans toute sa pureté ! Puisse-t-il, ce Dieu si magnifique dans ses dons, vous rendre au centuple le prix de
vos sacrifices, et récompenser par d'abondantes bénédictions les moments précieux consacrés par vous à
procurer sa gloire. Que son bras tout puissant vous
protège et que la paix qui surpasse tous sentiments
et toutes expressions garde vos cœurs et vos âmes en
Jésus-Christ Notre Seigneur, à qui appartient toute
grâce et tout honneur » (294).

Bernier était à peine reparu dans sa paroisse que
ses ennemis étaient troublés et s'agitaient. Les *Annales de la Religion*, qui ne cessaient guère leurs attaques
contre ceux qu'elles appelaient ironiquement les bons
prêtres, demandaient qu'on mît à la tête du diocèse
d'Angers un évêque capable de contrebalancer les
efforts et les sinistres projets des Emery et des Bernier
qui n'avaient pas changé de principes et qui s'agitaient
en tous sens (295).

Les *Annales de la Religion*, dans leur campagne contre Bernier, dépeignaient sous les couleurs les plus sombres la situation du département de Maine-et-Loire, appuyant les déclarations de Bernadotte, qui dénonçait à Bonaparte l'action des prêtres réfractaires, soutiens des mouvements insurrectionnels, et des chouans qui voulaient empêcher la perception des impôts. L'anarchie, dit le correspondant du journal, dévore ce malheureux diocèse, et quelques intrigants s'y disputent les tristes lambeaux de la religion. D'accord avec les philosophes du jour, ils prétendent que le catholicisme ne peut se soutenir longtemps avec la république et tel est le moyen qu'ils emploient pour pousser leurs partisans à la contre-révolution. L'ancien évêque, Couet du Vivier de Lorry pouvait n'inspirer que peu de sympathies ; après avoir refusé le serment civique, il avait trouvé le moyen de vivre en paix à Paris et d'éviter l'exil, portant humblement le titre de ci-devant évêque d'Angers et prêtre habitué à la paroisse de la Madeleine. En 1798, quand le culte catholique reprit quelque liberté, il voulut se rattacher à son diocèse, où il se fit représenter par Meilloc et Bernier.

Les patriotes les poursuivaient tous deux de leur haine, le premier surtout, qui exigeait des constitutionnels, relativement peu nombreux dans la région angevine, des désaveux et des rétractations formelles de leurs erreurs et les traitait, dit-on, d'impies et d'apostats. S'ils reprochaient à Meilloc son intransigeance et la rigueur de ses principes, ils se défiaient plus encore de Bernier, et le proclamaient plus dan-

gereux que son collègue. Ils l'accusaient de travailler
pour son propre compte, disant que ses amis et ses
partisans désiraient contraindre le « prêtre habitué
Couet » à donner une seconde démission qui permet-
trait d'élever sur le siège épiscopal ce Bernier devenu
trop fameux.

Les *Annales de la Religion* donnent ensuite le texte
d'une déclaration que Bernier exigeait, paraît-il, de
tous les ecclésiastiques disposés à se rallier à lui :

« Je soussigné, désirant rendre à l'autorité légitime
dans l'ordre spirituel, un témoignage éclatant de ma
soumission, de ma foi et des sentiments dont je suis
animé, déclare ce qui suit : Je reconnais dans l'Eglise
de Rome, le centre de l'unité catholique, dans la personne de Pie VII, le successeur de Saint Pierre ; et
dans son autorité, une primauté de juridiction et
d'honneur que tout chrétien doit révérer.

« Je déteste le schisme et j'abhorre toute division,
je ne reconnais qu'une seule autorité dans l'Eglise :
celle que son chef et la majorité des évêques recon-
naissent et admettent.

« Je révère comme tout bon Français, les libertés
particulières du clergé de France, et y reste attaché
telles qu'elles ont été admises et défendues par l'assemblée de 1682.

« Je proteste à la face du ciel et de la terre que je
veux vivre et mourir dans l'union avec les pasteurs
légitimes, dans la communion de l'Eglise catholique
et la soumission due à mes supérieurs ecclésiastiques
Je n'entends apposer à cette déclaration aucune res-
triction ou réserve mentale contraire à la sincérité

qui la dicte. Fait à Angers, le 1ᵉʳ juillet 1800 » (296).

Il faut reconnaître qu'à cette formule, au point de vue orthodoxe, on ne pouvait trouver à reprendre. Elle ne mentionne pas implicitement la constitution civile du clergé, il est vrai, mais elle affirme l'union avec le Souverain Pontife. En ce qui concerne l'allusion à la déclaration de 1682, on peut y voir une réelle habileté de la part de celui qui la proposait. Les doctrines de l'assemblée de 1682, bien que désapprouvées à Rome, n'avaient pas encore été l'objet d'une condamnation formelle. Bossuet admettait le droit de juridiction pontificale, ce que l'église constitutionnelle n'admettait pas. La constitution civile du clergé, qui prétendait se suffire à elle-même, ne reconnaissait dans le pape qu'une primauté d'honneur mais sans autorité de juridiction, les pasteurs recevant l'autorité du peuple qui les élit. En se rattachant à la déclaration de 1682, les constitutionnels réprouvaient donc la thèse, nettement contraire, de la constitution civile, et c'était de la part de Bernier une habileté réelle de les y conduire par cette voie, celle évidemment qui devait leur coûter le moins.

Si, dans la région angevine, quelques personnes accusaient Bernier d'ambition et lui attribuaient une action néfaste, c'est qu'ils oubliaient les services que leur ancien curé s'efforçait de leur rendre. Les soins de la réorganisation religieuse du pays n'absorbaient pas Bernier au point de l'empêcher de soulager la misère des habitants, et au moment où ses adversaires lui reprochaient son esprit d'intrigue, c'est au service de ses anciens paroissiens qu'il l'employait.

Immédiatement après la pacification, les insurgés avaient demandé diverses faveurs pour eux et leurs amis, et d'abord, pour l'ensemble du pays pacifié, l'abandon de la perception des impôts arriérés. Le 29 vendémiaire an IX, Bernier écrivait au Premier Consul pour lui exposer l'impossibilité où se trouvaient les habitants du Maine-et-Loire de payer les impositions qui leur étaient réclamées. L'administration des finances prétendait obtenir le montant des contributions des années V, VI, VII et VIII. Une réduction de 600.000 livres avait été accordée sur le total des sommes exigibles, mais Bernier déclarait que l'abandon d'un million ne suffirait même pas pour rendre possible le paiement de l'impôt, et il demandait que l'on remit aux contribuables qui avaient souffert des troubles, tout ce qu'ils devaient pour les exercices passés, et que l'on n'exigeât d'eux que la moitié des impôts de l'an VIII (297).

Si quelque incident se produisait dans le pays, conséquence des excitations anciennes, Bernier tentait de l'apaiser, et portait au besoin devant le ministre les plaintes des habitants, comme il le fit après la bagarre de Saint-Pierre des Echaubrognes, au cours de laquelle deux royalistes avaient été jetés à l'eau, et il obtenait des mesures de protection (298).

Il aidait à la réorganisation administrative du pays, en cherchant à concilier les intérêts de l'administration et ceux des habitants. Au moment de la pacification, il avait proposé un mode de réquisition pour les 4.000 chevaux que le gouvernement comptait demander aux provinces de l'Ouest. En Maine-et-Loire, 552 animaux devaient être fournis, et celui qui devait les procurer, Estournel, s'était entendu avec Bernier et Du Bouchet pour leur levée et leur paiement. Le commissaire du gouvernement près l'administration centrale fut même étonné de voir mentionner ces deux noms, et il écrivait au ministre : Si le gouvernement a confiance en eux, il faudrait éviter qu'un « fait de cette nature, s'il est vrai, soit connu du parti auquel ces hommes appartiennent. » (299).

En dehors de la politique, Bernier devait penser à ses fonctions de vicaire épiscopal de La Rochelle, mais on ne trouve guère d'autre trace de ce rôle que la lettre pastorale qu'il écrivit au clergé et aux fidèles de ce diocèse, de Cholet, le 16 août 1800, et qu'il signe avec le P. Supiot. Cette pièce, qui semble unique de son espèce, ne présente évidemment qu'un intérêt secondaire pour l'histoire politique ou religieuse. Elle est destiné à prescrire des prières pour la cessation de la sécheresse et pour l'obtention d'un temps favorable aux biens de la terre. L'auteur y parle de la Vendée, et se demande si les fléaux du ciel ne proviennent pas des péchés des hommes et ne sont pas le châtiment de leurs fautes. « L'astre du jour, image naturelle de la grandeur du Dieu qui l'a créé, a changé tout à coup sa chaleur bienfaisante en des torrents de feu qui, au lieu de vivifier la terre et ses productions ont brûlé sa surface et dévoré son sein. Qui ne voit, dans ce dessèchement subit, l'effrayant tableau de la stérilité de nos œuvres, de l'abandon de nos âmes et de la faiblesse qu'elles éprouvent dans l'ordre du salut, lorsque la rosée de la grâce ne les pénètre plus ? »

Pour obtenir un meilleur temps, les deux vicaires généraux ordonnent que « le Saint-Sacrement sera exposé à l'adoration des fidèles avec bénédiction le matin et le soir, dans toutes les églises et oratoires du diocèse jouissant de l'exercice public du culte catholique, pendant trois dimanches consécutifs à dater de celui qui suivra la réception de notre mandement. » Ils prescrivent en outre les diverses prières de circonstance, soit aux offices, soit aux messes.

Cette pièce montre au moins qu'à cette époque, la liberté du culte était rétablie de manière à peu près complète et que l'autorité des vicaires généraux ne paraissait pas constestée (300).

VII. — LE CONCORDAT.

Bernier à Paris. — Il se met au service de Bonaparte dont la police néanmoins le surveille. — Il travaille à la réorganisation du culte. — Son rôle dans les négociations.

Les prières qu'il prescrivait étaient à peine commencées que Bernier partait pour Paris où il arrivait au début de septembre 1800 pour s'installer à l'hôtel d'Orléans, rue des Petits-Augustins, accompagné de sa vieille servante vendéenne et de son chien (301). Comme s'il n'était pas ennemi d'une certaine réclame, les journaux parlèrent de son arrivée, ajoutant que le voyage qu'il avait fait en Vendée avait été très utile pour entretenir les dispositions pacifiques dans les campagnes (302).

Il recommença de fréquenter Bonaparte (303), et cette intimité choquait même quelques vieux tenants du jacobinisme. Volney s'indignait, des officiers se plaignaient entre eux de l'ordre qu'ils avaient reçu de toujours laisser entrer Bernier, et on prêtait même au Consul cette appréciation : « Je sais que c'est un scélérat, mais j'en ai besoin » (304).

C'est que Napoléon qui, dès juin 1800, avait manifesté à Milan le désir de terminer les querelles religieuses, auquel on avait même à cette occasion prêté

un long discours (305) et qui avait avisé le Cardinal
Martiniana, lors de son passage à Verceil, de son intention de rétablir la paix religieuse, songeait à réa-
liser ses projets; Bernier lui paraissait propre à mener
à bien cette œuvre diplomatique. Les bases premières
jetées lors de l'entrevue de Bonaparte et de Martiniana étaient assez fragiles, les paroles du général relatives aux démissions d'évêques ayant été mal com-
prises ou mal interprétées. Et Spina, envoyé à Verceil n'y trouvait plus Bonaparte, mais recevait par
contre, une invitation très pressante à se rendre à Paris. Dans cette ville où, suivant l'expression de Consalvi, il allait pour observer et pour avertir, Spina n'avait
aucune qualité de ministre plénipotentiaire, encore
que le Consul n'eût pas été fâché de voir rendre publique la mission de l'envoyé pontifical (306).

S'étant muni d'habits laïques, Spina, accompagné
du P. Caselli, débarquait à Paris le 5 novembre. Bonaparte, qui s'efforçait de remettre sur pied l'administration française, depuis dix ans dans le désordre le plus
absolu et le plus immoral, cherchait à obtenir un clergé sinon hostile, du moins indifférent aux intérêts de
la monarchie déchue, et Bernier, qui lui avait adressé
en octobre 1800 une liste de ceux qu'il croyait les plus
capables d'obtenir les places, recueillait les renseignements sur les uns et les autres, s'informant de ceux
dont l'esprit ne s'accorderait pas avec les principes du
gouvernement. Cette correspondance perpétuelle des
cultes avec l'autorité publique devait donner au nouveau pouvoir un supplément de force considérable
pour maintenir le clergé dans une dépendance conve-

nable, pour attacher au gouvernement les établissements ecclésiastiques et faire servir cet attachement au maintien de l'ordre, à la concorde publique et à la prospérité de l'Etat (306 bis).

Le premier désaccord provint de la demande de démission faite aux anciens évêques, demande nécessaire, disait Bernier, et qui devait procurer à l'Eglise un bien incalculable, mesure exorbitante, ripostait Spina. Bernier voulait obliger le clergé à un serment de fidélité à la constitution, chose inutile, disait Spina, si la constitution est orthodoxe, et impossible si elle ne l'est pas. Bref, dans toutes ses notes, et Bernier n'avait pas rédigé moins de six mémoires, l'agent français traitait la question en se plaçant au point de vue politique et gouvernemental, mettant en avant la raison d'Etat et invoquant le trouble que causerait le retour en France de prélats sortis depuis longtemps et contre lesquels certains nourrissaient des préventions. Spina répondait en théologien, et parfois non sans finesse comme lorsqu'il faisait observer que la démission des évêques obtenue à la demande du pape porterait un grand coup aux droits et aux prétendus privilèges de l'Eglise gallicane.

Bernier devait sentir combien faibles étaient ses arguments au point de vue de la justice, quand il remettait le 12 novembre la note où il cherchait à établir que les biens de l'Eglise, transformés en propriétés privées par des achats réguliers et devenus l'hypothèque des créanciers de l'Etat, ne pouvaient retourner à leur destination première sans provoquer de nouveaux troubles et renouveler les haines politi-

ques. « Cette effrayante idée, Monseigneur, disait-il,
doit être la mesure du jugement que l'Eglise portera
sur ces sortes d'acquisitions. La nécessité les commande, le besoin les exige, la Loi de l'Etat les approuve,
la constitution les garantit, le bien de la paix, le repos de l'Etat, le rétablissement de la religion au milieu de nous, en un mot, la réunion de la France avec
l'Eglise de Rome, dépendent essentiellement de la conservation de ces acquisistions (307).

Si l'abandon des biens ecclésiastiques semblait une
nécessité cruelle, combien plus douloureux était le
sacrifice demandé aux évêques qui depuis dix ans
avaient souffert l'exil plutôt que d'accepter une constitution schismatique; mais Bernier, qui proclamait la
nécessité de cette mesure, citait l'exemple des évêques
d'Afrique, disposés à descendre de leurs sièges pour
éviter le schisme dont les donatistes menaçaient l'Eglise (308).

A la fin de novembre, Bernier avait rédigé un premier projet de Concordat, projet qui devait être suivi de six autres avant qu'il fut possible d'arriver à
l'entente finale. Et, sur l'article premier lui-même, le
désaccord était absolu, l'envoyé pontifical voulant que
la religion chrétienne fut proclamée religion d'Etat,
ce qui, au lendemain de la révolution paraissait difficile, et le gouvernement se montrant seulement disposé à reconnaître que cette religion était celle de la
majorité des Français. Au moment cependant où était
rédigé le troisième projet, on put penser que l'accord
se ferait et que Bonaparte, assagi par l'incident de la
machine infernale se montrerait plus conciliant.

Au lendemain de cet attentat, Fouché fit savoir aux grands vicaires de Paris, par l'intermédiaire de Bernier, qu'il serait convenable qu'ils fissent une visite au Premier Consul pour le féliciter d'avoir échappé à la mort. Bernier, parfait courtisan, avait manifesté son indignation du crime commis, et, prêchant à l'église des Carmes, « amené d'une manière éloquente l'expression des sentiments de la France entière à la nouvelle de l'attentat qui avait menacé la vie de celui par qui les temples sont rouverts, par qui la paix de tolérance a été proclamée, par qui toutes les libertés ont été rendues aux consciences » (309). Emery, comme ses collègues, éprouvait quelque répugnance à faire la démarche envisagée, démarche susceptible de les mettre en évidence et de donner lieu à des propos malveillants. Il essaya donc de s'en dispenser, en priant Bernier de témoigner au Premier Consul combien les vicaires généraux étaient heureux de le voir si miraculeusement sauvé du péril. Bonaparte se montra satisfait de cette démarche, mais insista pour voir les vicaires généraux qui ne purent dès lors se dispenser de se présenter devant lui. Ils furent introduits par Bernier et le Premier Consul les entretint pendant près d'une demi-heure. La conversation roula successivement sur l'attentat commis, sur la promesse de fidélité, sur les négociations avec le Saint-Siège et sur le désir qu'avait le Consul de s'attacher le clergé.

Talleyrand, le premier des schismatiques, rendait l'entente difficile. Il prétendait que le gouvernement devait montrer au clergé constitutionnel le même intérêt que le chef de l'Eglise aux prêtres demeurés fidèles. Bernier, agent de liaison du gouvernement consulaire dont les exigences pouvaient sembler inadmissibles, se trouvait dans une situation singulièrement malaisée pour un ecclésiastique, vu qu'il devait chaque jour transmettre à Spina des notes et des mémoires ne répondant pas à ses pensées intimes, et à chaque instant, un fait nouveau rendait plus difficile la tâche de l'envoyé pontifical qui, après avoir pensé que l'on pourrait s'entendre sur la question des anciens évêques et sur celle des biens vendus, se voyait maintenant inquiété par l'invasion menaçante des intrus.

Le gouvernement consulaire abusait même de la situation et, sentant l'envoyé du Pape isolé à dix jours de celui qui pouvait le guider et lui transmettre ses instructions, le pressait de toute sa force pour obtenir une signature que Spina n'avait pas qualité pour donner. Bernier employait des procédés insidieux pour arriver à ses fins, suggérant que le Saint-Siège était disposé à tous les sacrifices, écrivant même à Spina en termes presque menaçants (23 janvier 1801) pour lui exposer les grands inconvénients qu'entraînerait le refus par le délégué romain de signer le traité proposé sous une quatrième rédaction. Il le pressait de prendre sur lui de signer, considérant comme inadmissibles les pouvois réduits de l'envoyé du Pape, en face des délégués français munis de pleins pouvoirs.

Spina, craignant d'être conduit plus loin qu'il ne voulait, demanda l'autorisation d'envoyer un courrier à Rome pour soumettre la question au Saint-Siège, promettant d'engager le Pape à donner sa réponse dans le délai le plus bref possible. Mais, le courrier qui devait partir à la fin de janvier fut retardé jusqu'au 25 février (310).

A ce courrier, Bernier joignait une lettre personnelle au Pape, lui envoyant le projet étudié à Paris, et le suppliant de donner l'approbation qui assurerait la paix de l'Eglise de France et la gloire du Pontife lui-même, en consentant à tous les sacrifices nécessaires au bien de la religion.

La présence à Paris de Spina et de Caselli n'était pas sans préoccuper quelque peu le public, et les prêtres constitutionnels en particulier qui n'avaient pas tous la conscience absolument nette, devaient éprouver un sentiment d'inquiétude. *Les Annales de la Religion*, leur organe, d'habitude « au courant de ce qui se passait non seulement parmi leurs coréligionaires, mais encore parmi les réfractaires » (311), avaient eu vent de ces pourparlers, mais ne pouvaient croire que les délégués du Pape qui n'étaient chargés de traiter aucune affaire religieuse avaient des conférences avec Bernier. En tous cas, la feuille constitutionnelle s'efforçait de rassurer ses amis : « Encore une fois, nous prions nos frères d'être tranquilles et de se reposer sur la bienveillance du gouvernement », ajoutant que si le gouvernement négociait avec le pape, il n'avait rien à demander pour les dissidents (312).

Les Annales de la Religion avaient à peine tenté de calmer les inquiétudes des assermentés de Paris que des nouvelles troublantes leur parvenaient des départements. Des lettres nombreuses leur faisaient part des alarmes qui agitaient les prêtres amis de la

unir le Roi et Bonaparte, en montrant à ce dernier son intérêt, sa gloire et sa sûreté dans le rétablissement de la monarchie et l'immortalité que lui vaudrait cet acte de sagesse et de justice. Maury ne pouvait croire que Bernier se fît le complice d'un usurpateur, et il était d'avis « d'approfondir prudemment et sûrement les conjonctures que suggère un rapprochement si intime et si extraordinaire » (317).

Lorsque les deux prêtres partirent, Maury les chargea de compliments pour Bernier et demanda les moyens de correspondre avec lui. Le Roi parut satisfait de la tentative qui avait été faite, mais Bernier ne répondit pas. (318) Il avait, semble-t-il, complètement cessé ses relations, sinon avec les anciens royalistes, du moins avec les représentants officiels du parti, et s'il écrivait à l'évêque de La Rochelle, c'était pour demander ses prières pour le succès des affaires qu'il traitait avec Mgr. Spina (319).

On notait cependant chez Bernier un défilé ininterrompu et, comme les ministres, il avait ses jours de réception où une foule se pressait, avide de renseignements, de faveurs ou de recommandations. Quant aux prêtres, ils profitaient du carême et des prédications plus abondantes que comporte cette saison pour reprendre leur autorité et leur influence soit dans les départements, soit même à Paris. Mais, tandis que les *Annales de la Religion* semblaient craindre de la part de Bernier une action hostile au clergé constitutionnel, les rapports de police signalent au début de mars 1801 ses relations avec les évêques assermentés. On lui prêtait même, à tort d'ailleurs, l'intention de provoquer un concile national pour tenter la réunion des deux églises et l'apaisement des querelles. Il se rapprochait du « trop confiant Grégoire » et de Royer, mais si l'éventualité d'une réunion préoccupait vivement le monde religieux, beaucoup de prêtres n'étaient pas disposés à donner leur confiance à Bernier considéré comme peu sûr. (320)

Les jours où il reçoit le public, cinquante, quatrevingts visiteurs viennent le trouver. Beaucoup de quémandeurs sans importance, sollicitant des mises en liberté, présentant des mémoires qu'il est prié d'apostiller et de remettre lui-même. Un grand nombre d'ecclésiastiques demandent des secours ou protection auprès du gouvernement ; des chouans amnistiés qui voudraient rentrer en grâce ou obtenir de rester à Paris espèrent en son influence pour avoir part aux bienfaits que l'on attend en faveur de ceux qui ont fait leur soumission. La famille Bourmont le voyait régulièrement, pensant obtenir de lui la libération de l'ancien chef vendéen emprisonné à la suite de l'attentat de la machine infernale. A côté des constitutionnels on voyait les réfractaires de marque, notamment Pancemont et le curé de Saint-Roch, monde singulièrement mélangé qui attirait l'œil de la police. (321)

Cette foule donne une idée de l'importance qu'on lui attribuait et de l'influence qu'il avait sur les uns et les autres. Il était du petit nombre des réfractaires auxquels la police attribuait une autorité spirituelle sur le clergé parisien, d'ailleurs singulièrement divisé, les efforts tentés pour la réunion n'ayant pas donné de fruit. Les constitutionnels non réhabilités exerçaient à Saint-Sulpice, Saint-Médard, Saint-Etienne-du-Mont et Notre-Dame ; les constitutionnels réhabilités par les grands vicaires de Mgr de Juigné occupaient Saint-Roch, Saint-Gervais, Saint-Merry, Saint-Germain l'Auxerrois et Saint-Eustache. Les réfractaires rentrés n'avaient pour eux que des oratoires plus ou moins publics, dont la chapelle des Carmes. C'est dans celle-ci que l'on rencontrait Bernier, en compagnie de Pancemont, menant la lutte contre le clergé de Saint-Sulpice. (322)

Bien que quelques ordinations discrètes eussent eu lieu pendant la révolution, le clergé catholique était fort réduit et l'une des questions qui préoccupaient les réfractaires était celle du recrutement sacerdotal, non seulement futur, mais même immédiat, et Bernier cherchait des sujets pour le sacerdoce. Dans des oratoires, on réunissait des jeunes gens de 20 à 25 ans, ou même plus jeunes, pour les préparer aux saints ordres; l'évêque de Saint-Papoul avait, au début de l'année, fait une vingtaine de prêtres et il comptait que la prochaine ordination serait plus considérable encore et composée de zélés restaurateurs de la loi. (323)

Toutes ces occupations accablaient Bernier et le public considérait qu'il se tuait de travail. (324)

Bien que personne ne connût le détail des pourparlers, les catholiques entretenaient de grands espoirs. Bernier, lorsqu'il prêchait, laissait espérer la fin du schisme, Mgr Spina disait de son côté que tout s'arrangerait heureusement, et l'atmosphère semblait devenir plus favorable, à mesure que, le peuple entendant parler à mots couverts d'un accord, le désir de paix devenait de plus en plus violent dans le public.

Il ne semble pas que l'on possède la correspondance personnelle de Bernier à cette date, mais deux lettres écrites par Deslignes à Gibert, auteur du Précis de la guerre de Vendée, indiquent l'influence qu'on lui attribuait et donnent une curieuse note de son caractère :

« Tu as souvent entendu parler de la grande considération dont jouit M. Bernier auprès du gouvernement, de son crédit et des services multipliés qu'il rend chaque jour... »

«... Si j'ai l'occasion de le voir, je lui parlerai de toi avec le zèle que tu dois attendre d'un véritable ami, mais, entre nous, voilà comment je vois ce personnage important, environné d'une grande considération et jouissant des apparences d'un crédit tout puissant auprès du Premier Consul. Il est obligé de mettre dans tout ce qu'il fait une prudence et une circonspection dont son génie et son esprit le rendent seuls capable. Chargé de ce qui concerne l'opinion et la politique religieuse qu'on voudrait rétablir peu à peu, il a en opposition à ses vues des hommes puissants qui le surveillent pour le trouver en défaut et le perdre s'il est possible. Sa mission, extrêmement délicate, fait que pour tout ce qui n'y a pas rapport, il est obligé de consulter l'opinion de ceux qu'il redoute et de ne les heurter en aucune manière : appui et protecteur de la classe malheureuse qu'il a toujours servie, il est sans cesse accablé de sollicitations, il console, il encourage, donne des espérances, mais ne demande aucune grâce que lorsqu'il ne peut se compromettre... Je voudrais me le voir assuré, mais j'y compte peu ; il a tant de personnes à qui il doit s'intéresser. » (325)

Les négociations, cependant, subissaient un arrêt. Spina, retenu à Paris où il n'avait aucune liberté de correspondre avec son gouvernement résistait à toutes les sollicitations et se refusait énergiquement à signer aucun des projets présentés, malgré les efforts de Bernier qui lui disait qu'on ne pouvait rien espérer de plus. C'était une idée fixe dans l'esprit et dans le cœur de Bonaparte que les évêques titulaires, quels qu'ils fussent, devaient se démettre, et que le Saint-Père devait les y obliger, que tous enfin devaient se reconnaître redevables de leurs sièges au Premier Consul. Il promettait et menaçait à la fois, disant que l'on pourrait obtenir beaucoup d'un nouveau Charlemagne, capable, suivant les circonstances, de défendre le siège apostolique ou de bouleverser la religion en France. (326)

Bonaparte, n'ayant pu dompter Spina, songea qu'il serait possible d'obtenir davantage en transportant ailleurs le siège des négociations et il expédia à Rome Cacault, auquel il donnait le 19 mars ses instructions plus politiques que religieuses. Moitié par intérêt, moitié par générosité, il le chargeait de remettre au Pontife une statue en bois de Notre-Dame de Lorette, prise par les Français en février 1797. Ce fut, dit-on, sur les conseils de Bernier que fut opérée cette restitution qui combla Pie VII de joie ; (326 *bis*) Spina écrivait à Consalvi qu'il serait bon que le pape pour s'attacher Bernier plus sûrement lui adressât un bref personnel, et Pie VII écrivit le 12 mai à Bernier pour le remercier des services rendus à la cause de l'unité de l'Eglise et exposer que la papauté avait fait de son côté tous les sacrifices possibles.

Les discussions continuèrent donc en partie double, à Rome d'une part et à Paris de l'autre. L'histoire de ces pourparlers et les documents qui les éclairent sont suffisamment connus pour qu'il n'y ait pas lieu de les rapporter en détail, d'autant plus que Bernier n'était pas à Rome et travaillait pendant ce temps à l'organisation administrative et religieuse. Il remettait le 22 mars 1801 à Talleyrand son projet sur la division de la France en évêchés et archevêchés, lui exposant les motifs qui avaient inspiré les bases de son projet, et lui soumettant une liste de candidats susceptibles d'obtenir la mitre, dont quelques-uns n'avaient pas des mérites supérieurs. Ses correspondants le tenaient au courant de ce qui se passait à Rome et il renseignait Talleyrand sur ce que pensaient les uns et les autres et sur la manière dont les projets transmis étaient jugés par la cour pontificale.

Le projet établi par les cardinaux fut expédié dié de Rome le 13 mai au moment où Bernier, empressé à donner au Consul et au gouvernement des preuves de son dévouement et de son zèle (327) écrivait à Consalvi, non sans quelque embarras, pour lui dire l'impatience de Bonaparte. « Le Premier Consul m'a chargé de dire à Votre Eminence que tout délai ultérieur lui serait personnellement imputé, qu'il l'envisagerait comme une rupture ouverte et ferait immédiatement occuper par les troupes françaises, à titre de conquête, les Etats du Saint-Père. Il ajoute que la

France ne peut rester davantage sans religion. Lui, Premier Consul, la protègera solennellement et assistera avec grande pompe à ses manifestations publiques ; qu'il la reconnaît de fait comme culte national, quoi qu'il ne puisse la proclamer par acte solennel que comme la religion professée par le plus grand nombre pour éviter de troubler et de heurter certains esprits. » En même temps, il écrivait à Talleyrand, étalant son zèle pour le bien de l'Etat, et appréciant en termes assez peu convenables sous la plume d'un prêtre les actes et la personne du cardinal Consalvi : « Je vous envoie copie de ma lettre. Vous pouvez la montrer au Premier Consul. Je serai charmé qu'il voie dans la sincérité de mes expressions la pureté de mon zèle et combien je désire fixer un terme aux anxiétés que nous éprouvons. J'espère qu'enfin le cardinal Consalvi abjurera sa prétendue finesse ou sa paresse, m'enverra sans délai et tout bonnement ce que nous demandons, sinon le Consul avisera au moyen de sauver la religion par d'autres mesures. Mais, je le répète, j'ai tout lieu de croire que Rome ne balancera pas ».

Des propos aigre-doux on en arriva bientôt aux paroles violentes, et un ultimatum fut remis au ministre du Pape et à Cacault, avisant les négociateurs que si l'accord n'était pas conclu dans un délai de cinq jours, les pourparlers seraient rompus. Les sommations étaient envoyées d'un côté par Talleyrand et de l'autre par Bernier qui écrivait le 20 mai au ministre : « Je vous adresse copie de ma lettre au cardinal secrétaire d'Etat. La vôtre était foudroyante, j'ai joint à la forte

impression qu'elle doit produire l'accent de la persuasion dans la mienne. Puissent-ils être effrayés par l'une et touchés par l'autre, de manière à nous envoyer de suite ce que nous désirons » (328).

Bernier avait au cours des pourparlers accusé Pie VII et Consalvi de faire traîner les choses en longueur et ce dernier lui répondit victorieusement. L'ultimatum, parti pour Rome le 19 mai arriva le 28 et Cacault le communiqua au cardinal secrétaire d'Etat. Mais le Saint-Père, sans être ébranlé, fit répondre que tout délai était inutile, l'affaire ayant été mûrement étudiée et délibérée, de sorte que nulle concession n'était possible. Consalvi, craignant que sa présence ne fût en elle-même un obstacle, avait proposé sa démission de secrétaire d'Etat.

Mais ce n'était pas la rupture que voulait le gouvernement français, qui cherchait les moyens de rendre admissible le projet de convention et de bulle adressé par le Saint-Siège, et Cacault, soit de son initiative propre, soit d'après les inspirations du gouvernement suggéra à Consalvi l'idée d'un voyage à Paris, où lui, ministre du Saint-Siège et cardinal, pourrait, en flattant l'orgueil de Bonaparte obtenir peut-être les concessions indispensables. Le départ des deux voyageurs, décidé à la date du 4 juin devait s'effectuer dès le 6. Il fut remis au lendemain, et Consalvi s'éloigna en compagnie de Cacault, ce double départ dissimulant la rupture des pourparlers. (329)

Le projet rédigé à Rome était parvenu le 23 mai à Paris, et Bernier, dont Spina se loue beaucoup, exposa au Consul que le projet romain, en dépit de quelques changements de rédaction était sensiblement pareil à celui que le ministre des relations extérieures avait approuvé. Il proposait cependant une rédaction quelque peu différente où se trouvaient diminués les devoirs du gouvernement vis à vis de la religion, mais Talleyrand trouva que c'était trop encore et il fit communiquer par Bernier à Mgr Spina un sixième projet, que l'archevêque déclara inadmissible. Bernier, secondant la manœuvre de Talleyrand qui désirait obtenir la signature de Spina avant l'arrivée de Consalvi épuisa en vain tous les moyens de conviction et tous les raisonnements pour persuader à l'archevêque de Corinthe qu'il était de l'intérêt du Pape qu'il signât immédiatement la rédaction proposée. (330)

Le 21 juin 1801, le « citoyen » Consalvi, ainsi appelé malgré son costume (331) arrivait à Paris et venait s'installer à l'hôtel où était logé Spina. Les pourparlers allaient entrer dans une nouvelle phase.

Dès son arrivée, Consalvi reçut la visite de Bernier qu'il apprécie ainsi dans ses mémoires : « Bonaparte l'avait judicieusement choisi de préférence à tout autre, parce qu'il réunissait en lui la connaissance des matières ecclésiastiques, l'habileté du diplomate et la réputation d'un homme qui d'une part ne pouvait être suspect au Saint-Siège, non moins pour la pureté de ses principes que pour la cause soutenue par lui et qui d'autre **part, avait tout intérêt** à ne pas perdre les mérites **récents acquis auprès du gouvernement** auquel il s'était rallié lors de la pacification de la Vendée. »

Comme il comptait être reçu par le Premier Consul, et que d'autre part il ne voulait pas exposer la pourpre romaine à quelque incident désagréable, Consalvi fit

demander dans quelle tenue il devait se présenter.
L'affaire ne traîna pas et Bernier revint immédiatement, répondant que le Premier Consul recevrait l'envoyé pontifical le jour même et qu'il devait venir en
cardinal « **le plus qu'il serait possible** ». Ainsi cueilli au
débotté, fatigué du voyage, sans avoir pu se procurer
aucune information ni sur la cour ni sur les personnes qu'il allait rencontrer, Consalvi, emmené dans une
voiture officielle se présenta devant Bonaparte. Tout
dans la réception était de nature à intimider l'envoyé
de Pie VII et si les mémoires qu'il a écrits une dou-
zaine d'années plus tard en un temps où Napoléon ne
lui était pas favorable donnent des événements un
récit quelque peu dramatique, ses dépêches dont le
secret était mal assuré atténuent peut-être les incidents
de l'audience.

Bonaparte qui parlait sur un ton calme et doux et
qui devint même à la fin obligeant et poli avait conservé son idée de brusquer les choses et de tout terminer le plus vivement possible, s'en tenant à son chiffre
de cinq jours. Bernier recevait ordre de commencer
de suite les tractations et de les mener rondement, et
le cardinal Consalvi, bousculé de tous côtés, contraint
de se prêter à des vœux qui paraissaient des ordres se
mettait au travail. (332)

Le 26 juin, il recevait un nouveau projet, le septième,
pour lequel il devait donner le lendemain une réponse
définitive. Dans la nuit, il rédigeait un long mémoire et
établissait un contre-projet, qui, remis le 28 au Premier Consul fut déclaré inadmissible. Bernier insista
de nouveau pour obtenir la signature du projet gou-

vernemental, mais toujours en vain. La situation de Consalvi devenait plus difficile encore au moment de la réunion des jureurs en concile national (332 *bis*), Bonaparte paraissant disposé, faute de s'entendre avec Dieu à s'entendre avec le diable, et le légat se rendait compte qu'il fallait faire ce qu'on pouvait et non ce qu'on voulait. Le 11 juillet, il se disait prêt à souscrire à toutes les conditions du consul, et l'on crut que tout allait se terminer, Bernier représentant les concessions du cardinal comme le maximum de ce qu'on pouvait espérer et jugeant qu'il n'y avait qu'à apposer les signatures.

Quelle avait été la part active prise par Bernier au cours de ces négociations ? En l'absence de documents émanés de lui, on ne peut guère savoir quel fut le sens de son action et de quel côté il travailla. Il avait dit à Talleyrand qu'il était français et non romain, mais à cet évêque défroqué il pouvait malaisément dire autre chose, et servant d'intermédiaire entre le Pape et le Premier Consul, il devait chercher sa voie non sans inquiétude. Il désirait le succès de la négociation ou son honneur était engagé d'une part, et où il pouvait obtenir quelque avantage pour lui-même, mais se rendait parfaitement compte, car il n'était pas ignorant du droit canonique, que le Pape ne pouvait rien abdiquer de la doctrine ni de la discipline ecclésiastiques et il voulait contenter les deux partis.

Le 12 juillet, Joseph Bonaparte, Cretet et Bernier recevaient mission de négocier, conclure et signer la convention avec le cardinal Consalvi ; Bernier écrivait à ce dernier que l'on allait se réunir pour la signature, et peu après il l'avisait par une nouvelle lettre que la conférence aurait lieu chez le citoyen Joseph Bonaparte le soir à 8 heures et il lui remettait en même temps un nouveau projet de convention assez différent de tout ce qui avait été arrêté jusqu'ici et auquel le plénipotentiaire pontifical ne s'attendait nullement. Par une indigne supercherie, le gouvernement consulaire avait en effet voulu présenter au dernier moment à la signature un texte falsifié.

Cette malhonnête manœuvre, due sans doute à l'initiative et à l'action de Talleyrand indigna Consalvi, qui dans ses mémoires semble encore écrire sous le coup de la colère. Bernier lui avait dit dans sa lettre de conserver bon espoir et il lui renouvela de vive voix ses espérances à la fin de la matinée du 13, lui disant que tout finirait bien, tandis que Consalvi lui rappelait combien étaient inconvenants les procédés dont on usait vis à vis de lui.

C'est à Bernier que Consalvi s'en prend dans ses mémoires. Supposant l'ignorance de Joseph Bonaparte, il se retourna contre l'abbé. « Quoique j'aie toujours cherché, dit-il, dans le cours de la négociation à éviter tout ce qui aurait tendu à suspendre la marche des choses, et à fournir prétexte à la colère et à la mauvaise humeur, je lui dis que nul mieux que lui ne pouvait attester la vérité de mes paroles, que j'étais très étonné du silence étudié que je le voyais garder sur ce point et que je l'interpellais expressément pour qu'il nous fît part de ce qu'il savait si pertinemment. Ce fut alors que d'un air confus et d'un ton embarrassé il balbutia qu'il ne pouvait nier la vérité de mes paroies et la différence des concordats qu'on proposait à signer, mais que le Premier Consul l'avait ainsi ordonné, et lui avait affirmé qu'on est maître de changer tant qu'on n'a point signé. »

Le soir, la discussion commença, qui devait durer pendant vingt heures, sur le nouveau projet examiné par les délégués article par article, et quand ils se furent mis d'accord, Bonaparte, en colère, jeta au feu leur rédaction. Malgré l'altercation qui eut lieu au dîner diplomatique du 14 juillet entre Bonaparte et Consalvi, les discussions reprirent, Bernier travaillant avec Consalvi pour tenter de combiner les deux rédactions, et dans la nuit du 15 au 16 les plénipotentiaires étant d'accord, Consalvi obtint que les **signatures fussent** apposées immédiatement, craignant que Bonaparte ne trouvât encore une occasion de remanier le tout et d'exiger davantage.

Ce fut encore Bernier qui servit d'intermédiaire pour la rédaction de la bulle qui devait accompagner le concordat, et dont le Premier Consul voulait connaître la teneur avant le départ du cardinal. Il semble que sur ce point Bernier ait reçu à peu près carte blanche. Bonaparte aurait voulu qu'on s'abstint d'insérer dans la bulle quelques formules, mais Consalvi tint bon et rédigea le projet comme il voulait. Bernier accepta, bien qu'il eût souhaité mieux. (333)

Selon l'usage, des présents furent échangés entre les diplomates, les envoyés pontificaux en ayant reçu de la part du gouvernement français et les négociateurs français de la part du Saint-Siège, malgré la misère de celui-ci, riche surtout en reliques et en corps saints,

« matière qui n'a pas aujourd'hui de valeur en France ». Joseph Bonaparte eut un solitaire de grand prix et Bernier et Cretet chacun une tabatière ornée de brillants. Bernier avait reçu également 24.000 fr. de la part du gouvernement consulaire, somme imputée sur les crédits du ministère destinés aux missions **fortuites. (334)**

VIII. L'APPLICATION DU CONCORDAT

Les Démissions. — La Résistance des intrus. — Les Roueries de Bernier. — Les Nominations épiscopales. — La Fausse rétractation des Constitutionnels. — Complicité de Bernier.

Le Concordat étant signé et ratifié, il fallait l'appliquer, c'est-à-dire développer la vie qu'il possédait en germe. Bernier avait écrit au Pape pour lui dire la part qu'il avait prise aux négociations : « Enfin, Très Saint Père, après de longs travaux, des explications multipliées, des contradictions sans nombre qui paraissaient insurmontables, l'ouvrage du rétablissement de la religion catholique en France touche à sa fin. Il ne manque plus à nos désirs que la ratification de Votre Sainteté... J'eusse désiré lui offrir un ouvrage plus parfait. Depuis le moment où il m'a été donné de sortir des réduits où la persécution m'avait confiné et d'approcher la personne du Premier Consul, je me suis appliqué à l'entretenir sans cesse de la nécessité de rappeler au milieu des Français la religion de leurs pères. Ce vœu était celui de son cœur, il fallait son courage pour l'exécuter. Je n'ai donc été dans tout cela que l'instrument de la Providence, j'ai fait ce que le devoir prescrivait à mon cœur... »

Et plus tard, au moment où le texte ratifié du Concordat partait pour Rome, le 10 septembre 1801, le **curé** de Saint-Laud adressait au Pape une nouvelle missive : « Il me coûtait de voir partir de Paris le traité qui unit la France au Saint-Siège sans déposer de nouveau aux pieds de Votre Sainteté mes vœux et mes hommages. Heureux sans l'avoir mérité, j'ai pu associer mon nom à cette œuvre immortelle ; c'est plus qu'aucun Français n'avait pu espérer depuis la révolution. Puissé-je ne jamais me rendre indigne de la confiance qu'on m'a témoignée dans cette occasion ! Je l'attends de la grâce de mon Dieu, et de la bénédiction particulière de Votre Sainteté, que je la supplie humblement de m'accorder » (335).

Bernier était considéré comme l'homme le plus influent du jour en matière religieuse ; on le regardait comme l'auteur du plan d'organisation du clergé, les insermentés qui espéraient le prochain retour de M. de Juigné disaient qu'il avait écrit de la part du Consul à l'ancien évêque de Paris pour le rappeler.

Ce n'est pas aux anciens évêques légitimes, mais plutôt aux constitutionnels que Bonaparte et surtout son entourage voulaient réserver les faveurs ; et la démission des uns et la rétractation des autres donnèrent lieu à des négociations longues et malaisées. Caprara avait décidé que les diocèses dont les évêques allaient démissionner seraient administrés par les évêques eux-mêmes ou par leurs vicaires généraux. Les vicaires généraux de La Rochelle avaient donc reçu ordre de continuer leurs fonctions et Bernier l'annonçait à M. Brion, comme lui vicaire général. Il lui envoyait en même temps copie des pouvoirs

donnés par le légat et il ajoutait, parlant de l'évêque :
« Le bon prélat peut sans gêne quelconque rentrer
quand il voudra, l'ordre en est donné... Pardonnez ma
précipitation, mais je n'ai pas un moment à moi ».
(336).

Bernier qui s'occupait de toutes choses avait intérêt à ce que l'application du Concordat ne soulevât
pas de difficultés insurmontables. Parmi les évêques
d'ancien régime, plusieurs se montrèrent disposés à
refuser leur démission ; quelques-uns résistèrent jusqu'au bout. Le 6 octobre 1801, Bernier dans une lettre
à Consalvi s'inquiétait de leur obstination. Il avait,
dit-il, compris au milieu des incidents de la guerre
civile que les révoltés suivaient une route sans issue
et avait cru de son devoir de se rallier au principe
d'autorité, sauveur de l'ordre et de la religion, dont
Bonaparte était l'emblême. Mais actuellement la résistance des évêques émigrés pouvait servir l'œuvre de
la révolution, et il conseillait d'agir isolément auprès
de quelques-uns d'entre eux, de ceux qui étaient à
Londres notamment, afin d'amener leur soumission
aux désirs du pape. (337) La résistance des évêques
d'ancien régime était une affaire purement ecclésiastique, qui n'intéressait pas le gouvernement consulaire, facilement à même de les expulser s'ils revenaient en France pour y tenter quelque manœuvre. La
difficulté allait venir des intrus, ou plutôt du gouvernement, qui voulait en nommer un certain nombre
aux sièges maintenus.

Au cours de l'audience qu'il accordait à Consalvi
au moment de son départ pour Rome, Bonaparte lui

annonça à brûle-pourpoint qu'il avait l'intention de nommer sept ou huit intrus aux nouveaux évêchés, et cette information ne fut pas sans émouvoir l'envoyé pontifical. Napoléon, Bernier, Portalis étaient imbus des maximes gallicanes, et le Premier Consul, reconnaissant que les constitutionnels avaient servi la révolution, voulait empêcher la soumission complète des intrus aux décrets et exiger la nomination de quelques-uns d'entre eux, éventualité qui devait renforcer le désir de résistance des évêques légitimes.

La cause des constitutionnels avait déjà été réglée par Rome. La constitution civile avait été condamnée par Pie VI comme contenant des erreurs. Or, les évêques intrus l'avaient jurée, c'est en son nom qu'ils avaient été élus et avaient occupé induement les sièges épiscopaux. Tant qu'ils ne reconnaîtraient pas cette illégitimité, expressément déclarée par jugement dogmatique, le Saint-Père était dans l'impossibilité de les admettre dans sa communion et surtout de les donner pour pasteurs au troupeau qu'ils avaient scandalisé. Si donc les évêques constitutionnels voulaient rentrer dans l'Eglise, il leur fallait reconnaître et regretter leurs erreurs. Cependant Pie VII se contentait de demander une adhésion et une soumission générale aux jugements du Saint-Siège au sujet des erreurs de la constitution civile et de l'illégitimité de leur épiscopat. (338)

Caprara, venu en France à l'automne de 1801 avait toujours naïvement espéré qu'aucun constitutionnel ne serait nommé, jusqu'au 18 mars, jour où Portalis et Bernier vinrent le trouver pour lui deman-

der s'il prononcerait l'exclusion au cas où on en nom-
merait. Caprara répondit alors que dans ce cas c'est
au légat qu'il appartiendrait de les réunir à l'Eglise.
Bonaparte voulut encore une garantie de plus et obtenir du légat lui-même la promesse qu'il acceptait la
nomination des constitutionnels. Dans ce but, on organisa contre Caprara, faible et hésitant, une manœuvre
analogue à celle qui avait été tentée pour obtenir de
Consalvi la signature d'un texte falsifié. Bernier et
Portalis vinrent le trouver le 27 mars pour lui annoncer que le lendemain on célébrerait à Notre-Dame un
Te Deum à l'occasion de la conclusion de la paix et
que les consuls avaient l'intention d'y faire interve-
nir les deux clergés. Le cardinal ne pouvait admettre
cette fusion, ni la sanctionner par sa présence. Mais
Portalis insista et, mêlant toutes les questions, expli-
quant l'intention de Bonaparte de rendre les cérémonies plus solennelles, faisant craindre la colère du consul, montrant les avantages de la paix, tentait de convaincre Caprara, ajoutant qu'il avait promis au consul
de rapporter une réponse favorable. Bernier intervint
alors : « J'avais prévu, dit-il, que vous ne vous prête-
riez pas à la proposition d'admettre des constitutionnels à la cérémonie de demain... j'en avais exprimé à
l'avance mon sentiment à M. Portalis ; c'est pouquoi
vu la connaissance que j'ai de la manière de voir du
Premier Consul et de ses deux collègues, j'ai concerté
avec lui la réponse que Votre Eminence pourrait faire
par écrit. »

« Et tout aussitôt l'abbé Bernier tira de sa poche un
papier qu'il me donna à lire et ajouta : le contenu de

ce papier ne peut blesser le moins du monde vos sentiments ni porter atteinte à vos devoirs. Il est très probable que le Premier Consul trouvant mêlées à votre refus des expressions qui sont selon son cœur, la chose s'arrangera d'elle-même; il renoncera à sa demande ou acceptera autre chose en compensation. Et il ajouta comme conclusion : Différemment, moi aussi, je craindrais que le Premier Consul ne se voyant pas écouté dans la commission dont s'est chargé M. le Conseiller auprès de Votre Eminence, en soit courroucé et qu'il n'en résulte de funestes conséquences ».

Bernier remit alors au cardinal pour qu'il la signât, une déclaration par laquelle celui-ci reconnaissait au Consul le droit de nommer des constitutionnels, à la réunion desquels il procéderait de manière qu'il ne puisse rester aucun germe de troubles ou d'humiliation, déclarant qu'il n'exigeait pas d'être reçu à Notre-Dame par des prêtres de telle ou telle catégorie, promettant de faire tout ce qu'il pourrait pour entrer dans les vues du Premier Consul, qui peut nommer « tel ecclésiastique qu'il jugera convenable pour me recevoir à Notre-Dame et y faire la prière pour la paix glorieuse qu'il vient de donner au monde. »

On ne peut que trouver singulièrement inconvenant et indélicat le procédé employé par Bernier et Portalis à l'égard du légat et cette sorte d'ultimatum apporté au milieu du repas pour arracher les concessions. Le vieux cardinal, désemparé et se voyant à la veille de tout perdre s'il n'adoptait pas le seul moyen capable de calmer la bourrasque, se retourna vers Bernier et déclara qu'il consentait à signer le texte qu'il n'avait pas rédigé. « Puisque vous avez examiné le contenu de cette pièce de sang-froid, dit-il, et non en un moment comme moi, vous me donnez en conscience l'assurance qu'elle ne renferme rien qui blesse nos principes ni nos maximes, je ne vois point de difficulté de faire transcrire cet écrit et de vous le remettre signé de ma main » (339).

Il est pénible de voir un légat pontifical, chargé d'éclairer et de diriger le peuple, acceptant de signer une déclaration, à lui imposée par un prêtre qui n'était pas sans reproche, et abdiquer entre les mains de celui-ci la liberté de son jugement, mais le rôle de Bernier dans cette négociation est indigne d'un homme honnête et d'un diplomate correct.

Le gouvernement ayant maintenant la certitude que le légat ne ferait aucune objection aux nominations, quelles qu'elles fussent, n'avait qu'à choisir les nouveaux titulaires. Il était naturel qu'un siège fut attribué à Bernier dont il convenait de reconnaître les services, et lui-même caressait cette espérance. On avait parlé de lui pour l'Archevêché d'Aix (340), puis le bruit courut dans le public qu'il serait coadjuteur de Paris et confesseur des membres du gouvernement, voire même archevêque de Paris (311) et il pouvait espérer une brillante fortune. Mais dans l'entourage de Bonaparte, Bernier fut combattu. Les uns le trouvaient trop jeune, les autres trop compromis par son passé vendéen. Fouché l'estimait trop habile et n'en voulait à aucun prix (342). Gosselin, auteur de la Vie de M. Emery, attribue cependant ı

Bernier une manœuvre singulièrement habile et quelque peu machiavélique pour arriver à ses fins. Ne pouvant être assuré du siège de Paris, il y aurait fait nommer Mgr. de Belloy, vieillard de 93 ans, dont il eût été coadjuteur *cum futura successione*. La présence d'Emery, dont il était trop bien connu, pouvant le gêner, il tenta, pour l'éloigner, de le faire nommer évêque d'Arras. Emery fut avisé de cette nomination par lettre de Portalis du 10 avril, mais il refusa, estimant que son départ pourrait nuire à la compagnie de Saint-Sulpice, et, voyant en Bernier l'auteur principal de sa nomination, il lui reprocha de l'avoir mis dans cette situation pénible d'avoir à refuser le poste qui lui était offert.

Bernier répondit : « Je ne mérite pas, Monsieur, les reproches que vous m'adressez; j'ai cru, en vous rendant justice auprès du gouvernement, honorer l'épiscopat par vous et vous être utile. Je serais aussi étonné qu'affligé que vous refusassiez; je le crois d'autant moins, que je ne vois dans ce refus aucun motif fondé. Cessez, je vous en conjure, de vous opposer au bien du diocèse qui a besoin d'un homme ferme et instruit. Pesez les suites d'un refus... Je redoute ces suites pour le bien de la chose, le vôtre et celui de votre congrégation..... J'attends votre réponse.... Daignez me la faire tenir aussi bonne que je la désire. »

Emery répliqua immédiatement, non sans esprit, qu'il ne pouvait changer ses décisions, et tout en remerciant Bernier d'une offre qu'il voulait attribuer a son amitié, il ne croyait pas froisser le gouvernement en refusant ; ce refus prouvant précisément que le Premier Consul avait choisi pour les nommer des personages qui n'avaient rien sollicité. Bernier envoya chez Emery MM. de Marcy et de Pancemont, mais ce fut en vain. Bonaparte auquel Bernier parvint « à communiquer son mécontentement », déclara que si Emery refusait d'entrer dans ses vues, il n'avait qu'à sortir de France. Emery, dans la suite, fut persuadé que Bernier avait « pris sous son bonnet » les menaces qu'il lui faisait, comme si elles venaient de la part d'un autre (343).

Emery était certainement fort désintéressé pour lui-même, et songeait plus à faire accepter l'épiscopat aux sujets élus qu'il supposait dignes de cette mission, qu'à rechercher des avantages personnels. N'envisageant pas la possibilité d'une nomination à Paris, Bernier s'était rejeté sur Tours (344), puis, s'était résigné à Orléans, assez proche de la capitale pour servir de marchepied. Il avait préparé les listes de candidats à l'épiscopat, et il avait rédigé sur lui-même la notice suivante: « Etienne-Alexandre-Jean-Baptiste-Marie Bernier. Il est né dans la partie du ci-devant Anjou maintenant unie à la Mayenne, de la famille du médecin Bernier, connu par ses voyages au Mogol et ses ouvrages de médecine. Il a été successivement professeur de philosophie et de théologie a l'université d'Angers, puis vicaire général de La Rochelle. Il fut conduit dans la Vendée par les insurgés trois mois après le soulèvement. Il a contribué par ses efforts à sauver trois fois ce pays malheureux et à faire accorder la vie, en se jetant aux pieds des chefs, le 18 octobre 1793, à 5.700 prisonniers des armées de la république, détenus à Saint-Florent-sur-Loire, qu'une partie des insurgés voulait immoler après la mort de Bonchamp. Il laisse le Premier Consul qui l'a désigné dans sa note, juge des autres titres qu'il peut avoir à son estime. Il est âgé de 39 ans et fils unique »(345).

D'anciens évêques avaient recours à son appui. M. de Mercy, évêque de Luçon, désirait vivement conserver ses anciens diocésains et aspirait au siège de Poitiers. Son vicaire général et quelques amis travaillaient à le faire nommer dans cette ville, et c'est à Bernier que M. de Beauregard transmettait leur requête (346).

Il tentait d'agir sur les évêques disposés à refuser leur démission, comme il le fit auprès de M. de Coucy, évêque de La Rochelle, qui l'accueillit assez mal et écrivit à ce sujet : « Maître Niéber s'en est aussi mêlé, même avec invitation pressante d'aller bâtir le nouvel édifice, avec toute l'assurance de sa haute protection ! mais il n'a rien gagné qu'une réponse nette, simple, catégorique » (347). A la fin de 1801 déjà, Bernier avait cherché à se rapprocher de M. de Coucy qui écrivait : « L'homme aux mesures m'a écrit ses travaux et leurs résultats avec assez de platitude ; on y découvre l'ivresse de la position et des choses obligeantes pour ceux auxquels il s'était fait connaître sous des rapports bien différents. Il m'offre médiation et protection pour les nouveautés, mais je n'en veux sous aucun rapport ».

Il n'est pas jusqu'au bon Yves Besnard, l'intrus qui avait remplacé Bernier à Angers, qui ne prétende que le Consul Lebrun lui avait demandé s'il voulait accepter un épiscopat, et qui finit par se persuader que Bernier l'avait proposé pour la mitre (348).

Les prêtres fidèles n'avaient qu'à promettre fidéli-té à l'ordre de choses nouvellement établi. Pour les Constitutionnels, la question était différente. Ils avaient été ou étaient encore schismatiques, quelques-uns avaient fait scandale par leur conduite ou leurs opinions et ils ne pouvaient recevoir l'institution canonique sans avoir renié leurs erreurs et fourni un gage de fidélité au Siège apostolique. Parmi ceux qui avaient été choisis, quatre, Charrier de La Roche, Montault, depuis évêque d'Angers, Bécherel et Berdollet avaient écrit à Rome ou donné des preuves de satisfaction et s'abstinrent de tout éclat. Pour les autres, qui devaient au jour de Pâques recevoir l'institution canonique, il fallait que tout fut réglé avant cette date.

Les négociations avec les résistants avaient, dit Le Coz, commencé le 10 avril, et il avait été convenu ce jour, chez le ministre des relations extérieures avec Bernier et Caprara, qu'on ne demanderait aux assermentés rien de contraire aux sentiments qu'ils avaient professés, et le 13, chez Portalis, on avait admis une formule qui donnait satisfaction aux constitutionnels (349). Le 15, les sept intrus obstinés, Saurine, Perrier, Le Blanc de Beaulieu, Lacombe, Belmas, Le Coz et Primat se réunirent chez le légat. Celui-ci, qui pensait que quelques-uns d'entre eux n'avaient pas toutes les qualités requises, leur fit un petit sermon les exhortant à donner au monde des sujets d'édification, et les pria de signer la lettre dont les termes avaient été arrêtés par ordre du Souverain Pontife.

Ils devaient se soumettre aux brefs de Pie VII, reconnaître qu'ils avaient pris part au schisme et occupé des sièges sans mission, et les termes de cette lettre révoltèrent nos fiers gallicans qui retrouvèrent toute leur raideur quand il fut question de donner au chef de l'Eglise une marque de déférence (350). Le Légat ne voulait pas céder, mais les constitutionnels se sentant protégés par le gouvernement demandèrent un délai et se rendirent chez Portalis et s'arrêtèrent à une formule de soumission rédigée par Bernier dans ces termes :

« *Beatissime pater. A primo Galliarum consule nominatus episcopus... nihil antiquius habeo quam ut ea omnia discordiarum semina penitus extinguere possim, quae ex Gallicanae revolutionis inevitabili serie dimanarunt. Quapropter ne quid Sanctitati Vestrae dubii hac in parte circa mentis meae propositum existere possit, sincero corde profiteor me constitutionem, ut aiunt, civilem cleri gallicani ultro deserere, novae conventionis intra S. V. et Gallicanum gubernium initae me dispositiones et articulos admittere et admissurum, profiteri et professurum, veramque S. V. et successoribus ejus obedientiam servaturum. Sanctitatem Vestram enixe rogo ut haec pro invariabili mentis meae proposito habens, me tanquam Ecclesiae filium obedientissimum respicere velit, mihique canonicam institutionem quam ab ipsa humiliter efflagito concedere dignetur. Interim benedictionem apostolicam... &c. »*

Bernier écrivit au légat pour lui soumettre cette

formule, ajoutant, ce qui était aussi faux qu'indélicat : « Je conjure V. E. de se souvenir que votre institution n'est que provisoire et qu'elle peut, par une indulgence provisoire nous tirer d'un pas difficile ».

Caprara riposta qu'il ne pouvait aller plus loin que ne lui avait dit le Saint-Siège, et que le principe avancé par l'évêque d'Orléans que l'institution donnée par le légat n'était que provisoire, le Pape restant juge définitif, était un principe sans fondement, puisque les évêques institués jouissaient d'une juridiction pleine et entière sur leurs diocèses (351).

Les négociations écrites n'ayant pas abouti, Portalis et Bernier vinrent trouver le légat et insistèrent de nouveau pour qu'il se contentât de la formule adoucie, ne contenant aucun désaveu. Caprara dit ne rien pouvoir céder puisque le point en discussion touchait non à la discipline, mais au dogme, et que ses instructions étaient formelles à cet égard. Le lendemain, 18 avril, le légat, qui s'attendait à recevoir un ordre de départ eut à subir un nouvel assaut de Portalis et de Bernier qui reprit le procédé employé déjà avec succès : insistance émue et tentative de chantage, montrant au faible cardinal les terribles perspectives d'un schisme nouveau si bien que le légat résolut de consulter quelques théologiens.

Comme toujours lorsque plusieurs personnes se réunissent pour délibérer, ce sont les propositions les moins énergiques qui sont adoptées et qui deviennent des lois. Les canonistes, interrogés, avaient tous reconnu qu'on ne pouvait admettre une formule qui n'impliquerait pas la condamnation des erreurs professées par les candidats à l'épiscopat et l'affaire allait être réglée en ce sens quand Bernier intervint de nouveau avec les mêmes arguments. Le légat commença de se troubler, et ayant épuisé toutes ses ressources se rendit compte qu'il allait être contraint de céder à la difficulté des temps.

Sur la proposition de Mazia, on admit donc une procédure qui rappelait celle des pacifications de la Vendée. Chacune des parties faisait une déclaration, et les deux déclarations réunies constituaient un accord et une réconciliation. Les évêques nommés signeraient la formule qu'ils jugeaient convenable et que le gouvernement acceptait ; ils recevraient d'autre part l'absolution des censures qu'ils avaient encourues. Mais comme pour recevoir une absolution, il faut reconnaître en avoir besoin, on leur demanderait un aveu discret de leurs fautes, la déclaration qu'ils renonçaient aux sièges précédemment occupés, et une pleine adhésion aux jugements du Saint-Siège sur les affaires de France.

Bernier et Pancemont étaient chargés de recevoir les déclarations des évêques. Le légat fit ensuite rédiger le décret, dans lequel il avait eu soin de faire insérer les conditions requises pour l'absolution.

« Nos Joannes Baptista... Cum R. D. N... sedem N... absque Apostolicae sedis institutione jam occupatam abjecerit, et ab illius regimine prorsus cessaverit, necnon debitam Romano Pontifici obedientiam et submissionem professus sit, atque judiciis Apostolicae sedis super ecclesiasticis Galliarum negotiis emanatis sincero animo se adhaerere ac plane subjectum

esse declaravit, nos qui Sanctitatis Suae et Sanctae Sedis a latere legati potestate fungimur memoratum N... catholicae unitati adhaerentem a quibusvis sententiis, censuris et poenis ecclesiasticis tam a jure quam ab homine quavis causa et occasione latis et quomodolibet respective incursis speciali... &c in utroque foro absolvimus, et absolutum declaramus cum poenitentia semel recitandi septem psalmos poenitentiales et cum obligatione sollicite servandi unitatem in vinculo pacis, et cum praefato N. ... suffragante merito suae conformitatis paternis Sanctitatis Suae hortationibus super recensito, irregularitate quavis causa et occasione quomodolibet contracta, pari apostolica auctoritate in utroque similiter foro misericorditer dispensamus... (352) ».

Ayant ainsi rendu à César ce qui appartenait à César et rendu à Dieu, non sans lésiner quelque peu, ce qu'il n'était pas possible de lui refuser, les évêques schismatiques allaient pouvoir être réconciliés. Ils rentraient dans l'Eglise, mais par la petite porte, tolérés plutôt qu'accueillis.

L'Ami de la Religion, qui donne le récit de ces événements (353) dit que les évêques signèrent la lettre qui leur était soumise. M. Bernier attesta de plus qu'il leur avait remis le décret d'absolution et de dispense du légat, et qu'ils l'avaient reçu avec le respect convenable, après avoir donné des signes de résispicence, et que le légat avait fixé leur pénitence. Mais le rédacteur se demande si l'évêque d'Orléans n'avait pas trompé la cour de Rome en attestant un repentir inexistant. Jauffret, écrivant en 1819 dit que l'évêque d'Orléans avait affirmé que la pièce attestant les bons sentiments des évêques était postérieure de huit jours à leur institution et que sa conduite équivoque dans cette affaire lui avait attiré l'inimitié du Premier Consul et les reproches de la cour de Rome et avait empêché sa nomination de cardinal (354).

L'historien de l'abbé Emery accuse Bernier de façon plus nette et plus précise encore. Le bruit se répandit dans la capitale, dit l'abbé de Sure que le gouvernement ne voulait pas la rétractation des constitutionnels et qu'on ne devait leur demander autre chose qu'une adhésion au Concordat, et l'abbé Emery confirmait cette nouvelle. Bernier déclara que les constitutionnels se soumettaient au jugement du Pape et le curé de Saint-Sulpice, confiant dans la parole de Bernier, attesta leur soumission. Or, Bernier par sa politique astucieuse avait trompé le cardinal Caprara et il aurait aussi trompé Pancemont, en lui demandant de confirmer par sa signature le rapport présenté au légat (355).

Pancemont était absent et comme il n'avait pas été témoin des déclarations des anciens jureurs, le témoignage de Bernier est le seul à prouver que ces derniers « ont été réellement touchés de l'indulgence dont on avait usé envers eux et... qu'ils avaient promis, les larmes aux yeux et en l'embrassant, de se conduire comme il convenait à des évêques catholiques, le remerciant de s'être employé à leur réconciliation » et qu'ils « ont reçu de bonne grâce et avec des signes de repentir le décret d'absolution » qui leur a été remis.

Si donc l'on applique l'axiome de droit : « *Testis unus, testis nullus* », le témoignage de Bernier ne devrait pas convaincre, puisqu'il est en opposition formelle avec les déclarations de plusieurs des constitutionnels qu'il avait en face de lui, et si peu sympathiques ou recommandables que fussent ces derniers leurs déclarations précises, énergiques, violentes même méritent d'être retenues.

Dominique Lacombe, orgueilleux et vantard, parlant haut et fort, fier gallican et ennemi de la troupe insensée des ultramontains a écrit à l'abbé Binos, l'un de ses amis, une longue lettre dans laquelle il raconte à sa manière les négociations relatives à l'abjuration qui leur était demandée. Certes, cette missive ne fait honneur ni à son caractère ni à sa religion, mais ce n'est pas un motif suffisant pour révoquer en doute ce qu'elle contient. Or, il dit d'abord que les évêques constitutionnels, se présentant le jeudi saint devant le légat refusèrent de signer la rétractation et la déclaration demandée ; Lacombe prétend même avoir parlé ainsi à Son Eminence : « M. le cardinal, nous sommes des évêques français, vous paraissez nous méconnaître. Vous nous proposez de déclarer à Sa Sainteté que nous sommes repentants de ce que nous avons fait en conformité de la constitution civile du clergé ; jamais, non jamais, cette déclaration ne sera faite par nous. M. le cardinal, si je ne puis être assis sur le siège d'Angoulême qu'en adhérant à cette lettre que vous nous avez donnée, loin de moi l'évêché d'Angoulême, loin de moi votre institution, comme loin de moi votre lettre que je vous remets ». J'étais debout, dit-il, quand je prononçai ces dernières paroles qui auront sans doute votre approbation, aussi bien que les suivantes. M'étant assis, je continuai de la sorte :

« **M. le cardinal, je vous rappelle** le serment que vous avez fait naguère devant notre Premier Consul : dans ce serment, vous avez promis de respecter les libertés de l'église gallicane. Quoi ! vous vous faites un devoir de les respecter, ces libertés et vous me faites un crime d'y tenir, et d'avoir joui des droits qu'elles me donnent ! Comment concilier votre conduite d'aujourd'hui envers nous avec votre serment fait lors de votre réception ? M. le cardinal, ma foi est celle de l'Eglise catholique, apostolique et romaine : je l'attesterai s'il le faut par le sacrifice de ma vie : ma moralité et ma conduite doivent être sans reproche puisque notre Premier Consul m'a destiné à être l'un des soixante évêques de la nouvelle Eglise de France et qu'il ne m'a honoré de cette faveur qu'après avoir interrogé sur mon compte les habitants de la Gironde, mes anciens diocésains. Est-ce que cela ne suffit pas pour avoir votre bulle de confirmation ?

« M. le cardinal, je vous ai rendu votre lettre n'en ayant lu qu'une très petite partie ; il est bon que je la connaisse dans son entier, permettez que je la reprenne. » « — Non, dit M. le cardinal, puisque vous ne voulez pas y adhérer. » « — Tant pis, m'écriai-je, que vous me priviez de la lire d'un bout à l'autre, j'en ai bien de la peine, surtout, j'ai le plus grand regret qu'il n'y ait eu en ce moment dans votre salle que vous, mes deux collègues Beaulieu, Belmas, et moi ; je voudrais que des témoins autres que nous pussent parler de ce qui est contenu dans votre lettre et de notre courage à la rejeter. J'ai l'honneur de vous saluer. »

Lacombe ajoute que si la formule demandée par le légat ne lui plaisait pas, celle que rédigea Bernier ne lui convenait qu'à moitié, qu'il ne voulait pas dire qu'il abandonnait la constitution civile, estimant qu'une telle déclaration était inutile et pourrait être mal interprétée par ses adversaires.

Mais comme Portalis lui dit qu'en refusant d'insérer cette phrase il ne ferait pas chose agréable au gouvernement, Lacombe, insolent devant le légat pontifical s'inclina devant l'injonction du ministre de César, tout en déclarant qu'il n'abandonnait la constitution civile que parce qu'une loi nouvelle la rendait inapplicable. Il ajoutait même que bien loin de regretter d'avoir suivi cette constitution il était heureux et fier d'y avoir obéi, et qu'il regardait comme les meilleurs actes de sa vie et comme les plus dignes des récompenses éternelles tous les actes qu'elle lui avait prescrits et auxquels il se féliciterait toujours de s'être prêté. Le lendemain, il accepta, par condescendance pour Bernier quelques changements de mots. Néanmoins il prêta serment de fidélité le jour de Pâques, devant le Premier Consul, mais sans avoir ses bulles. Il termine sa lettre en disant que celui qui prétendrait qu'il s'est rétracté mentirait avec impudence, et que si le légat leur a donné un brevet d'absolution, ce brevet ne compte pas, car d'après toutes les règles du sacrement de pénitence l'absolution ne

peut être donnée qu'à ceux qui la demandent en reconnaissant leurs fautes et en les avouant ce qui n'é-
tait point leur cas et qu'en ce qui le concerne personnellement, il n'a reçu aucune absolution, sans doute
parce qu'on a craint qu'il fut moins patient que les
autres (356).

Reymond, rendant compte à un prêtre constitutionnel de ses amis de ce qui s'était passé chez le légat
lui dit : Vous ne devez pas craindre que l'on exige
de vous une rétractation, ce n'est même que par condescendance pour le vœu du Premier Consul que
nous avons déclaré renoncer à la constitution civile
du clergé (357).

Quant à Le Coz, ancien évêque métropolitain de
Rennes auquel les agissements de Bernier contre les
insermentés avaient été dénoncés, il accusait ce même Bernier : « il est une classe d'hommes qui pour
n'avoir pas à rougir de leurs excès veulent absolument contre toute évidence qu'on se soit rétracté » ;
le 17 avril, samedi saint, il affirmait à Sylvain Codet
n'avoir rien rétracté (358), et dans ses mémoires, il
raconte qu'il a bien signé la formule qui avait été
convenue avec Bernier, mais avait refusé l'absolution, déclarant ne renoncer à la constitution civile
que parce qu'elle était abrogée et périmée, sans pour
cela l'abjurer ou la condamner. Et on se rendra
compte du degré auquel la mauvaise foi et les préjugés lui avaient obscurci l'intelligence des choses religieuses en voyant la lettre qu'il écrivait le vendredi
de Pâques : « J'ai rendez-vous avec le cardinal pour
l'institution canonique, qui n'est qu'une petite forme

que l'on a cru devoir adopter pour la paix (359).

Quelques points donc doivent être considérés comme acquis :

1° Les évêques constitutionnels n'ont pas rejeté la constitution civile ni par conséquent réprouvé le schisme. La chose semble évidente pour ceux du moins qui ont écrit qu'ils ne l'avaient pas fait ;

2° Ils ont signé, par déférence pour le pouvoir civil, mais non pour le Saint-Siège, la lettre assez douce qui leur était demandée ;

3° Ils ont reçu, sauf peut-être Lacombe, qui nie, la formule d'absolution, ou plutôt cette formule leur fut remise ;

4° Bernier déclara qu'ils s'étaient repentis ,avaient reconnu leurs erreurs et reçu avec le respect convenable la lettre d'absolution du légat.

Ce dernier point est assez difficilement conciliable avec les autres, et il semble évident que Bernier, dans son désir de régler l'affaire au mieux des intérêts de tous et d'arriver à la paix n'obtint pas et n'exigea pas des constitutionnels ce qu'il devait leur demander si l'on se place au point de vue religieux et que, néanmoins, il se porte vis-à-vis du légat garant de leur bonne foi et de leurs sentiments. Caprara, sur sa déclaration ne pouvait guère leur refuser l'institution canonique, mais Bernier avait vraisemblablement porté en faveur des constitutionnels non rétractés un faux témoignage, ou du moins s'était contenté de déclarations vagues de déférence et de soumission au Pape. Il traita cette affaire comme il avait vu traiter celle des pacifications de Vendée, où chaque parti ne concédait que ce qu'il ne pouvait pas retenir et n'accordait rien sincèrement. Les constitutionnels avaient cédé le minimum ; Bernier, qui devait connaître leur mauvaise foi, se porta garant de leur sincérité.

S'il est vrai que dans toute sa vie le nouvel évêque d'Orléans avait souhaité une union générale et une pacification complète, il put croire à ce moment ses vœux accomplis, plus et mieux qu'à l'époque où il écrivait à Hédouville après les accords de Montfaucon. La paix cependant n'était pas assurée, et les jureurs comme les réfractaires avaient tendance à se regarder d'un œil mauvais, se reprochant les uns aux autres soit leur intransigeance soit leur faiblesse, et cet esprit de défiance réciproque fut une des principales causes de difficultés dans l'application du Concordat.

IX. — BERNIER EVEQUE

*Son chapeau de cardinal. — Première disgrâce. — Son
action à Paris et à Angers.*

La consécration épiscopale donnée à Bernier n'avait
fait l'objet d'aucune cérémonie particulière ; il était
englobé dans la même fournée que Cambacérès et
Pancemont, et la foule immense qui vint à Notre-
Dame dût être attirée surtout par l'installation de l'archevêque de Paris.

On releva des appréciations malveillantes à l'endroit
de Bernier, quelques individus déclarant hautement
qu'il n'aurait pas fallu lui donner une place aussi émi-
nente malgré les services rendus depuis la pacification, parce qu'il avait trop marqué dans les guerres
de l'Ouest (360). Quelques jours plus tard, comme il
officiait pontificalement à Notre-Dame, un individu
déclara que s'il était permis de parler, on en enten-
drait de drôles sur le compte de cet évêque (361).
Un petit scandale aurait même eu lieu à Saint-Eustache, où les manifestations bruyantes n'étaient pas
inconnues. Michelet dit tenir de son père qu'un jour
où Bernier officiait pontificalement dans cette église,
un volontaire, revenu invalide de la guerre de Vendée, monta à l'autel, lui rappela sa barbarie (362), le

dée « lui rappela sa barbarie, le temps et le lieu où il l'avait mutilé et le força de descendre ».

Il était fatal que Bernier eût des ennemis, les esprits n'étant pas assez calmés pour que des deux côtés un fonds d'inquiétude ne subsistât pas, les uns et les autres se demandant qui serait favorisé dans l'attribution des places et des postes disponibles ; quelques prêtres refusaient même le serment demandé, ne voulant pas, disaient-ils, se trouver dans une dépendance trop absolue du pouvoir civil (363).

Bernier avait été, disent les méchantes langues, « bien attrapé » de n'avoir que le siège d'Orléans (364) ; il n'avait pas été choisi pour célébrer du haut de la chaire de Notre-Dame le rétablissement du culte, et c'est à M. de Boisgelin qu'était revenu cet honneur (365).

Peut-être en éprouva-t-il quelque dépit, en voyant dans cet éloignement de la chaire métropolitaine le commencement d'une disgrâce. Il avait l'espoir d'être nommé cardinal et le public parlait de cette nomination au printemps de 1801 (366), au mois de septembre de la même année, des ouvertures avaient été faites à Rome à ce sujet (367), et on avait prétendu qu'ayant fait faire son portrait, il avait dit au peintre : je vous dirai dans quelques jours quel costume il convient de mettre (368). Mais ce n'est pas seulement quelques jours qu'il attendit ce chapeau dont un de ses ennemis disait : « Pour en avoir un, il n'a qu'a laisser tomber le sien dans la millionème partie du sang républicain qu'il a fait répandre ». Il avait été proposé cependant et accepté par

Rome, ainsi qu'en font foi les lettres de Napoléon et de Portalis. Sa nomination cependant ne fut jamais proclamée, et on ne connaît pas avec certitude les motifs de cette exclusion.

Bonaparte avait le plus vif désir de voir la France très largement représentée au Sacré Collège ; ses lettres au Pape témoignent de ce désir, et il insistait pour obtenir en faveur du clergé de France sept places de cardinaux (369). Cependant, le 28 août 1802, au moment où il proposait au Saint-Père pour la promotion au cardinalat Mgr de Belloy, archevêque de Paris, Fesch, son parent, archevêque de Lyon, La Tour du Pin Montauban, évêque de Troyes, et Fontanges, évêque d'Autun, il ajoutait, en parlant de Bernier : « Votre Sainteté voit que je ne lui présente point l'évêque d'Orléans, et je dois lui dire ingénuement que je désirerais qu'Elle lui fit connaître qu'Elle le nommera à la première occasion, mais je ne crois pas utile au bien de la Religion dans ce moment-ci de nommer cardinal un homme qui nous a rendu de très grands services, mais qui, dans des temps malheureux a trop marqué par la part active qu'il a prise dans la guerre civile ; il résulterait, pour la politique de l'Etat, dans le moment actuel, plus d'inconvénients que d'avantages de cette nomination. Mais, comme je lui ai en quelque sorte promis de faire un jour à Votre Sainteté la demande de cette place pour lui, Elle pourra le nommer à la première vacance, qui ne doit pas tarder, puisque sur quatre que je présente à Votre Sainteté, trois ont plus de quatre-vingts ans » (370).

Le pape se conforma aux désirs de Napoléon, qui lui répondit, le 26 octobre : « Je reconnais dans la résolution où est Votre Sainteté pour les cardinaux et l'évêque d'Orléans la bonté ordinaire de Votre Sainteté pour moi » (371).

Le 17 janvier devait se tenir le consistoire où seraient proclamés les nouveaux princes de l'Eglise, et Bonaparte, qui avait écrit aux futurs cardinaux, adressa à Bernier la lettre suivante où il rejetait sur le Saint-Père le retard apporté à sa nomination de cardinal.

« Saint-Cloud, 24 nivôse an XI (14 janvier 1803). — Sa Sainteté m'ayant fait connaître qu'il serait accordé au clergé de France quatre cardinaux à l'occasion du Concordat, je lui ai fait connaître qu'il me serait agréable que son choix tombât sur vous pour une de ces nominations. Elle m'a fait connaître que son intention était de vous nommer au Consistoire qu'Elle doit tenir le 17 janvier, mais que des raisons supérieures l'obligeaient à tenir votre nomination *in petto* l'espace d'une année. Il est donc convenable que vous gardiez cette lettre pour vous seul, n'ayant pas voulu tarder davantage à vous donner cette preuve de la satisfaction que j'ai de vos services » (372).

En effet, au jour indiqué, le Saint-Père ayant nommé les archevêques de Lyon, de Tours et de Rouen ajoutait : « *Quartum vero dignum hac honoris amplitudine virum justis de causis nunc in pectore reservamus, arbitrio nostro quandoquoque evulgandum.* »

Caprara lui ayant écrit néanmoins pour le féliciter, Bernier répondit le 26 janvier d'Orléans, le remerciant de sa bienveillance, et rejetant, dans un langage diplomatique, sur les autres négociateurs le mérite de l'heureuse conclusion du Concordat, disant qu'il n'avait fait lui-même que ce qu'il devait, et peut-être moins bien qu'il ne l'aurait dû (373).

Le légat, soit par diplomatie, soit par bonté, insista auprès de Bernier pour qu'il tentât de se rapprocher du Premier Consul : « Le Premier Consul ne peut rien avoir contre vous. Il juge de la même façon le retard que subit la récompense dont vous êtes sûr. Le fait d'être présent à la cérémonie de l'imposition des barettes le touchera, et cette circonstance peut le déterminer à exprimer le désir que l'on abrège tout délai ultérieur, relativement à la publication de votre nomination comme cardinal. Dans une semblable hypothèse, je me fais fort d'obtenir que le Pape réunisse un nouveau consistoire exprès pour vous, et que Mgr Doria, avant de partir, soit chargé de vous remettre la barette » (374).

Malgré cette invitation et les offres du légat, Bernier ne vint pas à Paris pour l'imposition des barettes, et pour briser son insistance, il lui communiqua confidentiellement deux lettres décisives. « Nous ignorons, dit le P. Dudon, quels furent ces documents révélateurs, mais après les avoir lus, Caprara comprit qu'il s'était fait illusion. Et il concluait mélancoliquement : Il faut donc borner notre espoir à ce que permission vous soit donnée de revenir ici, où tant d'affaires vous attendent » (375).

Quels étaient les motifs de cette sorte de disgrâce et de ce changement subit dans les opinions de Bonaparte sur l'évêque d'Orléans. A la fin de 1802, Bonaparte lui avait écrit à deux reprises pour lui dire son contentement : « Je vois avec plaisir l'activité que vous avez mise à concilier les intérêts d'une classe d'hommes nombreux, ce qui est à la fois un service rendu à l'Etat et à la Religion ». « J'agrée les preuves de zèle que contiennent les lettres que vous m'avez écrites... Je connais votre attachement pour moi... Je lirai toujours avec plaisir ce que vous aurez à me dire relativement au bien de votre église et à ce qui pourra contribuer à l'intérêt de la Religion et de l'Etat » (376).

Des auteurs catholiques ont supposé que l'opposition était venue du pape. Jauffret dit notamment que la conduite de Bernier lors de l'institution des évêques constitutionnels avait indisposé contre lui la cour de Rome au point que Sa Sainteté ne crut pas, pour le moment, devoir le revêtir de la pourpre romaine (377). Le Pape cependant ne cessa pas de témoigner de la bienveillance à Bernier et lui aurait même dit, au moment de leur rencontre à Montargis en 1804, voyant que Bernier dissimulait en sa présence sa croix pastorale : « Pourquoi cacher votre croix, ce n'est pas pour vous... » (378).

Bonaparte s'était-il laissé influencer par les récriminations des constitutionnels qui se plaignaient d'être laissés à l'écart et de voir les insermentés obtenir toutes les faveurs, et qui protestaient contre la nomination de l'évêque auquel on reprochait tant son action au cours des guerres de l'Ouest. Les royalistes répandirent le bruit que sa nomination au cardinalat était révoquée, qu'il était furieux et avait écrit une lettre fulminante à Portalis (379). Tel était en effet le sort de Bernier ; ayant abandonné les royalistes il avait perdu leur confiance et bien que s'étant mis au service des fils de la révolution, il n'avait rien gagné de ce côté.

Avant d'habiter son dicèse, dans une situation qu'il pouvait trouver humiliante, Bernier avait travaillé, et fort activement, à l'organisation du culte nouvellement restauré. Son appartement, dit l'un de ses historiens, était comme une antichambre de la légation pontificale et du cabinet du ministre des cultes, et les évêques qui devaient traiter les affaires avec Portalis ou Caprara se mettaient d'abord en relations avec Bernier. Ses correspondants lui écrivaient que sa présence était très utile au bien de leurs églises ; ses amis lui conseillaient de ménager sa santé et de ne pas s'épuiser par un travail sans relâche (380).

C'est principalement dans l'organisation des diocèses de Paris et d'Angers que l'on constate l'action et l'influence de Bernier. Un décret du 29 avril 1802 l'avait nommé auxiliaire de Paris et au moins pendant quelque temps il s'occupa de l'organisation de ce diocèse. On dit même que le clergé de la capitale, en apprenant que Bernier n'irait à Orléans que pour y organiser le culte et reviendrait ensuite établir sa résidence à Paris se montra peu satisfait. Des prêtres l'accusaient d'être intrigant et redoutaient son influence (381), d'autres lui reprochaient d'avoir consulté, pour l'établissement des nouvelles circonscriptions paroissiales moins les avantages des fidèles que les intérêts des curés qu'il voulait faire nommer (382) Quant à Grégoire, l'intervention de Bernier l'irrita fort. Il l'accuse d'avoir, en compagnie de Pancemont organisé de manière inique le diocèse de Paris, et cela malgré l'opposition du ministre des cultes. Parmi les curés de Paris, il n'y avait, dit Grégoire, aucun assermenté, et c'est en vain que Portalis avait promis qu'il en serait nommé dans la banlieue quarante ou cinquante (383). Si Bernier eut une part quelconque dans l'organisation du diocèse de Paris, son influence ne fut pas néfaste, car Bonaparte, haranguant les curés de Lyon, le 3 octobre 1802, les invitait à oublier le passé et leur conseillait d'imiter le clergé de la capitale où il n'y avait aucune espèce de discorde (384).

L'organisation du diocèse d'Angers fut plus difficile et des incidents regrettables se produisirent dans la ville. A la fin de décembre 1801, le général Girardon, ami intime de Bernier, lui avait écrit pour lui exposer l'état du pays et Bernier lui répondait par une lettre de compliments le félicitant de la douce et sage fermeté qui avait triomphé de tous les obstacles (385). L'évêque d'Orléans avait voulu, avant de prendre possession de son diocèse, faire ses adieux à ses anciens paroissiens. Il vint le 8 mai 1802 à Angers et le lendemain officia pontificalement à l'église des Récollets, au milieu d'une foule considérable où l'on signala la présence du préfet, celle du général

Girardon et d'un grand nombre de fonctionnaires. Cette marque de déférence des autorités vis à vis du nouvel évêque ne fut pas du goût de tout le monde et le préfet dit à Fouché que des malveillants avaient voulu provoquer un mouvement contre le général Girardon et contre lui-même. L'arrivée de l'ancien curé de Saint-Laud semblait réveiller l'esprit de parti ; des femmes rappelèrent les souvenirs de la guerre de Vendée et quelques-unes prétendirent qu'elles allaient lapider Bernier. Toute leur rage se dissipa en paroles, car on ne signala aucune voie de fait.

De là Bernier parcourut le Bocage où il reçut partout le meilleur accueil. Sa tournée, dit Beauchamp, fut presque un triomphe. Il eut une cour, le peuple se porta en foule sur son passage pour briguer ses bénédictions et malgré le nombre de ses ennemis, son ancienne autorité dans le pays vendéen sembla renaître à l'aide de ses promesses et de sa mitre imposante (386). Puis Bernier revint à Angers où eut lieu l'installation du nouvel évêque Mgr Montault, frère du préfet. Tout se passa avec la pompe et la solennité convenables ; l'ancien doyen de la cathédrale fit un discours où il vanta la tendre piété de l'un des prélats et les mérites éminents de l'autre.

L'assistance de Bernier à l'installation de Mgr Montault n'était qu'un prétexte ; le premier avait pour mission de conseiller et de diriger le second pour l'administration du diocèse (387) où la situation était particulièrement difficile. Néanmoins Bernier ne devait pas rester longtemps à Angers, car le 6 juin, Portalis lui avait écrit pour lui dire que sa présence était nécessaire à Paris par suite des divisions qui venaient de naître entre les constitutionnels. Il ne demeura dans le Maine-et-Loire que jusqu'à la fin du mois et même après son départ, il continua de s'intéresser aux affaires d'Angers.

Le nouvel évêque Mgr. Montault, était un ancien constitutionnel et il venait présider aux destinées d'un diocèse où la très grande majorité des curés avaient refusé le serment. D'autre part, le pays avait souffert non seulement de la révolution, mais encore de la guerre civile. L'évêque devait obtenir la soumission des anciens insermentés, sans pourtant s'humilier devant ceux qui avaient évité la faute où lui-même était tombé, et il lui fallait ne pas mécontenter les faibles qui avaient cédé à la voix de l'intérêt ou de la peur et craignaient de se voir supplantés par l'ancien clergé. Il devait forcer les uns à reconnaître son autorité et à oublier sa faute et ne point blesser les autres par une excessive sévérité ou les encourager par trop de condescendance.

Les assermentés qui n'avaient pas tous les sentiments qui convenaient à des pécheurs repentis et se sentaient énergiquement soutenus, se plaignaient de Bernier que l'on accusait peut-être injustement de n'écouter que l'esprit de parti et de repousser tous ceux qui ne pensaient pas comme lui (388).

Quant à Mgr. Montault, dont les qualités et la vertu ne sont pas en cause, et qui a laissé dans son diocèse une réputation de sainteté, il paraît s'être conduit de façon maladroite. Tout d'abord, la lettre qu'il adressa aux autorités pour les inviter aux fêtes de son installation et à lui rendre visite, parut « **trop forte** » et ne plut pas ; les militaires dirent qu'ils ne viendraient pas à la cérémonie, les tribunaux firent de même. Quant aux constitutionnels, ils avaient été invités par Bernier à souscrire la formule acceptée par ceux de Paris et ils avaient promis de l'accepter.

Le 1er juin 1802, l'évêque les avait invités à une réunion secrète, et, après leur avoir prêché l'humilité et le repentir, il leur demanda de se rétracter comme il l'avait fait lui-même. Ce mot de rétractation les offusqua, et au moment où on pensait que les assermentés et les réfractaires allaient échanger le baiser de paix, tout se brisa ; les prêtres des deux partis mis les uns en face des autres se séparèrent mécontents. L'un des jureurs, Dufour, déclara même qu'ils étaient disposés à ne se rétracter en rien et estimait qu'il ne fallait pas porter atteinte aux libertés de l'Eglise gallicane (389).

Il restait à Angers des théophilanthropes qui, après cette réunion manquée allèrent trouver sept ou huit des constitutionnels que l'on pouvait considérer comme les plus susceptibles d'opposition, les endoctrinèrent, « les firent boire pendant la nuit et leur persuadèrent de chanter le lendemain la palinodie ». Puis, réunis chez un ancien conventionnel nommé Delaunay, et, poussés par un ancien capucin nommé Bélier, « nom peu flatteur et qu'il ne dément pas », ils persistèrent dans leur résolution (390). Ils avaient entre temps écrit à Fouché, ennemi juré du clergé demeuré fidèle, et appris de lui qu'il ne pouvait pas être question de rétractation et le Cardinal Caprara écrivit que l'on devait se contenter de la déclaration suivante : « J'adhère au Concordat et je suis dans la communion de mon évêque nommé par le Premier Consul et institué par le Pape. » Mgr Montault, trouvant cette formule trop sommaire, leur fit signer une profession de foi plus détaillée, insistant sur la soumission au Pape et sur la juridiction épiscopale (390 bis).

Bernier, qui devait collaborer avec Mgr. Montault a l'organisation du diocèse se montra discret dans cette affaire, car, contrairement à ses projets, ils s'abstint de venir à Angers pour la Fête-Dieu, l'évêque étant indécis au sujet des cérémonies de ces jours (391).

Outre Bernier, l'évêque d'Angers devait compter avec M. Melioc, ancien supérieur du séminaire d'Angers, et avec M. Courtin, ancien directeur du séminaire d'Orléans, à qui Mgr. de Lorry avait confié l'administration de son diocèse (392). Meilloc avait été arrêté au début de 1802 et Bernier avait sollicité sa mise en liberté (393).

Bonaparte fut mécontent des incidents d'Angers et demanda à Bernier un rapport. Celui-ci sollicita du général Girardon des détails sur cette affaire (394).

Il y avait certainement eu des fautes commises des deux côtés, mais Bernier, dans son compte-rendu, traite l'évêque avec assez peu de bienveillance et de charité, et il aurait été intéressant de percevoir le son de l'autre cloche.

Bernier écrivait le 17 thermidor an X : « Angers est presque tous les jours le théâtre de scènes qui avilissent l'épiscopat. J'ai reçu des lettres des hommes de tous les partis depuis mon dernier rapport et toutes me conjurent d'aller auprès de vous pour vous exposer le malheureux état de cette église. L'évêque a fait assigner ceux qui l'avaient insulté. L'affaire a été ballottée du tribunal criminel au tribunal correctionnel. Les avocats défendent les accusés gratuitement et se promettent bien de plaisanter et sur le lutrin et sur l'évêque qui s'est fait commissaire de police en apposant lui-même les scellés sur la porte de la sacristie et de l'église de Saint-Samson. L'affaire a dû se plaider lundi. Pour compléter ce tableau, ce bon évêque est allé demander au général Girardon qu'il blamât les soldats et en mît plusieurs à l'ordre du jour parce qu'ils lui avaient donné, disait-il, le sobriquet de « Monte à l'assaut » à raison de ce qu'il s'était trouvé indiscrètement au milieu des poissardes pour les empêcher d'entrer dans l'église de Saint-Samson.

« Tel est, en raccourci, l'état d'un diocèse où, sans M. Meilloc et la faiblesse de l'évêque, tout jouirait d'une paix profonde (396).

Tout finit par s'arranger. Les constitutionnels signèrent une formule qui fut critiquée par le gouvernement et par Rome. Bernier fut invité par le nouveau préfet et par le général à prendre l'affaire en mains, et il dit que tout serait réglé en quelques jours. « Les Angevins, dit-il, apprendront de plus en plus à me connaître et finiront par me rendre la justice que je crois avoir méritée par mes sentiments pour eux »(397).

L'évêque rendait de son côté justice à ses intentions

et reconnaissait le bien fondé de ses conseils (398).

La fin de ces petites querelles ne fut pas celle que Bernier souhaitait. Le gouvernement proposait la nomination de M. Ferré à Saint-Samson, de M. Marchand dans une cure et de l'abbé Tardif comme vicaire général. Aucun ne plaisait à l'évêque, le dernier ayant trop d'esprit, le second étant trop ferme (399). Les prêtres constitutionnels se plaignaient d'avoir été éliminés en masse et Baracé, l'un des plus ardents, était, lui aussi, un sujet de désaccord. L'entente se fit cependant pour tous, sauf pour Tardif, prêtre orthodoxe qui était resté à Angers pendant la révolution et avait continué d'exercer le culte (400). Or, c'est probablement à ce dernier que Bernier portait l'intérêt le plus vif ; il vit avec peine que son protégé n'était pas accueilli, et l'échec éprouvé à Angers, lui causa quelque amertume. Voici ce qu'il écrivait à Tardif le 23 octobre 1802. « J'ai été en effet assez content de votre prélat jusqu'à ces derniers jours. Mais le gouvernement lui a demandé trois places, dont une de vicaire général pour vous, et malgré mes représentations des nouvelles contrariétés auxquelles il s'exposait, s'il n'accédait pas aux demandes qu'on lui faisait, il a refusé... » 401).

Bernier n'obtint pour son protégé qu'un canonicat et dans la lettre qu'il lui écrivait pour le féliciter de résultat, il s'excusait presque de n'avoir pu obtenir davantage (402).

Bernier n'avait que médiocrement réussi à Angers, où il devait fatalement se trouver en désaccord avec l'évêque. D'Orléans, il envoya à ses anciens diocésains une lettre d'adieux, adressant un souvenir ému aux fidèles que le nouveau Cyrus l'obligeait à quitter, Votre pasteur, quoique éloigné de vous, ne vous restera pas moins attaché. « Il n'oubliera dans l'épiscopat ni vos soins pour lui, ni votre zèle pour la conservation de ses jours dans les temps d'orages, ni l'amour que votre cœur lui a toujours exprimé d'une manière si touchante. Son bonheur sera de se rapprocher quelquefois du troupeau qu'il aimait et de lui exprimer avec attendrissement combien il est affligé de s'en voir séparé. Que le Dieu de miséricorde, nos très chers frères, ne vous abandonne jamais ! qu'il répande sur vous avec profusion ses dons et ses grâces ! que sa sagesse préside à vos démarches ! que sa charité vous unisse ! que sa prudence règle vos actions ! que sa paix délicieuse règne dans vos cœurs ! que sa grâce épure et sanctifie vos âmes ! Tels sont tous nos vœux pour vous, tel est le testament que notre amour vous laisse. » (403).

Bernier ne revint jamais au pays de son premier apostolat. Il ne l'oubliait pas cependant; il fit envoyer à Angers un fragment de la vraie croix, tenta d'obtenir une concession d'indulgences, et défendit à l'occasion, devant le Premier Consul les intérêts de la région angevine. Mais ses adversaires lui savaient mauvais gré de ses interventions, et un jour où le bruit s'était répandu que Bernier devait être chargé d'une mission dans le Maine-et-Loire, le préfet et le général Girardon écrivirent au ministre que le prélat était détesté à Angers par les partiotes autant que par les Vendéens et que sa venue ne pourrait que renouveler les désordres (404).

Le nouvel évêque d'Orléans consacra le reste de sa vie, partie aux besoins de son diocèse, partie au soin des nombreux intérêts, politiques ou religieux, qui le sollicitaient de tous côtés.

X. — EVEQUE D'ORLEANS.

Il prend possession de son siège. — Enthousiasme populaire. — Ses préoccupations politiques. — Ses lettres pastorales.

Tout le monde, au début du régime consulaire, vivait dans l'espoir d'une prompte pacification religieuse, **et les notes de l'abbé Pataud**, en quelques endroits très sobres, en d'autres, réellement enthousiastes, permettent de se rendre compte de l'état d'esprit des Orléanais à cette époque.

Au mois de Février 1801, les travaux de restauration de la toiture de la cathédrale de Sainte-Croix sont une première cause de joie, et les habitants rêvent déjà d'un prochain rétablissement de l'évêché et du chapitre (405). Le public se réjouit à la pensée de voir le palais épiscopal, abandonné depuis le 5 novembre 1793 par Jarente, et devenu dans les années suivantes lieu de réunion de la section de Brutus, puis pensionnat de jeunes filles pendant que les jardins livrés au public servaient à la promenade et aux danses (406), revenir à sa destination première.

Au mois d'août 1801, la nouvelle de la paix avec le Pape fait à son tour les frais de toutes les conversations, chacun se demande quelles en peuvent être les conditions et pourquoi on ne leur donne pas plus de publicité (407). Il fallut attendre huit longs mois avant de connaître le texte de ce Concordat et les satisfactions qu'il accordait aux Orléanais. De même qu'à Paris, toutes les classes approuvaient, et les prêtres se montraient radieux et triomphants (408). C'était un cri général : « Concordat ! Concordat ! Le peuple, les femmes, les enfants, tout le monde en parle.... Orléans est érigé en évêché pour les deux départements du Loiret et du Loir-et-Cher (409). »

Puis, quelques esprits se troublent. A Paris, bien des bruits avaient couru et sans doute les inquiétudes étaient les mêmes dans les villes de province. Il semblait que beaucoup de prêtres prenaient ouvertement le parti des émigrés et n'approuvaient pas les mesures prises contre quelques-uns de ces derniers; Bernier et Pancemont, notamment, passaient dans le public pour les protéger, les constitutionnels ne cachaient guère leurs inquiétudes. Bernier semblait devoir être pour eux un ennemi, et les insermentés se flattaient d'obtenir toutes les faveurs, proclamant que le jour de la justice était arrivé et que les jureurs n'auraient rien ou pas grand chose (410).

A Orléans, les esprits se rapprochaient ou se divisaient suivant leur manière d'envisager le Concordat. « On dénigre d'anciennes vertus, on crée des réputations; enfin le Premier Consul trouve moyen de tout concilier en nous donnant pour évêque M. Bernier, ancien curé de Saint-Laud d'Angers. Les chefs de chapelle respectent le Concordat dans ce premier choix de Napoléon; les sermentés croient en son impartialité comme rédacteur de la nouvelle organisation des cultes, d'autant plus que Saurine figure à côté de Boisgelin, les Vernon et les Le Coz, à côté des Barral et des Roquelaure. »

Le 25 avril, le concordat était solennellement publié à Orléans par les corps administratifs, et pendant que les habitants attendaient avec une joie impatiente l'arrivée du prélat, les malicieux angevins le chansonaient, et envoyaient par la poste, aux habitants d'Orléans, des chansons « dont toutes les strophes étaient dictées par la haine et probablement par la calomnie » (411). Ainsi, chacun juge les hommes selon ses goûts, ses espérances et ses préjugés, et l'ange d'un cercle, devient un monstre dans un autre.

Le peuple, moins au courant que les cercles informés des opinions de l'un ou de l'autre, était tout à la joie, et la reprise des processions de la Fête-Dieu, le 20 juin, lui permit de contempler les manifestations religieuses dont un grand nombre d'habitants avaient perdu le souvenir et qui devaient contraster singulièrement avec les fêtes civiques auxquelles les fonctionnaires publics se rendaient par métier et l'assistance par désœuvrement. Ce fut une joie naïve, dit l'abbé Pataud, au carillon des cloches, encore que le préfet ait cru devoir ralentir l'ardeur des sonneurs de l'Eglise Saint-Paul. Partout il y avait des reposoirs et la procession de Sainte-Croix ne rentra qu'à neuf heures du soir (412).

L'atmosphère était suffisamment chaude pour que l'arrivée de l'évêque qui couronnait réellement l'œuvre du rétablissement des cultes, excitât un magnifique enthousiasme, et toutes les relations qui nous ont été conservées de cet événement, apportent le témoi· gnage du chaleureux accueil reçu par Bernier dans sa ville épiscopale. Plus que la pompe des cérémonies officielles, l'empressement populaire donnait de l'éclat à la fête. Le 2 juillet 1802, l'évêque arrive dans la ville. Le matin du « dimanche 15 messidor », le son des cloches et le tir des boîtes d'artillerie annoncent la solennité du jour. Le préfet vient prendre l'évêque et le conduit à la mairie où a lieu la réception des autorités. Le préfet le complimente et prononce un discours sur le thème, qui n'allait pas tarder à être connu, des bienfaits du gouvernement. M. Blin, le plus ancien des ecclésiastiques du diocèse, selon une lettre de Bernier, chargé par l'archevêque de Paris de le représenter en cette circonstance, répond au préfet de la manière la plus flatteuse pour l'évêque. Celui-ci prend à son tour la parole et riposte aux compliments par l'éloge obligé du Premier Consul.

De la mairie, le cortège se rend à la cathédrale, précédé de 270 prêtres en habit de chœur, et suivi du préfet et des autorités civiles et militaires. Le défilé fut fort long, et pour permettre un plus grand développement, on fit le tour par l'« Etape » avant d'entrer à la cathédrale par le grand portail. Jamais les environs de l'église n'avaient vu une foule aussi énorme, rapporta-t-on de tous les côtés; le prélat lui-même manquait d'être étouffé en dépit d'une forte garde à pied et à cheval et malgré les efforts et les imprécations du général Scheiner, commandant la place. A tout moment, le cortège devait interrompre sa roule, la foule empêchant tout mouvement, et les habitants encombrant les places et les rues dans leur joie d'apercevoir un évêque.

La cérémonie religieuse manqua peut-être de recueillement. La bousculade, en effet, était telle que le premier acte de l'office liturgique qui devait se passer à la porte de l'église fut impossible et l'évêque, poussé de tous côtés, dut continuer sa marche jusqu'au chœur. On célébra ensuite la messe, pendant laquelle « il y eut plus de symphonie que de dévotion » ce dont personne ne dût s'étonner. Après la messe et le Te Deum, le pasteur fut solennellement reconduit à sa demeure.

Le soir, il revint à la cathédrale pour l'office des vêpres et au cours de la cérémonie, il monta en chaire pour exposer les bienfaits que répandrait sur tous le rétablissement du culte catholique, disant « aisément des choses aisées ». Comme à la cérémonie du matin, la cathédrale débordait de monde et, peu d'Orléanais se souvenant d'avoir vu un évêque, tous criaient au prodige.

Puis, nouvel échange de visites et de compliments où « la prose et les vers ont été prodigués. C'était à qui rivaliserait de zèle, de politesse et de dévouement » (413). Quelques-unes des pièces de vers adressées à l'évêque ont été conservées, dont l'une au moins, d'une lamentable platitude, ne fait pas grand honneur au poète qui l'a signée, et dont le nom mérite de demeurer dans l'obscurité.

Bernier, en tous cas, semblait radieux, et cet accueil le dédommageait peut-être de celui qui lui avait été fait « par certaines autres personnes ». L'idée que l'on pourrait se faire de l'enthousiasme serait bien au-dessous de la chose, disait-il, jamais il n'avait rien vu de pareil (414).

A peine est-il nécessaire de mentionner les récits de Thiébault, qui prétend qu'on n'avait pas perdu à Orléans le souvenir du bataillon des volontaires de la ville massacrés par ses ordres et en partie par ses mains, qu'un complot fut ourdi pour l'assassinat de celui qu'on appelait l'évêque poignard et que seule l'affluence du peuple et des troupes empêcha qu'on mit le projet à exécution (415).

Immédiatement, l'évêque s'occupait d'organiser le culte ; la chronique locale note de petits événements qui ne compteraient pour rien dans l'histoire s'ils ne laissaient voir les sentiments du peuple, heureux de retrouver ses coutumes et ses traditions. Le 6 juillet, on note la première inhumation solennelle. Les prê-tres vont avec la croix et les chandeliers procéder à la levée du corps ; tout le monde était aux portes. Les ecclésiastiques qui avaient si longtemps vécu sous des déguisements, reprennent la soutane, suivant à la fois l'exemple et les instructions de leur évêque, et bientôt, l'habit long devient le seul en usage par-mi les ecclésiastiques (416).

Bernier prêche et cherche manifestement à gagner les cœurs et à conquérir la popularité et aussi la fa-veur des autorités. Parlant à Saint-Paterne, le 11 juillet, il profite de son sermon pour faire encore l'éloge du Premier Consul, en rappelant ses grandes entreprises, ses conquêtes, sa législation, ses projets pour l'avenir et il lui applique assez heureusement ces paroles de la Genèse : « Sors de l'Egypte, car je t'ai destiné pour être le père d'une multitude de croyants » (417).

En même temps que s'organisait le culte public, il convenait de mettre un frein à l'abus que pouvait amener le maintien des oratoires secrets et des chapelles privées, et l'évêque, en attendant la nomination des chanoines, des curés et des desservants, jetait l'interdit sur toutes les petites chapelles ouvertes dans les caves et les greniers (418). Cette première mesure ne frappant évidemment que les prêtres insermentés, permet de supposer que les constitutionnels et les malveillants exagéraient lorsqu'ils se plaignaient de voir les réfractaires objets de toutes les faveurs à Orléans ou à Angers et accusaient Bernier d'étroitesse d'esprit parce qu'il prétendait se faire appeler monseigneur et ne voulait pas donner la sépulture ecclésiastique à ceux qui n'avaient pas reçu les sacrements (419).

Il était fatal, d'ailleurs, que Bernier eût quelques ennemis, et il y fait allusion dans la première lettre pastorale qu'il adresse à ses diocésains, le 28 juillet 1802, et qu'il s'empresse de communiquer à Portalis (420).

« Nous avions attendu, nos très chers frères, pour vous faire entendre notre voix paternelle que notre autorité fut universellement reconnue dans le vaste diocèse qui nous est confié. Nos vœux à cet égard sont pleinement satisfaits. Partout, nous avons recueilli les témoignages expressifs de votre confiance, de votre attachement à la religion de vos pères, au gouvernement et à nous en particulier... Nous avons vu le peuple fidèle se précipiter en foule sur nos pas, assiéger les portiques du temple et témoigner par les transports de son zèle sa tendre piété et la vive allégresse que son cœur éprouvait. Nous n'attendions pas moins de cette ville hospitalière et généreuse qui sut offrir à l'infortune dans des temps malheureux un asile assuré... ».

L'auteur continue par un tableau des maux de l'Eglise dans les dernières années, jusqu'au moment où le héros que le Ciel destinait à la France vint des bords du Nil, de ces contrées où Moïse, autrefois, avait sauvé le peuple d'Israël.

« De cette longue suite d'événements heureux, ménagés par la Providence, est né le Concordat qui rend à la religion de nos pères son culte et son éclat. C'est après la pacification des départements de l'Ouest que le Premier Consul en conçut l'idée. Bientôt, un prélat distingué par ses vertus et ses talents se rend à Paris, et le Ciel permet, par un dernier prodige, que, malgré notre indignité, la confiance du Premier Consul se porte sur nous pour préparer, de concert avec cet envoyé du Premier Siège, le projet de Concordat religieux... » (421).

Selon la formule de Portalis, la vie politique de Bernier empoisonait sa vie épiscopale (422). Dès les premiers temps de son épiscopat, on constate en effet que la politique tient une place notable dans ses préoccupations, et non pas seulement une politique se rattachant plus ou moins à la religion, comme lorsqu'il travaillait à la poursuite des dissidents, à l'organisation du diocèse d'Angers ou au rétablissement de l'union à Blois, mais une politique purement laïque, d'humilité et de platitude vis-à-vis du pouvoir établi.

Si dans ce premier mandement, Bernier adressait au pouvoir un hommage relativement discret, dans un trop grand nombre de cas, l'étalage de son loyalisme vis-à-vis des chefs du gouvernement dépassait la mesure et atteignait à la servilité. Bonaparte fut d'ailleurs en partie responsable de cet empoisonnement, ayant tendance à considérer les évêques comme d'autres préfets.

Beaucoup des lettres pastorales de Bernier semblent n'avoir d'autre but que de faire la cour aux maîtres du jour. Le général Thiébault, assez méchamment, peint sous de vives couleurs la situation. « Le Premier Consul, s'amusant alors à mêler l'Eglise à tout, faisant aller ses évêques comme des marionnettes, se mettait à jouer à la chapelle et à nous y faire jouer avec d'autant plus de plaisir que ce joujou était plus nouveau. Il n'y avait plus de cérémonies publiques qui ne commençassent ou ne se terminassent à la cathédrale. A chacune d'elles, l'évêque montait en chaire, et là, en possession de tout dire sans être contredit, de tout faire écouter sans être interrompu... se donnait carrière. Son thème était généralement l'éloge du Premier Consul, d'abord, plus tard de l'Empereur, puis, avec un art diabolique, il trouvait moyen d'arranger la suite de son discours au gré de ses antipathies ou de ses prédilections et

devenait aussi embarrassant pour ceux à qui il pro-
diguait ses flatteries, que mortifiant pour ceux à propos desquels il affectait de se taire. Détestant le préfet
(Maret), il laissait peser sur lui et sur l'administration tous les dédains de son silence, puis, à propos
du salut de l'Eglise et du législateur dont Dieu s'était
servi pour rétablir le culte, il faisait l'apologie de la
justice, disait des choses flatteuses pour M. Chabrol
(premier président à la Cour d'appel) et l'envelop-
pait dans l'hommage qu'il adressait au grand homme
auquel la France devait ou allait devoir ses nouveaux
codes. Et lorsqu'il en arrivait à la gloire de nos armées, il ne tarissait plus. »

Si le souvenir des discours de l'évêque s'est envolé
avec ses paroles, les mandements qu'il fit imprimer
demeurent et montrent ce que devait être la soumission à la Majesté Impériale.

La lettre pastorale du 28 juillet 1802 prescrivait
le chant du Te Deum pour le rétablissement du culte
catholique. La déclaration du consulat à vie, fait l'objet d'une lettre du 8 août, vantant de nouveau les
mérites du chef de l'Etat grâce auquel « nos neveux
jouiront du bonheur d'avoir un premier magistrat
de son choix. »

Le 28 juillet 1803, sur l'invitation de Portalis qui
engageait à commémorer à la date du 15 août l'anni-
versaire de la ratification du concordat, celui de la
naissance du Premier Consul et la déclaration du
consulat à vie, Bernier lançait un nouveau mandement politique en l'honneur de celui qui avait vaincu
pour le Ciel. Tous les prédicateurs avaient reçu l'or-

dre de dire quelques mots à la cérémonie de ce jour en l'honneur du héros. A Sainte-Croix, M. Ladureau, chanoine honoraire, fit l'éloge au milieu des militaires comme au bruit de leurs tambours, mais il eut le bon esprit d'y mettre quelque discrétion et de ne parler que 25 minutes.

Le 19 février 1804, autre mandement politique. On venait de découvrir la conspiration de Pichegru, et l'evêque fait étalage de l'émotion que lui cause le péril auquel le Premier Consul vient heureusement d'échapper :

« Une trame odieuse et criminelle était ourdie ; elle avait pour but de précipiter dans la tombe le restaurateur du culte de vos pères et d'immoler le sauveur de la France à l'ambition toujours inquiète d'un peuple rival... L'ineffable providence du Dieu que nous adorons n'a pas permis qu'un complot formé par le crime replongeât de nouveau le plus beau des empires dans l'affreux état auquel le bras et la sagesse d'un héros l'avaient arraché depuis plus de quatre ans. La religion gémit, le cœur s'afflige, l'âme est déchirée quand on pense que des Français ont pu partager les desseins perfides d'un ennemi trompeur et jaloux... »

Ce factum qui resp. e l'admiration la plus absolue pour le chef du gouvernement reçut une brillante publicité, car, communiqué au ministre des cultes, il fut inséré au *Moniteur* (423).

Trois mois seulement s'écoulent, et un nouveau mandement, le 31 mai, vient prescrire des prières d'actions de grâces pour l'avènement de Napoléon au trône et des invocations pour la prospérité du règne de l'héritier de Charlemagne, digne des héros du peuple juif.

A la fin de l'année, le 24 décembre 1804, bien que peut-être à la suite de cette cérémonie, l'étoile de Bernier eût commncé de pâlir, le couronnement de Leurs Majestés fait l'objet d'une nouvelle lettre. L'auteur, à côté de l'obligatoire éloge du souverain, rend un déférent hommage au Pontife qui est venu le couroner et qui avait traversé le diocèse d'Orléans.

« Le héros qui gouverne la France, environné de toute la pompe qui accompagne ici-bas les têtes couronnées et rehaussant la majesté du trône par l'éclat de sa gloire est venu rendre un solennel hommage au Dieu des armées... » Près du nouveau Charlemagne et des premières autorités de l'Empire, l'œil contemple avec attendrissement le successeur de 248 pontifes, assis sur la chaire de Saint-Pierre, que 18 siècles d'orages, de tempêtes, d'erreurs et de révolutions n'ont pu ébranler, dont la modeste vertu commande le respect et dont la bonté touchante entraîne et pénètre les cœurs.

« Parlerons-nous de cette église gallicane si longtemps malheureuse et alors rassemblée toute entière pour la première fois dans la personne de ses chefs, sous les yeux du monarque qui brisa ses fers, renouvela son existence et lui rendit sa liberté, son culte et ses autels? Quels vœux ardents ne forme-t-elle pas pour cet illustre bienfaiteur ? Par quelles abondantes bénédictions ne désire-t-elle pas voir acquitter envers lui la dette de son cœur et le tribut de sa reconnaissance ! »

Après les événements importants qui bouleversaient la constitution française et transformaient le pays, les opérations extérieures inspirent à l'évêque d'autres pages lyriques et fournissent la matière de sermons et de harangues visiblement inspirés par des instructions administratives. Le 28 septembre 1805, Bernier prescrit des prières publiques pour la prospérité des armes de Sa Majesté l'Empereur, roi d'Italie, mais sans oublier d'engager les habitants à remplir leur devoir et à accepter vaillamment les sacrifices dictés par la nécessité et commandés par l'honneur. Un mois plus tard, le 31 octobre, il fait à ses diocésains un bref récit de la campagne qui aboutit à la capitulation d'Ulm et prescrit une fois de plus le chant du Te Deum.

Le 29 novembre, circulaire sur les succès de la grande armée de Moravie.

Enfin, le 20 décembre, troisième mandement politique ordonnant les prières d'actions de grâces pour la victoire d'Austerlitz. « La gloire en appartient à Dieu qui investit d'une partie de sa puissance les conquérants qu'il a choisis ». Le mandement se termine par un vœu en faveur de la paix que la France attend des soins paternels du monarque, de l'éclat de ses victoires et de la providence du Dieu tout puissant qui l'a fait triompher.

L'éloge du maître est, cette fois, plus atténué, et ce vœu de paix marque peut-être une date dans le changement des pensées de l'évêque d'Orléans.

En 1806, trois circulaires, encore qu'elles touchent par un côté aux questions religieuses, sont de nature politique ou administrative. Le 24 juin, l'évêque annonce que la fête du 15 août devient générale dans tout l'Empire « tant par l'approbation du chef de l'Eglise que par le zèle et la volonté suprême de notre auguste et victorieux monarque » et l'Eglise unit à cette fête la mémoire doublement précieuse de saint Napoléon, martyr à Alexandrie au cours de la persécution des empereurs Dioclétien et Maximin. Une ordonnance du 4 août complète et précise les indications données six semaines plus tôt pour la célébration de la fête.

Enfin, le 28 août, au moment où il quittait le diocèse qu'il ne devait plus revoir, Bernier adressait aux fidèles son dernier mandement, conforme, celui-là aussi aux instructions adressées aux évêques par Portalis, pour ordonner que « le catéchisme ayant pour titre : Catéchisme à l'usage de toutes les églises de l'Empire français, approuvé par S. E. le Cardinal légat, soit seul enseigné... Par la publication de ce catéchisme général, on verra s'évanouir cette étonnante variété qui régnait dans l'enseignement adopté par les églises de France. Nous avions, en particulier, la douleur de voir, dans le vaste diocèse qui nous est confié, huit catéchismes différents, approuvés » (424).

Xi. — EVEQUE D'ORLEANS (*suite*).

Bernier et le diocès de Blois. — La Lutte contre la Dissidence. — Bernier agent de police. — Le Voyage de Pie VII en France. — Disgrâce de Bernier.

Faut-il considérer comme action politique ou comme action religieuse la campagne que mena Bernier contre les dissidents de son diocèse ? La religion lui faisait un devoir de lutter contre la dissidence et d'éclairer ceux qu'elle pouvait entraîner ; la politique peut-être aussi l'engageait à lutter contre eux, mais il le fit dans certains cas avec un zèle et une ardeur que ne justifiait pas le peu de gravité de l'affaire.

Cette querelle de la petite église a été fort clairement exposée il y a quelques années par M. Drochon (425) et tout récemment M. de Chauvigny a raconté en détail les incidents dont le diocèse d'Orléans fut le théâtre à la suite du concordat (426). Le siège principal de la dissidence se trouvait dans l'ancien diocèse de Blois et la région de Vendôme et c'est l'action de Bernier dans cette partie de son domaine épiscopal qu'il nous faut maintenant exposer en quelques mots.

La demande de résignation de leurs évêchés que le pape Pie VII avait adressée à tous les évêques de France, qu'ils eussent été nommés sous l'ancien régime, ou fussent issus des élections organisées sous le régime de la constitution civile du clergé, avait causé une émotion terrible dans bien des milieux ecclésiastiques. Le droit qu'avait le pape de déposséder les anciens titulaires avait été discuté, plusieurs d'entre ces derniers étaient disposés à la résistance et bien des prêtres et des fidèles demeuraient convaincus de la légitimité des pasteurs qui avaient dû sacrifier leurs postes.

La situation, à Blois, était plus difficile peut-être que partout ailleurs. Le département de Loir-et-Cher faisait depuis le Concordat partie du diocèse d'Orléans et devait par suite être soumis à l'évêque Bernier. Or, l'ancien évêque, Thémines, qui avait émigré, ne voulait pas se démettre. Grégoire, évêque constitutionnel, avait sans doute conservé des partisans et la haine qu'il ressentait pour Bernier, qu'il appelle « la honte éternelle du clergé réfractaire » (427), devait influencer quelques-uns des anciens constitutionnels.

A mesure que la tourmente révolutionnaire se calmait, des prêtres réfractaires qui avaient quitté le diocèse à l'exemple de M. de Thémines rentraient et reprenant un peu de liberté organisaient çà et là des oratoires et des chapelles (428) semblant prendre à leur compte les idées d'indépendance de leur ancien pasteur. C'était aux habitants de Blois que Bernier avait adressé sa première lettre (429), avant d'écrire à ceux d'Orléans. « Notre premier vœu, dit-il, a été de ramener parmi vous le calme et la paix, de réunir les cœurs par les mêmes affections, les esprits

par une même croyance, les ministres de la religion
et les fidèles sous un même pasteur. »

Il s'imaginait avoir réussi à merveille, et écrivait
de tous côtés pour faire part de ses succès et de ses
triomphes, et il le fait avec une simplicité et une
franchise capables de désarmer les plus difficiles et
de persuader les moins confiants. « Je puis vous dire
en toute vérité, écrit-il à Portalis, que dans aucuns
endroits je n'ai eu plus de succès et d'une manière
qui convienne mieux à l'esprit de l'Eglise et du gouvernement. » Ma visite à Blois a été « la plus heureuse possible, j'ai réuni tous les esprits, j'ai reçu
l'accueil le plus flatteur » j'ai passé au milieu des
témoignages de l'allégresse publique.

Et comme pour faire valoir ses succès et augmenter les mérites de son action, Bernier expose la situation dans la ville : « Il y avait dans la population et
le clergé deux partis, l'un reconnaissait M. de Thémines en suivant la sévérité de ses principes,
l'autre obéissait au citoyen Grégoire et avait reçu des
impulsions terribles de sa part. Le maire étant à Paris, je fus complimenté par le premier adjoint, le
citoyen Dupont, ci-devant vicaire épiscopal du citoyen Grégoire. Il le fit avec modération. Je saisis le
moment pour insinuer le désir que j'avais de procurer la paix ; j'indiquai pour le lendemain la réception
des visites » (430).

Le lendemain, réception des corps administratifs
et du clergé, toujours divisé. « Je vis ensuite le clergé
encore attaché à M. de Thémines, conduit par ses anciens vicaires généraux ; je leur annonçai mes dispo-

sitions pour la paix, ils furent touchés et promirent de les exécuter. Je reçus ensuite le clergé de Blois attaché au citoyen Grégoire ; j'ai entrevu dès le début de son orateur le succès de mes dispositions arrêtées la veille. Nous renonçons, a-t-il dit, à la constitution civile du clergé, non seulement comme surannée, mais comme rejetée également par l'Eglise et par l'Etat. »

Le dimanche 29, ce fut à Blois la réédition du baiser Lamourette. L'évêque présente aux amis de M. de Thémines ceux qui s'en étaient séparés, en leur disant de se réunir les uns aux autres et de choisir entre eux le rang que l'humilité chrétienne leur désignerait. « A l'instant même, tous se précipitent dans les bras de leurs confrères et le peuple a joui du touchant spectacle d'une réunion aussi complète qu'inattendue. » A la suite des embrassades, cérémonies religieuses, processions, etc., à Blois comme à Orléans, la fermeture de tous les oratoires privés fut décidée et tout se serait passé le mieux du monde si nous en jugeons par les lettres et les rapports de Bernier. Mais si, parlant au ministre, il pouvait avoir quelque tendance à exagérer ses succès, dans ses lettres intimes, au général Girardon par exemple, il ne dirait pas dès son retour de Blois que tout est réuni (431) s'il n'en avait pas réellement l'impression et ne proclamerait pas en s'en allant que le ciel avait rempli ses désirs et qu'il emportait la consolation bien douce de voir les ministres du Seigneur réunis dans la communion de leur évêque. Nous espérons, ajoutait-il, qu'aucun d'entre eux ne rappellera des souvenirs amers que la charité doit étouffer dans tous les cœurs, n'y enseignera une doctrine que l'Eglise ne puisse pas avouer ou qui serait repoussée par l'Etat.

Peut-être néanmoins, gardait-il quelque crainte en son for intérieur et pour ne pas s'exposer à voir son autorité battue en brèche il ne réglait pas l'organisation du clergé dans le diocèse de manière définitive. A l'ancienne cathédrale, qu'il se réservait de gouverner, les offices seraient célébrés et les fonctions ecclésiastiques remplies « par les prêtres de la ville de Blois qui jusqu'à ce jour n'avaient adopté aucune église pour l'exercice de leurs fonctions et par ceux qui existaient dans la dite église à l'époque où nous en avons solennellement pris possession. Il sera néanmoins libre à ces mêmes ecclésiastiques de choisir dans la ville une autre église pour y célébrer les offices... (ils seront) sous la direction de M. Pointeau leur doyen d'âge que nous nommons à cet effet pour nous représenter près d'eux pendant notre absence ». Le rang des ecclésiastiques sera uniquement fixé et réglé par leur âge (432).

Comme on le voit, l'évêque n'abusait pas de son autorité et laissait à ses auxiliaires toute latitude, ne visant qu'à se montrer impartial. D'après les historiens de Blois, trois prêtres seulement dans cette ville avaient embrassé la dissidence et regardaient Bernier comme un intrus, et les égarés qui fréquentaient leur petite chapelle de la rue de Foix ne dépassèrent jamais le chiffre de 60 à 80 (433).

Il n'en était pas de même dans le Vendômois, et bien que le petit schisme n'eût qu'une fort minime importance au point de vue religieux et ne présentât guère d'inconvénient politique, Bernier ne laissa pas que de s'en préoccuper autant que le pouvoir central. Il surveillait même l'opposition anticoncordataire en dehors de son diocèse et nous devons à son action dans ce sens quelques correspondances qui ne sont pas sans intérêt.

M. Habert, ancien secrétaire de M. de Thémines, était accusé de ne pas assister aux cérémonies religieuses et de colporter des écrits hostiles au pouvoir religieux. Ses partisans, que le public nommait habertistes ou théministes, persistaient à ne prêcher et à n'administrer les sacrements qu'au nom de M. de Thémines et en vertu des pouvoirs qu'ils tenaient de lui. C'est dans la région de Vendôme, dit Bernier, qu'ils faisaient principalement leur propagande, tentant de faire croire à la démission du pape, à la retraite du Consul, à la rentrée prochaine des anciens évêques et des princes. M. de Chauvigny raconte en détail l'histoire de ces prêtres et des autres dissidents, notamment de M. Thoinier, contre lequel, durant plusieurs années, on mobilisa les autorités et la police.

Leurs crimes, peut-être, n'étaient pas très graves, et les dissidents devaient fatalement disparaître ; mais le récit est quelquefois plaisant des mystifications qu'ils infligèrent aux agents chargés de les traquer et des humiliations qu'ils procurèrent aux administrateurs de Blois ou de Vendôme, qui, perquisitionnant sans cesse dans des maisons toujours vides se voyaient chaque jour contraints d'avouer leurs insuccès. En ce qui nous concerne, nous devons re-

connaître que l'évêque mettait un zèle ardent à activer les recherches ou à dénoncer les insoumis, se plaisant même à exagérer la gravité des cas et l'importance du mouvement qu'il aurait voulu rattacher aux
événements de la politique générale.

Il agissait dans toute cette affaire en dehors du
préfet de Blois, et souvent contre lui. Le 6 avril 1803,
il l'accusait même assez nettement (434) d'avoir placé
contre son gré à Vendôme les sœurs de Montoire en
leur permettant de ne pas reconnaître l'évêque, et
d'applaudir à leur fermeté sur cet objet, en les autorisant à renvoyer les novices qui ne pensaient pas
comme elles.

La fermeté de la part du gouvernement et la douceur de la nôtre, disait-il, ne tarderont pas à triompher des dissidents, et de fait, l'évêque se montrait
extraordinairement actif. Pendant l'été de 1803, il
avait visité le Vendômois et se déclarait enchanté des
résultats obtenus au cours de sa tournée pastorale.
« Je suis accablé de fatigue, mais rempli de satisfactions, disait-il, et on le comprendra sans peine s'il
est vrai qu'il ait donné le sacrement de confirmation
à 17.930 personnes au cours de ses voyages. Les fidèles et les prêtres s'empressaient autour de lui, et
l'abbé Thoinier, lui-même, un des chefs de la dissidence, l'ayant reçu dans son église, désavoua toutes
ses erreurs. On pourrait ne pas s'étendre davantage
sur le rapport qu'il adressait à Portalis pour lui rendre compte de sa visite, mais la suite peint l'homme:
« Le collège, dit-il en terminant, voulut le soir me
faire ses adieux. On m'offrit un cadeau qui me sera

toujours précieux. C'est un tableau représentant le Premier Consul descendant au cap Fréjus et ramenant avec lui la Religion. A sa gauche sont les monstres qu'il a terrassés, à sa droite les proscrits qu'il rappelle. Il saisit une dernière branche de laurier qui reste à cueillir sur un vieux tronc : on devine assez quel est ce laurier ; j'espère bien qu'il ne restera pas seul. Cette visite, dans un pays où l'Angleterre cherchait à exciter des troubles, a produit le meilleur effet. Vous pouvez garantir au Premier Consul que son nom y est béni, que rien ne séparera les Vendômois de son gouvernement, qu'ils sont heureux par lui et répondent à sa bienveillance et à ses soins par leur amour » (435).

Cette allusion à l'influence réelle ou supposée d'une action anglaise en France ne pouvait qu'exciter la curiosité du pouvoir civil, et Bernier s'en était occupé à plusieurs reprises, soit de son plein gré, soit sur l'invitation de Portalis, qui l'employait volontiers à des missions politiques ; on l'a vu s'occupant de la réorganisation du culte à Paris, s'efforçant de ramener la paix à Angers ; on le voit encore agir en dehors des limites de son diocèse, dans le domaine des évêques de La Rochelle et de Poitiers, servir en quelque sorte d'espion du gouvernement, et même lui faire des observations (436). Heureusement, dit-il, les pays où il y a quelque opposition au concordat, opposition principalement causée par la suppression des fêtes d'autrefois, sont situés dans l'intérieur de la France et non sur les côtes ; ce sont les régions de Mortagne, de Saint-Laurent-sur-Sèvre, de Cerisay, de

Sirières et de Bressuire qui renferment ce que la Vendée avait de plus lâche et de moins actif et où les plus mal intentionnés ne pourraient causer des troubles (437).

Dans cette région l'opposition religieuse ne pouvait guère présenter d'inconvénient politique ; la situation était différente dans les communes situées au voisinage de la mer. Bonaparte s'en était préoccupé, et il demandait à Bernier de lui faire connaître son opinion sur les villages, curés et notables qu'il supposait capables de correspondre avec les Anglais dans les paroisses de la côte.

L'évêque répondit par un curieux rapport semblant émané d'un bon service de renseignements. Les communes qui servent ordinairement d'asile aux émissaires de l'Angleterre sont celles de Beauvoir, Saint-Hilaire, Saint-Gervais, Saint-Urbain, Sallertaine, La Barre de Mons, Notre-Dame de Mons, et Saint-Jean de Mons, où les débarquements se font le plus souvent, Saint-Hilaire-de-Riez, Notre-Dame-de-Riez, La Croix de Vic, Le Perrier, Soulans, Comequiers et Saint-Mexant-sur-Vic. L'attention doit se porter principalement sur Saint-Hilaire-de-Riez, sur Le Perrier et sur les communes qui entourent Beauvoir.

Bernier demande de rappeler aux prêtres de ces communes le devoir qu'ils ont de montrer aux habitants les dangers qu'ils courent et le mal qu'ils font en se prêtant au débarquement des émissaires anglais. « Je connais une partie de ces prêtres, dit Bernier, ils ont tous de bonnes intentions, mais des talents pour la plupart assez faibles. » Suivent d'amusantes appréciations, parfois peu charitables, sur le clergé de cette région, dont l'évêque représente bon nombre des membres comme ayant des dispositions convenables, mais une capacité faible, médiocre ou nulle, ne faisant rien de bien, ou ayant besoin d'être stimulés. Il y a même des desservants qui n'ont pas encore rejoint leur poste (438).

Bernier paraît vouloir donner trop d'importance au mouvement des dissidents et tenter de mêler le cabinet britannique aux querelles de sacristie. J'apprends, dit-il le 27 janvier 1804, que l'étendard de la division est absolument levé à Vendôme, que le curé légitime a été menacé audacieusement dans les rues, insulté dans sa sacristie et dans l'église même de la Madeleine. Sans même attendre de réponse à ses lettres, il écrit au sous-préfet de Vendôme, au préfet de Blois, paraît soupçonner des correspondances avec les ennemis du dehors, prend des ordonnances contre les prêtres dissidents, harcèle l'autorité centrale, comme pour se donner de l'importance à lui-même et faire étalage de zèle. Tandis que le préfet paraît considérer comme une bien minime affaire le dissentiment religieux, c'est l'évêque qui tente de grossir les faits, et de leur donner une signification politique qu'ils n'eurent jamais, et peut-être est-ce lui qui provoque la lettre du Grand-Juge au préfet, annonçant qu'il vient de donner l'ordre de faire arrêter les prêtres incriminés et l'invitant à redoubler de vigilance contre les « séditieux dont les machinations

sont évidemment combinées avec le cabinet britannique » (439).

Bernier, qui n'aimait peut-être pas le préfet de
Blois beaucoup plus que celui d'Orléans, juge assez
méchamment son action dans cette querelle religieuse. Profitant de la découverte de la conspiration
de Georges pour se rappeler au souvenir du Premier
Consul et pour faire valoir ses services contre la dissidence, il cherche à lier cette affaire au complot
tramé contre le chef de l'Etat. Son rapport, dit M.
de Chauvigny, que personne ne lui demandait sans
doute, nous est parvenu comme le témoignage de son
esprit insinuant et cauteleux, et nous croyons qu'il
offre de l'intérêt comme tout ce qui dessine sur le vif
le caractère d'un homme diversement jugé. C'est un
document dont il convient de respecter la forme, car
il fait voir Bernier non pas tel que nous le soupçon-
nions, mais tel qu'il se montre lui-même (441).

« Je dois compte au Premier Consul, dit-il, des
suites qu'ont eu les ordres qu'il a fait donner par le
Grand-Juge contre le petit nombre de prêtres de mon
diocèse qui s'étaient détachés de ma communion,
précisément à l'époque où la dernière conspiration
devait éclater à Paris. Aucun de ces prêtres n'a été
pris, je m'y attendais. Le préfet n'exécutait qu'à regret les ordres...

» Néanmoins, les ordres donnés ont produit un ex-
cellent effet. Tous les prêtres se sont raffermis dans
leur attachement au Concordat. La majeure partie
de ceux que ces prêtres rebelles avaient égarés, je dirai même la presque totalité, est complètement re-

venue. Il ne reste à ce parti que des gens sans aveu, artisans de discorde dans tous les pays, surtout à la suite des révolutions. Le curé de Vendôme m'écrivait dernièrement que tout rentrait dans l'ordre, que la nouvelle de la conspiration déjouée avait atterré les opposants et ouvert les yeux à ceux qu'ils avaient séduits...

» Il m'ajoute que mon mandement sur cette même question a été parfaitement bien vu, qu'il a excité dans la ville une joie universelle, et que le jour de la messe d'actions de grâces les deux églises de la ville étaient pleines.

» Il ne s'agit pour le compléter que de tenir fermement aux mesures rigoureuses que l'on a prises jusqu'à ce que le petit nombre de prêtres qui ont levé l'étendard de la révolte et que j'ai frappés sur le champ d'une interdiction absolue reviennent à l'unité catholique et respectent en vous l'autorité dont Dieu vous a fait dépositaire. Mais jusqu'à cette époque, il est indispensable de laisser subsister contre eux les ordres donnés, car ils essaient encore de remuer... Il est certain qu'ils avaient reçu des renseignements sur la nouvelle conspiration. En voici encore une nouvelle preuve. Deux de ces prêtres, Habert à Blois et Thoinier à Vendôme, faisaient circuler parmi leurs affidés dans le pays le bulletin suivant : Jugement des anciens évêques ; le Pape n'est pas libre, les évêques doivent en conséquence prendre les rênes du gouvernement de l'Eglise. Ils ordonnent à tous les curés et desservants nommés en vertu du Concordat de quitter sur le champ leurs places à peine d'être punis comme schismatiques et intrus... »

C'est à l'intervention de Bernier que M. de Chauvigny attribue bien des mesures de police prises à Vendôme, notamment contre le maire, M. de Boisrichard (442), mais la mort de l'évêque ne devait pas mettre fin à la dissidence et son successeur fut obligé d'agir dans le même sens que lui. Il n'en convient pas moins de noter qu'à l'occasion notre évêque savait se montrer généreux, car en thermidor an XIII, comme on avait saisi un libelle anonyme dirigé contre le curé de Vendôme et l'évêque du diocèse, il écrivit à la fois au procureur impérial et au ministre des cultes demandant que l'auteur ne fût pas poursuivi. Le ministre répondit qu'on n'attendait pas moins de sa charité ; mais qu'il convenait que les délinquants fussent recherchés et connus (443).

Vers la fin de sa carrière, quoi qu'il eût encore l'âge de toutes les énergies, l'évêque, qui était resté en correspondance avec le sous-préfet de Vendôme au sujet des dissidents, devenait partisan d'une politique de douceur, et au début du mois d'août 1806, comme le préfet de Blois proposait de nouvelles mesures de sévérité, il écrivait au ministre avec une franchise qui ne devait pas lui attirer les sympathies de ses chefs :

« Je n'ai pu lire sans frémir le projet que M. le préfet vous propose. Le mettre à exécution serait rendre à jamais odieux dans ce pays le gouvernement et la religion. Ce serait produire cent fois plus de mal qu'il n'en existe. Cette misérable dissidence sur laquelle j'avais cru et je crois encore que le temps fera plus que tout le reste se compose de quelques dévotes et autres qui épousent la querelle de M. Thoinier, et enfin de quelques jacobins, par aversion pour le gouvernement... Qu'on se garde d'adopter les mesures proposées, elles produiraient le plus mauvais effet en pure perte » (444).

On regrettera que l'évêque n'ait pas, quatre ans plus tôt, apprécié la dissidence de cette manière, il eut évité de jouer dans cette affaire un rôle peu honorable, en mêlant la politique à la religion.

Il était normal que Bernier, qui avait pris une part active à la négociation du Concordat, fût mêlé également aux pourparlers relatifs au voyage de Pie VII à Paris pour le couronnement de Napoléon. Derrière Talleyrand, ce fut Bernier qui fut chargé de préparer le déplacement du Pape pour le sacre, et Rome, renseignée par Caprara, considérait que l'évêque d'Orléans fournissait le fonds des dépêches et que Talleyrand y ajoutait les grâces de son insinuant langage (445).

Le cardinal Fesch intervenait également de son côté, pouvant correspondre sans intermédiaire avec son impérial neveu (446).

Le voyage de Pie VII à Paris avait été envisagé dès le mois de février 1801, et les négociations à ce sujet, ouvertes trois jours après l'exécution du duc d'Enghien, malgré l'avis défavorable d'un bon nombre de cardinaux et les intrigues de plusieurs anciens évêques, avaient pris une bonne tournure. Le cardinal Fesch ayant reçu communication des conditions mises par Pie VII à son voyage, l'évêque d'Orléans fut chargé de les examiner et de rédiger son rapport. Il semble vouloir reculer toutes les difficultés et se contenter de faire au Souverain Pontife de vagues promesses, les négociations finales devant être aisémnt menées d'après les désirs de l'Empereur une fois le principe du voyage admis, et à plus forte raison quand le Pape serait à Paris, loin de tout soutien et séparé de ses conseillers habituels. Il s'agissait de renouveler contre Pie VII la manœuvre d'isolement qui avait réussi dans les négociations avec Consalvi et Caprara.

« J'ai dû, dit-il, répondre d'une manière évasive sur les articles organiques. Vouloir aborder cette question, c'eût été renoncer au voyage. Toute la cour romaine se fut soulevée. Il vaut bien mieux renvoyer cette affaire à l'époque du séjour du Pape à Paris ; alors il n'aura pas autour de lui ceux qui le tourmentent, et ne jugeant que d'après son propre cœur, il prononcera mieux » (447). Quant aux constitutionnels, le Pape se refusant à recevoir ceux qui avaient protesté contre la déclaration de soumission qu'ils avaient faite, Bernier atténuait aussi la difficulté : « Tout se borne à quatre évêques, Le Coz, de Besançon, homme de parti dans tous les temps, Lacombe, d'Angoulême, tête souverainement exaltée, Saurine, de Strasbourg, assez brave homme, mais un peu trop vif et Reymond, de Dijon, qui vraiment ne garde ni les convenances ni les mesures de son état. Ces messieurs étaient réunis au Saint-Siège, je m'étais sacrifié à eux dans cette réunion ; tout était fini, il leur a pris fantaisie de démentir tout ce qu'ils avaient fait et d'examiner la question des torts qu'ils avaient ou n'avaient pas eus. Ils eussent beaucoup mieux fait de se taire. Leur bavardage a renouvelé la querelle et voilà l'origine du mécontentement du Pape. Cette question ne peut encore être décidée qu'à Paris, ainsi que celle du cérémonial ». Ainsi, tout, autant que possible, devait se régler loin de Rome ; seule l'invitation serait faite et présentée à Rome, et de la manière qui pourrait être agréable au Saint-Père. Le Pape semblant sur le point de céder aux désirs de Napoléon, Bernier écrivait à Talleyrand : « Le courrier parti d'ici le 20 juillet est arrivé le 30 à Rome, il a remis ses dépêches, on en a été très content. On ne fait pas une **seule objection contre la note** de V. E. Tout se prépare pour le grand voyage, on ne doute plus qu'il ait lieu ; les cardinaux vont s'assembler, on le leur proposera et tous diront : *amen*, parce que toute proposition faite en consistoire est une chose préalablement admise en petits comités. » Bernier étudie ensuite **les moyens de hâter le départ** et le voyage, examine les cardinaux qui pourraient utilement accompagner le Pape et donne sans aucun embarras son opinion sur eux. Il voudrait en voir exclure quelques-uns : « le cardinal Antonelli, exagéré et très entêté, le cardinal Litta, si contraire au Concordat qu'il fit une scène au Pape à cette occasion, et le cardinal Roverella, ennemi déclaré du légat et de la France, auteur de l'intrigue ourdie il y a peu de temps contre le cardinal Consalvi, par la faction Ruffo ; il ne peut être question de Ruffo ni de Maury » (448).

Le 26 octobre, Bernier publiait son mandement

« *pro Summo Pontifice itinerante* », recommandant aux prières du peuple celui qui se préparait à donner à la France un nouveau gage de son affection, et qui, dans une saison rigoureuse, venait au milieu des Français jouir du spectacle de leur réunion et des heureux fruits de sa tendre charité pour eux, couronner le souverain et dire à tous les Français : obéissez et vénérez l'oint du Seigneur dans la personne de celui que la Providence, vos vœux et vos victoires vous ont donné pour chef (449).

Le 2 novembre 1804, Pie VII partait, accompagné de six cardinaux, dont Antonelli, que Bernier considérait comme indésirable. Galopant « comme un aumônier que son maître appelle pour dire la messe », Pie VII traversa la France « au milieu d'un peuple à genoux ». Il devait passer par Montargis, et Mgr Bernier était venu dans cette ville le 21 novembre au commencement de l'après-midi. C'était la première fois qu'un évêque d'Orléans venait à Montargis, qui, avant la révolution, faisait partie du diocèse de Sens. En attendant le Souverain Pontife, qui ne vint que dans l'après-midi du 24, l'évêque, accueilli avec beaucoup de solennité, reçut le clergé et administra le sacrement de confirmation. Pie VII, à l'entrée de la ville, fut reçu par le maire qui le conduisit à l'église Sainte-Madeleine où l'évêque, avec la délégation du chapitre et du clergé d'Orléans et le clergé de Montargis, l'attendait sur le seuil. L'évêque lui adressa un discours en français dont voici la substance : « Très Saint Père, il ne suffisait pas à votre gloire d'avoir rétabli la religion et relevé les autels en France ; il ne lui suffisait pas d'avoir formé avec le gouvernement français un concordat qui doit assurer le maintien et l'extension de la religion catholique, votre amour est allé plus loin, vous venez honorer de votre présence notre patrie, si longtemps affligée, vous venez donner l'onction sainte au héros qui nous gouverne, vous venez consolider et perfectionner votre ouvrage. Quelle joie pour nous de voir dans nos murs le vicaire même de Jésus-Christ ! Que n'avons-nous pas à espérer des résultats salutaires de son courage et de son dévouement. »

Le Saint-Père répondit : « Monseigneur l'évêque, nous ne méritons pas les éloges que vous nous donnez, mais nous savons qu'ils sont l'expression de votre tendresse filiale et les témoignages de votre fidélité au Saint Siège et de votre attachement à Notre Personne. Daigne le ciel seconder nos désirs et bénir notre entreprise, nous lui en rendrons d'éternelles actions de grâces » (450).

Le Pape donna ensuite audience au clergé et s'entretint assez longtemps avec l'évêque à voix basse ; à la suite de cet entretien, celui-ci décida de partir immédiatement pour Fontainebleau et s'excusa de ne pas assister à la réception donnée le soir à la suite du Souverain Pontife. Ce départ précipité fit supposer qu'il y avait eu entre les deux interlocuteurs un échange d'idées assez important pour que l'évêque d'Orléans crut devoir en faire part de vive voix et immédiatement à l'Empereur.

Bernier assista au sacre, dont il avait, de concert avec Cambacérès, composé le cérémonial en mêlant le rite romain du pontifical au rite français des sacres royaux, et il put constater que le souverain bailla pendant toute la cérémonie. Le vendredi suivant, l'évêque présenta au Pape le maire d'Orléans et les autres délégués du Loiret et lui adressa une allocution pendant laquelle « le Souverain Pontife n'a cessé de tenir serrée contre sa poitrine la main de l'évêque d'Orléans » (451).

Bernier demeura à Paris pendant trois mois, fréquentant assidument le pavillon de Flore, où Pie VII résidait, et il contribua à réconcilier avec l'Eglise catholique son prédécesseur, M. de Jarente.

C'est à la suite de ce voyage que l'on nota que l'amitié de Napoléon pour Bernier avait fait place à de la défiance, voire même à de l'hostilité, sans qu'on connaisse avec certitude les motifs de cette disgrâce. Jauffret dit que Bernier avait eu le tort d'exagérer les services qu'il avait rendus à la religion et que l'empereur fut mécontent de ses prétentions ; d'autres ont dit que les tentatives qu'il avait faites pour se faire nommer légat *a latere* à la diète de Ratisbonne fournirent à Napoléon un nouveau grief contre lui. M. de Barante dit dans ses mémoires politiques : Lorsque le Pape vint à Paris, en 1804, on crut démêler que l'évêque d'Orléans cherchait à s'établir avec le Saint-Père dans des relations immédiates et a gagner sa faveur sans la devoir à aucune protection. S'il en était ainsi, ce fut un grand manque de tact. C'était risquer de perdre le crédit qu'il avait auprès de l'Empereur pour ne rien obtenir en échange (452).

Une lettre de Bernier à Portalis, écrite le 22 février

1805 et uniquement relative à des questions d'administration diocésaine contient ce post-scriptum assez suggestif : « Sa Sainteté est allée hier à Malmaison après son dîner. Elle en est revenue sur les 9 heures du soir ; je saurai bientôt ce dont il s'est agi » (453). Ainsi, Bernier espionnait le pape et tâchait d'obtenir des renseignements sur ses faits et gestes. S'il agissait pour le compte de l'empereur, il jouait un rôle peu honorable, dans le cas contraire il était singulièrement imprudent et si Napoléon eut connaissance de cet étrange post-scriptum, il dut comprendre que Bernier était un homme à ne pas trop fréquenter.

D'autres motifs encore avaient pu mécontenter Napoléon. Bernier était toujours disposé à rendre service à ses amis et peut-être sans discernement. Or, parmi ses relations, on comptait un grand nombre d'anciens opposants à l'Empire, plus ou moins sincèrement ralliés. Les imprudences des uns et des autres, leur manque de bonne foi, pouvaient déplaire à une police toujours en éveil et soupçonneuse. Fouché préférait sans doute voir à quelque distance ce solliciteur importun.

Nous avons vu également, en parlant des dissidents, que Bernier n'était pas toujours d'accord avec l'administration préfectorale ; sa défiance vis à vis d'elle pouvait ne pas plaire en haut lieu. On le voit se plaindre de la lâcheté du maire de Saint-Benoît (454) à propos d'un attentat dont un de ses prêtres avait été victime, et il ajoute que les maires sont fort mal choisis dans le département (455), appréciation qui ne devait pas servir avantageusement son auteur.

Si différent que soit le métier de policier de celui d'évêque, Bernier avait servi d'agent de renseignements pour la police impériale et ce genre de services n'était pas fait pour accroître la considération que l'on avait pour lui ; il s'exposait à entrer dans la classe des gens peu avouables dont les ministres se servent parce qu'ils en ont besoin, mais pour lesquels ils n'ont ni estime ni sympathie. Bernier donnait les renseignements qu'il connaissait sur les pays insurgés, et Bonaparte, estimant qu'il y avait environ 400 brigands sans feu ni lieu, habitués à l'impunité depuis les guerres civiles et dont il serait urgent de débarrasser le pays, demandait à Bernier de lui en établir des listes afin qu'il fut possible d'en purger la contrée (456).

Peu de temps après, Bonaparte lui faisait demander par Portalis de lui envoyer un agent connaissant parfaitement les chouans (457), et Bernier envoyait au général Murat un nommé Piquantin, destiné à servir d'agent secret et qui, outre un traitement « raisonnable », devait recevoir une prime de 2.000 fr. par chouan qu'il ferait prendre, et une plus forte somme s'il faisait prendre Cadoudal ou quelqu'un de sa bande (458).

Toutes ces besognes étaient quelque peu louches; Bernier, dans l'accomplissement de son véritable rôle d'évêque nous apparaîtra sous un jour plus sympathique.

XII. — EVEQUE D'ORLEANS (*FIN*)

*Son action et son influence religieuses. — Sa mort.
—Conclusion.*

Il est curieux, en effet, de constater que si Bernier
avait tant d'ennemis, ses ennemis eux-mêmes les
plus acharnés n'ont jamais critiqué ou blâmé son action épiscopale. Quelques insermentés peut-être ont
été mécontents de lui et ont protesté contre ses
choix, sans doute par dépit ou mécontentement personnel ; il n'y a guère lieu de s'arrêter à ces quelques
potins de sacristie. Les prêtres constitutionnels comp-
taient dans leurs rangs un bon nombre de brebis ga-
leuses insuffisamment purifiées qu'il était impossible
de rétablir dans leurs fonctions. Les réclamations
adressées au Premier Consul semblent isolées (459).

Le gouvernement consulaire avait envoyé aux évêques une circulaire leur indiquant la conduite à tenir vis-à-vis de leur clergé, les invitant à chasser jusqu'aux souvenirs du chisme qui avait divisé la France et à rapprocher les prêtres les uns des autres par
l'exercice des vertus et en observant les égards mu-
tuels que se doivent les pasteurs d'une même religion. Aucun parti ne doit triompher au préjudice de
l'autre, pas plus ceux qui ont quitté le sol de France
que ceux qui ne se sont jamais éloignés de ce pays,

et si nous croyons le témoignage de Le Coz, certes peu suspect en la matière, l'évêque d'Orléans se conformait exactement à ces sages principes (460) . « Je n'ai fait, disait Bernier, exemption de personne ; j'ai admis et nommé des hommes d'opinions différentes, mais qui, reconnaissant aujourd'hui un même chef, marcheront tous d'un pas égal vers le bien » (461).

Les historiens qui l'ont le plus dénigré rendent justice à son zèle épiscopal. « Il se montrait uniquement préoccupé de ses devoirs d'évêque. Son zèle et son humilité le firent accuser d'hypocrisie. Nous préférons croire à sa sincérité », dit Eugène Veuillot (462). « Dès qu'il fut dans son diocèse, on le retrouva tel qu'il s'était montré aux premiers jours de la Vendée, pieux, simple, régulier dans ses mœurs, remplissant tous les devoirs de son saint ministère, aimé et vénéré des fidèles » (463).

Crétineau-Joly lui-même, toujours si sévère pour Bernier, reconnaît qu'il se montra à Orléans humble et pieux, remplissant ses devoirs. Mais son zèle même devait lui être reproché, et quelques-uns de ses prêtres furent accusés d'intransigeance (464).

Thiébault, dans ses mémoires, donne de lui un vivant portrait : « Il était court, trapu, l'œil louche, le visage rouge et plein, le poil épais et crépu. Eh bien, malgré son aspect aussi repoussant que sa réputation, malgré tout ce qui la justifie, malgré sa tête, qui, s'il était quelques jours sans se raser, serait un modèle **parfait pour une tête** de brigand, vous n'aurez pas causé un quart d'heure avec lui que son histoire se sera effacée de votre mémoire, que sa figure ne

vous occupera plus, et que vous serez sous l'empire
du charme que subissent tous ceux à qui il entre-
prend de plaire. Vous le subirez, quelque volonté que
vous ayez de vous y soustraire... Après quelques heures d'entretien, on le quittait enchanté, ravi. Il n'y
avait pas de semaine que, avec son grand vicaire, il
ne vint passer avec nous une soirée entière. Prenant
peu à peu la parole pour ne plus la quitter, traitant
avec un charme et une onction indicible les sujets les
plus variés, parfois même les plus gracieux, chan-
geant dès lors l'expression de sa figure, dissimulant
son regard, parvenant à faire sourire ses lèvres, il
nous ravissait par une éloquence aussi suave qu'en-
traînante et lorsque nous nous trouvions seuls avec
lui, notre terreur était que quelqu'un arrivât pour
l'interrompre, nous faisions défendre notre porte dès
qu'il était entré. Combien de fois avons-nous rappelé
ces incomparables séances pendant lesquelles, nous
fascinant au gré de son imagination, il nous entraî-
nait comme dans un monde idéal, en dépit des terribles souvenirs qu'il rappelait, et l'on ne croyait plus
que s'abandonner aux touchantes inspirations de l'ê-
tre le plus candide, le plus étranger à toutes les passions humaines et à tous les intérêts de la vie » (465).

Bernier avait toujours montré une extrême activité
et un besoin d'action et d'agitation, il avait le besoin
d'intriguer, de rendre service, de venir en aide à l'un
ou l'autre. Beaucoup de ses lettres sont des lettres de
recommandation, des demandes de faveurs ou de
grâces pour l'un ou l'autre, des réclamations à l'appui de droits méconnus. Les nombreuses lettres de

ce genre émanées de lui, en faveur d'anciens émigrés, en vue de réduction d'impôts ou recommandations vulgaires ne présentent pas d'intérêt particulier pour l'histoire. Il convenait néanmoins d'en faire mention, car elles contribuent à éclairer un côté du caractère de l'évêque d'Orléans, le montrant disposé à servir ses amis, ne redoutant aucune démarche. « Je désire. dit-il en terminant une lettre où il annonce l'heureux résultat d'une demande qu'il avait faite, je désire que cette faible preuve de mon dévouement pour vous vous soit aussi agréable qu'il l'est pour moi de pouvoir vous la donner » (466). Il offrait au besoin ses bons offices. « J'ai regretté de ne pas vous voir avant mon départ pour Paris, disait-il au préfet de Blois, si je puis vous y être utile à quelque chose, je le ferai avec plaisir » (467).

Ses relations mondaines ne l'empêchaient pas de consacrer la plus grande partie de son temps à ses diocésains.

L'abbé Cochard, dans la notice qu'il a publiée sur Mgr Bernier s'étend sur son action épiscopale qu'il expose d'après les archives de l'évêché et les registres de la correspondance du prélat. Son action à Orléans lui valut à plusieurs reprises les compliments de Portalis, voire même de Napoléon.

Après la tourmente révolutionnaire, tout était à reconstituer, et Bernier se mit au travail avec enthousiasme. Il avait repris possession de l'évêché ou du moins d'une partie de l'ancien évêché, dont l'administration des finances prétendait même lui faire payer les impositions (468). La cathédrale avait gravement souffert, elle aussi, du malheur des temps. L'évêque fit appel à la générosité publique pour qu'on la mît en état de recevoir les nouveaux chanoines et le clergé, mais la quête ne produisit que peu de chose (469).

« Les commencements de mon épiscopat n'ont pas été oiseux, dit-il, aussi en ai-je recueilli toute la satisfaction que je pouvais désirer ». Il avait trouvé tous les prêtres dans de bonnes dispositions, à l'exception de quelques-uns qui s'étaient mariés. Il administre les sacrements, préside aux processions, visite les hôpitaux (470).

Son diocèse semblait bon, du moins au point de vue de la moralité générale, si l'on en juge d'après la statistique de l'an X pour le département du Loiret, qui indique 1.923 mariages, 10.459 naissances, total fort élevé, et 31 divorces seulement, chiffre remarquablement bas (471). Mais comme tout le reste de la France, il manquait de prêtres, et cette situation devait causer l'une des principales préoccupations du pasteur. Depuis plus de dix ans, aucune ordination n'avait eu lieu, et la proportion des prêtres âgés ou infirmes était considérable. Aussi, dès le mois d'avril 1803, Bernier demandait l'autorisation d'établir un séminaire et une maison de retraite (472). Bien des paroisses étaient sans pasteurs et demandaient avec insistance qu'il leur fût possible de participer aux sacrements (473).

Les tableaux de l'administration, dans leur sécheresse, montrent en effet que plusieurs églises avaient été supprimées, par réunion avec une église voisine:

17 dans l'arrondissement d'Orléans, 12 dans celui de Montargis, 24 dans celui de Pithiviers, 5 dans celui de Gien, soit au total 58 (474).

Après trois années d'attente, Bernier put envisager la création d'un séminaire, lorsque le décret du 15 ventôse an XIII lui eut accordé la maison du Bon Pasteur de la ville d'Orléans. Il sollicita l'aide et l'appui de ses diocésains pour les frais d'organisation de sa pépinière de jeunes prêtres. Il le fit dans un mandement du 13 avril 1805. Et les mandements religieux de Bernier contrastent agréablement avec ceux que l'on pourrait appeler ses mandements politiques. Si ces derniers paraissent trop souvent pompeux et maniérés, présentant un étalage d'érudition affectée et de comparaisons recherchées, les premiers, plus simples et d'une allure plus souple, expriment avec une élévation discrète les sentiments d'un pasteur que l'on pourrait croire uniquement soucieux du bien des âmes. Du choix de nos coopérateurs, dit-il, dépendent et notre succès au milieu de vous et votre félicité dans l'ordre de la grâce. « Nous avons lieu de croire que ce but est atteint, votre confiance a justifié nos choix ; l'œuvre de Dieu prospère et s'agrandit, la foi s'affermit, la piété renaît, la vertu se montre avec honneur, le sanctuaire du Dieu vivant sort avec majesté de ses ruines, les temples sont décorés, les pauvres secourus, l'évangile annoncé, suivi, pratiqué. Enfin, la religion peut juger de l'étendue de ses succès par le cruel dépit qu'en conçoivent ses fougueux ennemis et par les efforts toujours impuissants qu'ils ne cessent de diriger contre elle » (475).

C'est seulement à la fin de l'année 1805 que le séminaire, installé au Petit-Evêché (la maison du Bon Pasteur avait été cédée à la ville d'Orléans), ouvrit ses portes et Bernier n'en vit que les débuts. La bénédiction de la chapelle avait eu lieu le 23 novembre et le lendemain les élèves avaient été conduits processionnellement dans la demeure qu'ils devaient occuper (476). On bénit leurs cellules, les pères de l'Oratoire remplacent les Sulpiciens et, dans des discours qui furent un échange d'encens, Bernier, Corbin et Mérault, nouveau supérieur, se félicitent du présent et de l'avenir.

Les phrases de l'évêque, dans le mandement que nous venons de citer, résument à peu près ce qu'il fit durant son épiscopat si court, mais si rempli. Les sanctuaires se relèvent, non que la cathédrale ait pu être terminée comme l'évêque l'aurait désiré, les fonds manquaient pour les travaux, on répare cependans les voûtes, les toitures, les murs. L'évêque peut y rassembler un mobilier ou convenable, ou magnifique ; orgues, tableaux, retables, sans compter de précieuses reliques (477). L'église Saint-Aignan, désaffectée depuis 1793, retrouve, elle aussi, un peu de son ancienne splendeur et les châsses qu'elle contenait, soustraites au pillage pendant la Révolution, sont rapportées au milieu d'un peuple immense et enthousiaste (478). Celles de Sainte-Christine sont ramenées à Saint-Vincent (479). On célèbre la fête de Saint-Pierre-aux-Liens dans l'église du Martroi que l'évêque rend au culte catholique malgré les injures que la Révolution lui avait infligées (480). Partout, on rétablit les cloches ou on en bénit de nouvelles.

Bref, dans le domaine matériel, tout semblait préparer une vie plus large et plus abondante. Il est difficile de savoir dans quelle mesure les fidèles répondaient aux désirs et aux efforts de leurs pasteurs. Il faudrait, pour en juger, étudier et comparer des statistiques inexistantes. Les quelques chiffres qui nous sont donnés ne doivent évidemment être accueillis que sous les plus expresses réserves. Bernier, rendant compte à **Pie VII du jubilé de 1804**, lui écrivait que la foule avait magnifiquement répondu à son appel. Les pécheurs se sont convertis, les ennemis se sont réconciliés. « En un mot, sur environ 500.000 âmes qui forment **mon diocèse, je n'ai pas eu la douleur d'en** compter 30.000 qui n'aient approché du tribunal de la pénitence ». Ces chiffres laissent rêveur, car sur 500.000 habitants, il devait y avoir des enfants !

Dans ses compte-rendus à Portalis, Bernier donne également un total de confirmations impressionnant ; nous aimons mieux nous rapporter à l'appréciation que transmet l'abbé Pataud : Il surprenait jusqu'aux vieillards par sa scrupuleuse exactitude à remplir tous ses devoirs (481).

Le public, qui commençait à mépriser la sécheresse ridicule et pompeuse des fêtes civiques, s'enthousiasmait pour les cérémonies catholiques, soit par curiosité, soit par dévotion. La foule se portait en masse aux réunions cultuelles, s'intéressant de moins en moins aux pétards et aux lampions qui célébraient les anniversaires des grandes journées républicaines. La Fête-Dieu, la procession des « beaux surplis »,

sont pour tous une occasion d'orner leurs demeures
et de pavoiser sur le passage des cortèges religieux,
l'éclat des fêtes étonnait la jeune génération et réjouissait ceux qui avaient conservé le souvenir des
solennités d'autrefois.

Parmi les fêtes de tous temps chères aux Orléanais
était la fête de Jeanne d'Arc, célébrée de nouveau le
8 mai 1803 avec l'approbation et l'encouragement du
Premier Consul (482).

L'évêque avait rédigé un mandement à l'occasion
de cette solennité, qui fut magnifiquement célébrée
par des illuminations et feux d'artifices, et par un
panégyrique prononcé à la cathédrale, au milieu d'un
tapage qui couvrait la voix de l'orateur (483).

Pour développer le sentiment religieux ou défendre la foi de ses fidèles, l'évêque rétablit et encourage les confréries comme celles de l'adoration perpétuelle dans la cathédrale, il lutte contre la supersti-
tion, dénonçant les brochures que l'on fait circuler
dans les campagnes et qui sont propres à égarer le
peuple ou à le pervertir par les procédés magiques
qu'elles encouragent et les formules de conjuration
qu'elles contiennent, pour nuire aux animaux, faire
du mal à ses ennemis, procurer l'avortement, etc...
(484).

Il parle parfois à ses diocésains pour leur rappeler
leurs devoirs religieux en des termes d'une belle élévation de sentiments et d'une réelle élégance de style :
« Pourrions nous, N. T. C. F. ne pas vous faire entendre notre voix paternelle aux approches de cette
sainte quarantaine que l'Eglise a si sagement insti-

tuée pour expier nos fautes, purifier nos âmes, et nous préparer à la célébration de nos plus grands mystères. Pressé par le sentiment de nos devoirs et la tendre affection qui nous unit à vous, comment ne saisirions-nous pas avec empressement une occasion si favorable pour vous inviter à parcourir dignement et avec fruit la carrière de la pénitence qui s'ouvre devant vous ? Débiteurs envers la justice divine pour des fautes malheureusement inséparables de la faiblesse humaine, refuserez-vous de consacrer au repentir quelques jours dans l'année, quand peut-être, il n'en est pas un seul qui n'éclaire ou ne décèle quelque imperfection, quelque négligence ou défaut de votre part ?.... » (485).

Il s'efforce de venir en aide aux miséreux, faisant remettre de l'argent au bureau de bienfaisance de la ville qui organise, à l'évéché même, des distributions quotidiennes de soupe au prix de deux sous la portion (486), il sollicite des secours pour les habitants de l'arrondissement de Pithiviers, victimes d'une épidémie qui avait enlevé un quinzième de la population (487), et, étendant sa charité jusque sur les ennemis du pays réduits à l'impuissance, il intervient en faveur des prisonniers autrichiens détenus à Orléans, demandant pour eux des sabots et des vêtements (488).

Il rétablit partout où il est possible les communautés religieuses, chose peu agréable à Napoléon qui désirait ne voir que des sœurs de charité. Les religieuses de l'Hôtel-Dieu, chassées en octobre 1793, reprennent dix ans plus tard leur costume et l'évêque donne chez elles le premier voile blanc (489). A Blois, où trois communautés nouvelles s'étaient installées, le gouvernement s'inquiéta, considérant le développement des couvents effectué avec la complaisance et les encouragements de l'évêque comme abusif (490).

Il n'y a pas lieu d'insister longuement sur toute cette action religieuse de l'évêque d'Orléans que l'abbé Cochard, dans sa notice, expose avec détails; moins peut-être encore convient-il de s'arrêter à son travail d'organisation administrative ; tout ne se faisant que d'après les instructions et la volonté du pouvoir central, l'organisation du diocèse d'Orléans se calquait sur celle des autres diocèses de France et Bernier ne manquait pas de consulter le ministre pour tous les cas qu'il estimait douteux.

La santé de Bernier était ébranlée. Le 1er juillet 1806, il avait demandé permission de venir se faire soigner à Paris. Au mois d'août, ses diocésains le considéraient comme atteint d'une maladie incurable. Au milieu de septembre, il partit pour Paris, où tristement, se considérant comme victime des ingrats, il mourut après une longue agonie, le 1er octobre 1806. Caprara, se souvenant de celui qui avait si fréquemment discuté avec lui des affaires religieuses de France, vint à plusieurs reprises lui rendre visite et adoucir ses derniers moments (491). Il fut le seul, peut-être, car l'évêque disgracié n'avait plus d'amis, et personne ne devait se soucier d'approcher un homme si mal en cour.

Le silence fut complet autour de sa tombe. Les

journaux de Paris annoncent sa mort en quatre lignes, ceux d'Orléans n'en disent pas davantage. Les Annales périodiques d'Orléans gardent un silence presque absolu, silence d'autant plus choquant que ce même journal insère à l'occasion des notices détaillées sur bien d'autres défunts. Mais la feuille qui avait fait un long éloge de l'abbé Blain, curé de Sainte-Croix, ne sut pas trouver un mot pour l'évêque de la ville. L'oraison funèbre que font de Bernier les vicaires généraux dans le mandement qu'ils adressent aux fidèles à l'occasion de la mort du prélat est elle-même assez vague : « Nous avons eu pour guide et pour modèle celui que plusieurs églises nous auraient envié. Au sortir d'une révolution, tout était à faire et tout a été fait. Ces établissements si chers à la religion, nécessaires aux mœurs, ont repris une nouvelle vie » (492).

L'éloge du défunt fut prononcé dans les églises d'Orléans, à la cathédrale par M. Paillet, à Saint-Paterne, à Saint-Donatien, à Saint-Paul. Les bonnes langues, aussi, dirent leur mot ; les uns prétendant qu'il mourait immensément riche, les autres, qu'il ne laissait pas de quoi payer ses dettes. On raconta qu'il avait chez lui un service de porcelaine estimé 25.000 livres, reçu en don de l'Allemagne, une pièce d'étoffe fabriquée à Rome et réservée exclusivement aux cardinaux, qu'il laissait des documents précieux sur la guerre de Vendée (493). Les scellés avaient été mis sur ses papiers, et l'inventaire qui en fut dressé a été publié par le P. Dudon (494) mais les documents eux-mêmes n'ont pas été retrouvés.

De quelle manière convient-il de juger cet homme
ondoyant et divers. Il vécut en un temps où, pour
beaucoup, les lois de la justice et de la morale semblaient momentanément mises de côté, et au milieu
d'intrigues et d'agitations bien propres à fausser les
consciences et à atténuer dans les âmes la notion du
juste et du bien. Le prêtre n'est pas fait pour le combat, et encore que de magnifiques exceptions se soient
rencontrées dans notre histoire, il lui est difficile de
se mêler à la politique sans attirer sur sa tête le reproche de vanité, d'intrigue ou d'ambition. Durant la
Révolution et dans la période consulaire qui vint
terminer cette crise, il était, pour beaucoup, plus difficile de connaître son devoir que de le remplir. Bernier, précipité dans le tourbillon des affaires, put mécontenter les uns et les autres et mériter de justes re-
ches. Ses ennemis l'ont noirci avec acharnement, et
cependant, il paraît n'avoir été coupable d'aucun
crime, mais il joua, en cherchant à continuer ou à
faire renaître la guerre de Vendée, un rôle qui n'était
pas celui d'un prêtre. En se ralliant à l'étoile de Bonaparte, les uns diront qu'il fut traître, les autres le
diront habile. Pourquoi ne pas avouer simplement
qu'il fut sage, en adoptant le seul parti que conseil-
lât la raison. Son tort, dans bien des cas, fut de chercher à être ami de tout le monde et de n'abandonner
un parti que quand il se croyait certain d'être bien
accueilli dans un autre. Après avoir servi la cause
du roi et de la religion avec dévouement, il louvoya
au moment où la guerre de Vendée devint une affaire

politique plus que religieuse, et il voulut subordonner les intérêts de son Dieu à ceux de son Roi.

Dévoué à la cause de Bonaparte au moment où elle se confondait avec celle de la foi, il se montra plus empressé à servir le premier qu'à maintenir intègres les principes catholiques. Dans les négociations antérieures et postérieures au Concordat, il fut faux, mais presque certainement dans un but d'entente, d'union et de paix. L'auréole d'une gloire prochaine le grisa, et l'espérance d'une haute destinée, les conseils du pouvoir central aussi, l'engagèrent dans trop d'affaires politiques à la fois et religieuses, où il fit des mécontents. Il en fit tant, que personne ne le jugea sans parti pris, et c'est ce qui rend si difficile aujourd'hui une appréciation exacte de son rôle.

Durant sa vie, à laquelle on peut reprocher de graves faiblesses et des fautes, il donna en un temps, de nobles exemples et, en un autre, rendit de grands services. Ses faiblesses appartiennent à sa personne, ainsi que ses fautes; les services qu'il rendit rejaillirent sur son diocèse et sur la France entière. Il n'avait ni une belle, ni une grande âme, il travailla souvent pour lui-même, mais il ne le fit pas sans songer au bien de son pays. Sa mémoire a donc droit à quelques ménagements et sa personne à quelque respect.

ERRATA

Page 166, ligne 8 : lire (291).
— 167, — 21 : » (293).

NOTES

1. — Edmond Stofflet, *Stofflet et la Vendée* (Paris, 1875, in 8°), p. 239.

2. — Thiébault, *Mémoires*, t. III, p. 350.

3. — *Annales Religieuses du Diocèse d'Orléans*, 1900-1901.

4. — *Les Contemporains*, n° 836.

5. — A. Joubert, *Notice historique sur Daon*, 2° édition, p. 27.

6. — Cochard, *Annales Religieuses d'Orléans*, 1901, p. 708-709.

7. — G. Letourneau, *Histoire du Séminaire d'Angers depuis 1695 jusqu'à nos jours*, (Angers, 1895, in-8°), p. 194.

8. — *Christo Ecclesiæ sponso et gratiarum auctori. Quæstio theologica. Quænam est civitas supra montem posita? Matth. c. V., v. 14. — Has theses, Deo duce et auspice Deipara, præside S. M. N. Ludovico Michæle Arnoul, minorita sacræ thelogiæ facultatis Parisiensis doctore, Andegavensi aggregato... tueri conabitur M. Stephanus Joannes Baptista Maria Bernier, diaconus Andegavensis, sacræ facultatis baccalaureus theologus, licentiæ prior, necnon in seminario Andegavensi philosophiæ professor academicus, die lunæ 12 mensis junii anno Domini 1786.* Andegavi, typis Mame, (s. d.) in-fol. plano.

9. — A. Joubert, *Notice sur Daon*, 2° édition, p. 26-27.

10. — Arch. Nat. F. 1. C. 3. *Maine-et-Loire*, dossier 1.

11. — Uzureau, *L'abbé Bernier et ses paroissiens de St-Laud*, (Angers, 1920, in-8°), p. 3. — Archives départementales du Maine-et-Loire, G. 942, fol. 141.

12. — Registre des baptêmes, mariages et sépultures de la paroisse de St-Germain en Saint-Laud d'Angers. Archives de Maine-et-Loire, GG. 61-77.

13. — Séance du 15 juin 1790. Son mandement avait été envoyé à titre d'exemple à tous les évêques de France. (Moniteur, réimpression, t. IV, p. 642-643).

14. — Gruget, *Histoire de la constitution civile du clergé dans le Maine-et-Loire*, p. 4-11.

15. — Uzureau, *L'abbé Bernier et ses paroissiens*, p. 4-7. Archives départementales de Maine-et-Loire, L. 966.

16. — Gruget, *Histoire de la constitution civile*, p. 145 et ss.

17. — Rondeau, *Histoire du Monastère des Ursulines d'Angers*, p. 237-238.

18. — Gruget, op. cit., p. 25. — Sur 1560 ecclésiastiques du diocèse d'Angers, 350 environ prêtèrent le serment, et encore un bon nombre avec réserves et restrictions. (Bourgain, *l'Eglise d'Angers pendant la Révolution*, p. 62 et ss., p. 73 et ss.).

19. — Besnard, *Souvenirs d'un nonagénaire*, t. II; p. 43-46.

20. — Uzureau, *L'abbé Bernier et ses paroissiens*, p. 8-10. Archives du Maine-et-Loire, L. 960.

21. — C. Port. *Dictionnaire historique de Maine-et-Loire*, article Bernier.

22. — Besnard, *Souvenirs*, t. II; p. 44.

23. — Gruget, op. cit., p. 160.

24. — Journal du département de Maine-et-Loire. N° du 30 mars 1791. Le journal présente d'ailleurs Bernier comme démissionnaire. — Besnard, *Souvenirs*, t. II ; p. 43-44.

25. — Gruget, *Histoire de la constitution civile*, p. 175.

26. — N° du 19 janvier 1791.

27. — Gruget, op. cit., p. 165.

28. — *Affiches d'Angers*, p. 61-64.

29. — Archives de Maine-et-Loire, Série L, n° 365.

30. — Uzureau, *L'abbé Bernier et ses paroissiens*, p. 12-15. — Chassin, *Préparation de la guerre de Vendée*, t. II, p. 369-370, qui s'appuie sur une note de C. Port du t. II p. 43 des *Souvenirs d'un nonagénaire*. La protestation du prélat contre cette usurpation est du 10 vendémiaire an IV et, par conséquent, postérieure à la date où nous sommes. Cf. à ce sujet : Port, *Dictionnaire historique du Maine-et-Loire*, art. Bernier, et Letourneau, *Histoire du Séminaire d'Angers*, p. 241-242.

32. — Cf. P. de La Gorce, *Histoire religieuse de la Révolution Française*, t. II, p. 10 et ss.

33. — Deniau, *Histoire de la guerre de Vendée*, 2ᵉ édition, t. I, p. 313.

34. — Michelet, *Histoire de la Révolution*, édition de 1869, t. III, p. 497.

35. — Chassin, *Préparation de la guerre de Vendée*, t. II, p. 369-377. La lecture de cette pièce permet de voir combien l'indignation de Chassin et de Michelet est peu justifiée.

36. — *Revue de l'Anjou*, année 1853, p. 554. *Documents relatifs à la déportation des prêtres angevins*, publiés par Marchegay. — P. de La Gorce, *Histoire religieuse de la Révolution*, t. II, p. 290-300.

37. — Abbé Cochard, Mgr Bernier. *Annales religieuses d'Orléans*, année 1900, p. 709.

38. — Saint-Pierre des Echaubrognes, département des Deux-Sèvres, canton de Châtillon-sur-Sèvre.

39. — Cte A. de Chabot, *Un canton du bocage vendéen* (Melle, 1891. in-8°), p. 21. — Queruau-Lamerie, *Le clergé du département de Maine-et-Loire pendant la Révolution* (Angers 1899, in-8°), p. 249.
— Dépêche du cardinal Maury au Cte d'Avaray, dans Maury : *Correspondance inédite et mémoires*, p. 61-62.
— Il y a lieu de noter que l'historien du P. de Clorivière ne parle pas de cette association. C'est, d'après l'abbé Langlois, un nommé Julien-Jacques Bernier, professeur d'éloquence au collège épiscopal de Saint-Malo qui faisait partie de la Société du Cœur de Jésus. (Marcel Langlois. *Avant le Concordat. Une double mission secrète. Astier et Beulé*, Paris 1922. In-8°, page 8).

40. — Chassin, *Préparation de la guerre de Vendée*, t. III, p. 439. — Deniau, *Histoire de la guerre de Vendée*, 2ᵉ édition, t. I, p. 446-449, 456.

41. — Deniau, op. cit., t. I, p. 762.

42. — Cochard, *Annales religieuses d'Orléans*, 1900, p. 709.

— Beauchamp, *Histoire de la guerre de Vendée*, 4* édition (Paris, 1820, 4 vol. in-8°), t. I, p. 270.

43. — Cette adresse a été publiée par beaucoup d'historiens de la Vendée ; il en existe un exemplaire in-8°, sans lieu ni date ni mention d'imprimeur à la Bibliothèque Nationale, sous la cote 8° L. b. 41/3017

44. — Deniau, *Histoire de la guerre de Vendée*, 2* édition, t. II, p. 107-111.

45. — Chassin, *La Vendée patriote*, t. I, p. 433.

46. — Deniau, op. cit., 2* éd. t. II, p. 112-113.

47. — Marquise de Larochejacquelein, *Mémoires*, édition publiée par son petit-fils (Paris, 1889, in-4°), p. 167-168.

48. — Beauchamp, *Histoire de la guerre de Vendée*, 4* édition, t. I, p. 270 et ss.

49. — L. L. Barré, *Essai sur l'industrie, les mœurs, l'administration et les besoins de la Vendée* (Paris, 1815, in-8°) p. 35-39. — On peut rapprocher ce portrait de celui, peu flatté également, que Thiébault donne dans ses mémoires, t. III, p. 350.

50. — Jeanvrot, Monseigneur d'Agra ; articles de la Revue de la Révolution, t. 26, année 1894. — Sur l'évêque d'Agra, on peut consulter également deux brochures de l'abbé Eug. Bossard, *L'invention de l'évêque d'Agra* (Angers 1893, in-8°), et *Réponse à mes contradicteurs* (Angers, 1894, in-8°).

51. — Chassin, *La Vendée patriote*, t. III, p. 235-236.

52. — Deniau, *Histoire de la guerre de Vendée*, 2* éd., t. II, p. 228 et ss.

53. — Chassin, *La Vendée patriote*, t. II, p. 102.

54. — Affiches d'Angers, n°° 98 à 103.

55. — Jeanvrot, Mgr d'Agra. *Revue de la Révolution*, 1894, tome 26, p. 503-506

56. — Ce sont les premiers mots de son travail sur le Bataillon des volontaires départementaux de Maine-et-Loire.

57. — Grille, *La Vendée en 1793*, t. I, p. 222-225. — Deniau, *Histoire de la guerre de Vendée*, 2ᵉ éd. t. II, p. 233-236.

58. — Chassin, *La Vendée patriote*, t. II, p. 102. — Jeanvrot, *Revue de la Révolution*, t. 26, p. 506.

59. — Savary, *Guerre des Vendéens et des chouans contre la République*, par un officier supérieur des armées de la République (Paris, 1827, 6 vol. in-8°) t. I, p. 361, 379-385.

60. — Beauchamp, *Histoire de la guerre de Vendée*, t. I, pièces justificatives, p. 375-400.

— Le Bulletin du conseil supérieur semble maintenant absolument introuvable. Nous n'en connaissons aucun exemplaire. M. Gazier en possédait un, assez incomplet, paraît-il, et ce bulletin ne fut jamais utilisé par aucun des historiens de la Vendée.

61. — Beauchamp. *Histoire de la guerre de Vendée*, t. I, p. 271-277. — Les règlements du Conseil supérieur de Châtillon ont été donnés par Savary, op. cit., t. I, p. 437-462. 24, 27, 31 juillet. — On peut, pour juger une partie des appréciations de Beauchamp, se reporter à ce que dit Bernier de la conduite des protestants à propos de la bataille de Luçon.

62. — Boutillier de Saint-André, *Une famille vendéenne pendant la grande guerre* (Paris, 1896, in-8°) p. 110-111.

63. — Beauchamp, *Histoire de la guerre de Vendée*, t. I, p. 293 et ss. — Deniau, op. cit. p. 345-359. — Appréciation de Joseph Clémanceau, *Histoire de la guerre de Vendée*, p. 115.

64. — Chassin, *La Vendée patriote*, t. II, p. 414-416.

65. — Poirier de Beauvais, *Mémoires*, p. 95 et ss. — Deniau, op. cit. 2ᵉ éd. t. II, p. 442 et ss.

66. — Notes de Mgr Bernier sur l'histoire de la Vendée, publiées par *l'Anjou historique*, 3ᵉ année, janvier 1903, p. 361-362.

67. — La Rochejacquelein, *Mémoires*, éd. de 1889, p. 270-272.

68. — Gibert, *Précis historique*, p. 98.

69. — Mocquereau de La Barrie, *Mes trois mois de prison dans la Vendée* (Nantes, 1882, in-8°) p. 45-46.

70. — Joseph Clémanceau, *Histoire de la guerre de la Vendée*, p. 115.

71. — Notes de Mgr Bernier, *Anjou historique*, janvier 1903, p. 365.

72. — Arch. Nat. : AF/IV, 1044.

73. — Publié par Theiner, *Documents inédits*, et par Chassin, *Vendée patriote* t. III, p. 559.

74. — La Rochejacquelein, *Mémoires*, édition 1889, p. 314-315. — Bernier, *Notes sur l'histoire de la Vendée, Anjou historique*, janvier 1903, p. 366.

75. — Cf. Jeanvrot, *Mgr d'Agra*, dans *Revue de la Révolution*, 1894, dernière partie.

75 bis. — Edm. Stofflet, *Stofflet et la Vendée*, p. 135.

76. — Voir à ce sujet : Rouillé, *Assignats et papiers monnaie* (La Roche-sur-Yon, 1891, in-4°), p. 25-27 et ss.

77. — *Anjou historique*, janvier 1903, p. 366-367.

78. — On trouvera le récit de cet incident, avec des appréciations généralement peu bienveillantes pour ceux qui y furent mêlés, dans Chassin, *Vendée patriote*, t. III, p. 310-311, dans Deniau, op. cit., 2e éd. t. III, p. 217 et ss. et dans l'article cité de Jeanvrot.

79. — Bibliothèque d'Orléans, ms. 572, p. 431.

80. — Edm. Stofflet, *Stofflet et la Vendée*, p. 142-143.

81. — Archives de Maine-et-Loire, L. 1139.

82. — La Rochejacquelein, édition de 1889, p. 396.

83. — Chassin, *Vendée patriote*, t. IIII, p. 492. — La Ctesse de La Bouëre dit dans ses souvenirs qu'il avait passé la Loire vers le mois de février 1794 pour gagner le pays insurgé de nouveau (p. 150-151).

84. — Souvenirs de la Ctesse de La Bouëre, p. 150-151.

85. — Le Bouvier-Desmortiers, *Vie de Charette*, p. 207.

86. — Chassin, *Vendée patriote*, t. IV, p. 492.

87. — Edm. Stofflet, *Stofflet et la Vendée*, p. 238-239.

88. — Bibliothèque d'Orléans, ms. 572, p. 431-433.

89. — Cantiteau, *Mémoires*, p. 28. — Deniau, *Histoire de la guerre de Vendée*, 2ᵉ éd. t. IV, p. 421-422.

— *Anjou historique*, novembre 1904, p. 303. — Il faut, pour apprécier l'opinion de Soyer, se souvenir que Bernier ne l'aimait pas ; au moment où les arrestations étaient encore nombreuses dans le pays précédemment insurgé, Soyer, seul ne se cachait pas aux républicains, et Bernier se demandait quelles étaient les raisons de son assurance. (Dom Chamard, *Correspondance inédite concernant la Vendée militaire*, p. 111.)

— *Anjou historique*, septembre 1902, p. 209.

90. — Chassin, *Les Pacifications de l'Ouest*, t. II, p. 149.

91. — Ed. Stofflet, *Stofflet et la Vendée*, p. 372-373.

92. — Chassin, *Les Pacifications de l'Ouest*, t. II, p. 149-150.

93. — Villebonne, *Familles d'Armaillé, de Combourg et de La Paumelière pendant les guerres de la Vendée* (Châteaudun, 1879, in-8°), p. 48.

94. — Sans doute, on dira que cela ne prouve rien, mais les lettres écrites par M. de La Paumelière à sa femme avant de mourir ne semblent pas d'un mari malheureux ; et en ce qui concerne cette affaire, sur un point la documentation de Chassin semble en défaut. Il dit que la correspondance de M. de La Paumelière et de sa femme se trouve à la réserve de la Bibliothèque Nationale ; il ne nous a pas été possible de l'y trouver.

95. — Yves Besnard, *Souvenirs d'un nonagénaire*, t. II, p. 213-214.

96. — L. L. Barré, *Essai sur l'industrie, les mœurs, l'administration et les besoins de la Vendée* (Paris ,1815, in-8°), p. 35-39.

97. — Publié par A. Joubert, *Revue de l'Anjou*, 1819, t. 23, p. 117-119.

98. — Notes sur la guerre de Vendée, publiées par l'*Anjou*

— 298 —

historique, janvier 1903, p. 373. — Savary, *guerre des Vendéens*, t. VI, p. 304.

99. — Tous les historiens de la Vendée ont parlé longuement du traité de La Boulaye. On peut consulter Chassin, *La Vendée patriote*, t. IV, p. 492-493 ; Deniau, 2ᵉ éd. t. IV, p. 424-427 ; Le Bouvier-Desmortiers, *Vie de Charette*, t. I, p. 291. Ed. Stofflet, op. cit. p. 238-242.

100. — Bernier, Notes sur l'histoire de la Vendée, *Anjou historique*, janvier 1903, p. 370.

102. — Bernier, Id. Ibid, p. 370-371.

103. — Notice sur Stofflet, par Landrin, publiée par Queruau-Lamerie dans *Revue de la Révolution*, t. XV, 1889, documents, p. 47-48. — Deniau, 2ᵉ éd. t. IV, p. 534-543. C'est dans cette histoire que l'on trouvera résumés avec le plus de clarté et semble-t-il d'impartialité les témoignages relatifs à la mort de Marigny.

104. — Note communiquée par M. Grenaudier. Deniau, op. cit. t. II, p. 542.

105. — Th. Muret, *Histoire des guerres de l'Ouest* (Paris 1848, 5 vol. in-8°), t. II, p. 177-178.

106. — Beauchamp, *Histoire de la guerre de Vendée*, 4ᵉ éd. t. III, p. 176-180.

107. — Bourniseaux, *Histoire des guerres de la Vendée et des chouans*, t. II, p. 283.

108. — A. de Béjarry, *Souvenirs vendéens* (Nantes, 1884, in-8°), p. 149-150.

109. — *Mémoires*, p. 168.
— Notes de Bernier, *Anjou historique*, janvier 1903, p. 362, 365, 367, 368-369. — De ce que Bernier dit de Marigny, on peut rapprocher ce que dit Poirier de Beauvais dans ses mémoires, notamment p. 285-286.

110. — Ed. Stofflet, *Stofflet et la Vendée*, p. 251-254.

111. — Gibert, *Précis des guerres de Vendée*, p. 147. Muret conteste d'ailleurs ce point.

112. — Souvenirs de la Ctesse de La Bouëre, p. 174-178.

113. — *Mémoires*, p. 300-301.

114. — Deniau, op. cit. t. IV, p. 534.

A ceux qui représentent Bernier comme cruel on peut conseiller la lecture de la lettre suivante, écrite à Stofflet, où il se montre au contraire généreux et désintéressé : « Je vous adresse ci-jointes des pièces qui m'ont été transmises pour le procès de La Fleuriaye. Je crois que vous pouvez user de clémence à son égard, mais pour qu'il reconnaisse que c'est vous seul à qui il le doit, vous ferez bien de prononcer seul et de dire si telle est votre opinion que vous ne lui faites grâce que pour ne pas déshonorer sa famille... » *Correspondance inédite* de Charette, Stofflet, etc..., page 241.

115. — Cf. Beauchamp, 4* *éd.* t. III, p. 545-546 et Savary, t. IV, p. 77-92.

116. — *La Vendée historique*, 1912, p. 215-216. — Pour tout ce qui concerne l'organisation administrative de la Vendée, on peut, outre les histoires de Chassin et de Deniau, se reporter à Stofflet (*Stofflet et la Vendée*, p. 211-213 ; 265-274), et à Beauchamp (4e éd. t. III, p. 54-61).

117. — Savary, op. cit. t. IV, p. 14-19, 20-21. La seconde de ces pièces porte également la signature de Charette. — On trouvera dans Chassin, *Vendée patriote*, t. IV, p. 527, les exemples de cette variation de politique. — Crétineau-Joly, *La Vendée militaire*, t. II, p. 237.

118. — Beauchamp, op. cit. 4* éd. t. III, p. 69-70.

119. — Proclamation du 7 octobre 1794.

120. — Ed. Stofflet, op. cit. p. 279-280.

121. — Renseignement communiqué par M. l'abbé Uzureau.

122. — Souvenirs de la Ctesse de La Bouëre, p. 169-172. — Poirier de Beauvais, op. cit. p. 311-312.

123. — Beauchamp, 4* éd. t. III, p. 74.

124. — Ed. Stofflet, *Stofflet et la Vendée*, p. 283.

125. — Savary, op. cit. t. IV, p. 201.

126. — *Stofflet et la Vendée*, p. 287-288.

127. — Chassin, *La Vendée patriote*, t. IV, p. 666.

128. — Savary, t. IV, p. 203-207.

129. — Poirier de Beauvais, *Mémoires*, p. 313.

130. — Chassin, *Les Pacifications de l'Ouest*, t. I, p. 100.

131. — Renseignement communiqué par M. l'abbé Uzureau.

132. — Savary, op. cit. t. IV, p. 267-270.

133. — Cf. Beauchamp, *Histoire de la guerre de Vendée*, 4ᵉ éd. t. III, p. 104 et ss.

134. — Edm. Stofflet, op. cit. p. 298.

135. — Savary, op. cit. t. IV, p. 260-262.

136. — Chassin, *Les Pacifications de l'Ouest*, t. I, p. 147-148.

137. — Savary, op. cit., t. IV, p. 340.

138. — Chassin, *Les Pacifications de l'Ouest*, t. I, p. 166-167.

139. — La République ne fournissait aucun local pour l'exercice du culte, les réunions cultuelles étaient soumises à la surveillance des autorités, aucun signe de culte ne pouvait être placé extérieurement, de quelque manière que ce fût, aucune convocation ou proclamation publique ne pouvait être faite, aucune taxe ne pouvait être levée pour les frais.

140. — Le texte de cet arrêté est donné dans Savary, op. cit., t. IV, p. 386-388.

141. — Cf. Chassin, *Les Pacifications de l'Ouest*, t. I, p. 190-193.

142. — Chassin, *Pacifications de l'Ouest*, t. I, p. 183.

143. — Savary, op. cit. t. IV, p. 404-405.

144. — Edm. Stofflet, *Stofflet et la Vendée*, p. 324-325. — Chassin, *Les Pacifications de l'Ouest*, t. I, p. 197-202.

146. — Chassin, *Les Pacifications de l'Ouest*, t. I, p. 229-245.

147. — Poirier de Beauvais, *Mémoires*, p. 357-359.

148. — Chassin, *Les Pacifications de l'Ouest*, t. I, p. 311.

149. — Chassin, op. cit. p. 281.

150. — Ed. Stofflet, *Stofflet et la Vendée*, p. 335.

151. — Savary, op. cit. t. V, p. 12-15. — Chassin, *Les Pacifications de l'Ouest*, t. I, p. 208.

152. — Le second des arrêtés de pacification porte : Art. II. Il sera occordé des secours et indemnités aux habitants

de la Vendée pour leur aider à exister et relever leurs chaumières et maisons... — Art. III. Tous les Vendéens, soit patriotes réfugiés, soit insurgés rentrés dans le sein de la République, ont un droit égal à ces secours et indemnités.

152 *bis*. — Savary, t. V, p. 365-366.

153. — Chassin, *Pacifications de l'Ouest*, t. I, p. 313-315. — *Anjou historique*, janvier 1903, p. 371 et 378.

154. — Chassin, op. cit. t. I, p. 335.

155. — Clémanceau, *Histoire de la guerre de la Vendée*, p. 250.

158. — Chassin, *Les Pacifications de l'Ouest*, t. I, p. 317.

159. — Savary, op. cit., t. V, p. 5-9.

160. — La Sicotière, *Les articles secrets*, dans *Revue des questions historiques*, 1881, t. 29, p. 186-245.

161. — Coulon, *Notes...* p. 209-210.

162. — Savary, op. cit. t. V, p. 24-26, 28-30, 36-37.

163. — Savary, op. cit., t. V, p. 31.

164. — Chassin, *Les Pacifications de l'Ouest*, t. I, p. 319.

165. — *Corespondance secrète* de Charette Stofflet... p. 182.

166. — Chassin, *Les Pacifications de l'Ouest*, t. I, p. 321.

167. — Savary, op. cit., t. V, p. 113.

168. — Bittard des Portes, *Charette et la guerre de Vendée*, p. 444-445.
— Chassin, *Les Pacifications de l'Ouest*, t. I, p. 403-406. — Les documents mentionnés sont publiés par Savary, op. cit., t. V, p. 121-129.

169. — Savary, op. cit., t. V, p. 119-120.

170. — Lettre de l'adjudant Delage au général en chef, du 8 thermidor an III. — La Sicotière, *Les articles secrets* (*Revue des questions historiques*, t. 29, 1881, p. 212).

171. — Ed. Stofflet, *Stofflet et la Vendée*, p. 366-367.

172. — Ed. Stofflet, *Stofflet et la Vendée*, p. 367-368.

173. — Chassin, *Les Pacifications de l'Ouest*, t. I. p. 525.

174. — Savary, op. cit., t. V, p. 221-223. — Béjarry, *Souvenirs vendéens*, p. 245-247. — Chassin, *Les Pacifications*

de l'Ouest, t. I, p. 524-525.

175. — Le Bouvier-Desmortiers, *Vie de Charette*, p. 404-406.

176. — Lettre du 22 juillet 1795. — Savary, op. cit., t. V, p. 216.

177. — Coulon, *Notes sur la guerre de Vendée*, p. 212. — Il ne dit pas qu'ils y venaient pour organiser une reprise des hostilités ; s'ils étaient venus dans ce but, il eût été préférable de s'adresser à Charette.

178. — Lettre sans mention d'origine, adressée au Comité de salut public, le 18 juillet 1795. — Savary, op. cit., t. V, p. 211.

179. — Lettre du 24 juillet 1795. Savary, op. cit., t. V, p. 220-221.

180. — Savary, op. cit., t. V, p. 128-129, 212-213.

181. — Id. Ibid. p. 225-226. — Lettre de Dubois, chef de brigade à l'administration départementale de Maine-et-Loire, du 27 juillet 1795.

182. — Savary, op. cit. t. V, p. 129, 213.

183. — Lettre publiée par A. Joubert, *Revue de l'Anjou*, t. 21, p. 124-125.

184. — Lettre du 2 juillet, publiée par Charavay, *Revue des documents historiques*, 1875-1876, t. III, p. 105.

185. — Chassin, *Les Pacifications de l'Ouest*, t. I, p. 586-587.

186. — Savary op. cit. t. V, p. 202-203.

187. — Chassin, *Les Pacifieations de l'Ouest*, t. I, p. 432.

188. — Cette réponse a été publiée par Savary, op. cit., t. V, p. 207-211.

189. — *Correspondance secrète* de Charette, p. 69-70.

190. — Savary, op. cit., t. V, p. 316-317.

191. — Lettre au représentant Doulcet, 5 août 1795. — Savary, op. cit., t. V, p. 302-303.

192. — Chassin, *Les Pacifications de l'Ouest*, t. II, p. 29-30.

193. — Chassin, Ibid, p. 38-40.

194. — Chassin, *Les Pacifications de l'Ouest*, t. I, p. 236-238 ; t. II, p. 19-20.

195. — Chassin, *Les Pacifications de l'Ouest*, t. II, p. 153.

196. — Letourneau, *Histoire du séminaire d'Angers*, p. 241-242.

197. — Chassin, *Les Pacifications de l'Ouest*, t. II, p. 151-153.

198. — Ibid. t. II, p. 84-86.

198 *bis*. — Mgr Brumauld de Beauregard dit qu'ils ne purent rien obtenir de Stofflet et que les dispositions de Charette étaient bien meilleures. J. Monnier dit au contraire que Charette est responsable de l'insuccès des démarches faites.

199. — Chassin, op. cit. t. II, p. 204-210.

200. — Savary, *Guerre des Vendéens et des chouans*, t. VI, p. 67. — Ed. Stofflet qui publie cette lettre ne donne que la signature de Stofflet (p. 392-394).

201. — Lettre du 9 décembre 1795. — Savary, op. cit. t. VI, p. 70-71. — Le représentant Bodin écrivait le 26 octobre : Stofflet n'a pour nourrir son monde d'autres ressources que les réquisitions forcées, il n'a pas de fonds pour payer, il est dans l'extrême misère, et sa situation ne peut être que profitable à la République. (Chassin, *Les Pacifications de l'Ouest*, t. II, p. 153).

202. — Chassin, *Les Pacifications de l'Ouest*, t. I, p. 212-216.

203. — Publié par Savary op. cit., t. VI p. 85-93. Un compte-rendu de cette conférence, évidemment rédigé d'après le rapport de Hoche, se trouve dans le ms. 572 de la bibliothèque d'Orléans, fol. 433 et ss.

204. — Chassin, *Les Pacifications de l'Ouest*, t. II, p. 217.

205. — Chassin. Ibid. p. 248.

206. — Edm. Stofflet, *Stofflet et la Vendée*, p. 397. — Il est à noter que l'affirmation de Beauchamp, que M. Ed. Stofflet fait sienne ne figure pas dans les premières éditions de Beauchamp.

207. — Savary, t. VI, p. 77-81. — Chassin affirme que le mémoire est bien l'œuvre de l'abbé Bernier (*Pacifications de l'Ouest*, t. II, p. 218).

208. — Chassin, Ibid. t. II, p. 219.

209. — Savary op. cit. t. II, p. 123-124.

210. — Ed. Stofflet, *Stofflet et la Vendée*, p. 398.

211. — Les pièces que nous mentionnons ont été publiées par Savary, t. VI, p. 135-156.

212. — Ed. Stofflet, *Stofflet et la Vendée*, p. 398.

213. — J. Clémanceau, *Histoire de la guerre de Vendée*, p. 39.

214. — J. Clémanceau, op. cit. p. 299, 303.

215. — Bibliothèque d'Orléans, ms. 572, p. 434-435.

216. — Savaray, op. cit., t. VI, p. 133-134.

217. — Cette lettre est publiée par Savary, t. VI, p. 159-166.

218. — D'après Ed. Stofflet, *Stofflet et la Vendée*, p. 410-420 et Chassin, *Les Pacifications de l'Ouest*, t. II, p. 381-383.

218 bis. — Coulon, *Notes sur la guerre de Vendée*, p. 212-213.

219. — Ed. Stofflet, op. cit. p. 420-421.

220. — *Les Pacifications de l'Ouest, t. II*, p. 383.

221. — Clémanceau, *Histoire de la guerre de Vendée*, p. 344-345. — Bibliothèque d'Orléans, ms. 572, p. 435.

222. — Souvenirs de la Ctesse de La Bouëre, p. 231-235.

223. — Savary, op. cit., t. VI, p. 227-228.

224. — *Correspondance secrète*, de Charette, Stofflet, etc., p. 194.

225. — Savary, op. cit. t. VI, p. 225-226.

226. — Le Bouvier-Desmortiers, *Supplément à la vie du général Charette*, (Paris, 1814, in-8°), p. 130.

227. — Savary, op. cit. t. VI, p. 237, 222, 231.

228. — Chassin, *Les Pacifications de l'Ouest*, t. II, p. 389.

229. — Le substitut du commissaire près le tribunal civil de Maine-et-Loire se plaint de l'action de Bernier au ministre de la justice, dans une lettre du mois de pluviôse an IV. Arch. Nat. F. 19, 1012). — Le Bouvier-Desmortiers, *Vie de Charette*, p. 369.

230. — Chassin, *Les Pacifications de l'Ouest* t. II, p. 386.

231. — Savary, op. cit. t. VI, p. 236-237.

232. — Ces lettres, des derniers jours de mars 1796, ont été publiées dans la Correspondance secrète de Charette, Stofflet, etc. t. I, p. 197-198, 245-246, 248-249, et dans Savary, t. VI.

233. — Savary, op. cit. t. VI, p. 264-265. — Arch. Nat.
AF. III, 299. — Renseignement communiqué par l'abbé
Uzureau.

234. — Savary, op. cit. t. VI, p. 134.

235. — Chassin, *Les Pacifications de l'Ouest,* t. II, p. 466-
468.

236. — Chassin, op. cit. t. II, p. 396.

237. — 23 avril 1796, lettre au chevalier de La Garde, (*Correspondance inédite* de Charette, Stofflet, etc. p. 254-
255) et au Cte de Puisaye (Don Chamard, *Correspondance inédite concernant la Vendée militaire,* p. 55).

238.   Lettres à Puisaye, Windham et Woodfort, du 27 avril
1796. — Dom Chamard, qui les publie, op. cit. p. 65-69,
les date par erreur du 27 août.

239. — Lettrē du 23 avril 1796. Savary, op. cit. t. VI, p. 291.

240. — *Correspondance inédite* de Charette, Stofflet, etc. p.
257-258. Cette lettre porte la date du 26 avril ; Savary,
t. VI, p. 303-304 la date du 30 avril.

241. — Savary, op. cit. t. VI, p. 318.

242. — Id. Ibid, p. 320.

243. — Notes de Mgr Bernier sur la guerre de Vendée, *Anjou
historique* janvier 1903, p. 373. — Beauchamp, dans la
4e édition de son histoire, maintient que Bernier demanda un passeport,, mais, dit-il, peut-être ne fût-ce
qu'une feinte (t. IV, p. 229).

244. — Au moment où Stofflet s'apprêtait à reprendre les
hostilités, parut un manifeste sous le tire « Réponse des
armées catholiques et royales de la Vendée et des
chouans au rapport fait à la soi-disant Convention nationale dans la séance du 16 juin 1795 par le soi-disant
représentant du peuple Doulcet, suivie de la proclamation faite par les chefs des armées catholiques et royales
au nom de Louis XVIII, roi de France et de Navarre, aux
fidèles habitants du Poitou, de l'Anjou, du Maine, de la
Bretagne, de la Normandie et de toutes les provinces de

France ». (Imprimerie royale de Maulévrier, Chambart fils imprimeur.)

Dans ce mémoire détaillé, signé de tous les chefs des armées catholiques et royales et dont Bernier, en sa qualité de commissaire général ordonnait l'impression et l'affichage, l'auteur exposait longuement les griefs des Vendéens et les motifs qui les portaient à rompre le traité de pacification.

L'auteur affirme que par des articles secrets, le comité de salut public avait promis que la religion catholique et la monarchie seraient rétablies en France avant le 1er juillet, et que le catholicisme serait déclaré religion dominante. L'auteur publie une lettre écrite par le Comité de salut public au représentant Guezno déclarant qu'il ne pouvait y avoir de sécurité pour la République tant que les brigands n'auraient pas été exterminés.

M. de La Sicotière ne croit pas à l'authenticité de cette pièce ni de la lettre qu'elle contient ; si étrange que cela paraisse, dit-il, il faut croire que tout ici est frauduleux, le texte, le nom des signataires, et jusqu'à l'indication de l'imprimeur. (La Sicotière, les articles secrets, dans la *Revue des questions historiques*, 1881, t. 29, p. 186-245.)

Quant à Beauchamp, il disait dans la première édition de son ouvrage que cette pièce devait émaner de l'agence de Paris, et dans la quatrième, au contraire, il dit qu'elle sortait des presses de Stofflet, que Bernier en avait bien prescrit l'affichage et que Charette y avait mis sa signature.

245. — Le Bouvier-Desmortiers, *Vie de Charette*, p. 369.

246. — Chassin, *Pacifications de l'Ouest*, t. III, p. 12-13.

247. — Arch. Nat. F/7. 7217 ; B/3. 4555.

247 *bis*. — Chamard, *Correspondance inédite*, p. 102.

248. — Lettre de Jarry, du 24 octobre 1797. — Dom Chamard, *Correspondance inédite* p. 70-71.

249. — Lettre de M. Constant, du 26 octobre 1797, Ibid, p. 72-73.

250. — Lettre de Bernier à Puisaye, Ibid, p. 74-76. 17 novembre 1797.

251. — Chamard, *Correspondance inédite*, p. 77-83.

252. — Chassin, *Pacifications de l'Ouest*, t. III, p. 124-125.

253. — Ce plan est publié par Dom Chamard, *Correspondance inédite*, p. 84-90. — Lettre de Bernier au Cte de Chalus. Ibid, p. 110-111.

254. — Chamard, op. cit. p. 93.

255. — Ibid, p. 95-101. Lettre à Bernier du 10 décembre 1797.

256. — Lettres à M. de Chalus, des 5 et 15 janvier 1798. Chamard, op. cit. p. 102-109.

257. — Lettre à M. de Chalus, 24 janvier 1798. Ibid, p. 110-112.

258. — Queruau-Lamerie. *Le Rétablissement du culte après la terreur* (Angers, 1902. in-8°), p. 56. Extrait de la Revue de l'Anjou.

259. — Chassin, *Les Pacifications de l'Ouest*, t. II, p. 124-125.

260. — Chassin. Ibid, p. 121. — Dans un article du P. Dudon, publié par les « Etudes » du 5 novembre 1906, on trouvera les renseignements les plus précis sur les travaux et les papiers de Bernier.

261. — Chassin, *Les Pacifications de l'Ouest*, t. III, p. 308.

262. — Article de A. Joubert, dans la *Revue de l'Anjou*, t. 23, 1891, p. 117-119.

263. — Lettre de Bernier à Jean Soyer, du 1er juillet 1799, publiée par l'abbé Uzureau, dans la *Revue du monde catholique*, 1er octobre 1905, p. 110-111.

264. — Lettres à Soyer et à Forestier, publiées par Uzureau. Ibid, p. 112-114.

265. — Lettre à Renou et à Beauvollier, 15 septembre 1799. *Revue du monde catholique*, 1er novembre 1905, p. 422-423.

266. — Arch. Nat. F/7/6243, dossier 4910.

267. — *Revue du monde catholique*, 1er novembre 1905, p. 425.

268. — Chassin, *Les Pacifications de l'Ouest*, t. III, p. 382-386. — Martel, *Les historiens fantaisistes, M. Thiers*, 2ᵉ partie, *La Pacification de l'Ouest*, p. 70-73.

269. — Lettres des 15 septembre, 6 octobre, 18 octobre, 17 novembre, 1799, dans *Revue du monde catholique*, 1ᵉʳ novembre 1905, p. 423, 427, 431, et 1ᵉʳ janvier 1906, p. 54-55.

270. — Lettres à Beauvollier et à Soyer, des 17 et 20 novembre 1799. Ibid, N° du 1ᵉʳ janvier 1906, p. 54-56.

271. — Lettre à Beauvollier, du 23 novembre 1799. Ibid, p. 57.

272. — Chassin, *Les Pacifications de l'Ouest*, t. III, p. 458, 497, 510, 514.

273. — Chassin. Ibid, p. 523.

274. — Chassin. Ibid, p. 528-529.

275. — L. L. L. Barré, *Essai sur l'industrie, les mœurs et les besoins de la Vendée*, p. 43-53.

276. — Nous suivons le récit fait par A. de Martel : *Les historiens fantaisistes, M. Thiers*, 2ᵉ partie, *La Pacification de l'Ouest*, p. 43 et ss. On pourra également sur cette question consulter La Sicotière : *Préliminaires de la pacification : les conférences, Pouancé, Candé, Montfaucon*. (Angers, 1885, in-8°).

277. — Chassin, *Les Pacifications de l'Ouest*, t. III, p. 532.

278. — Lettre de Bernier à Beauvollier, du 11 janvier 1800, *Revue du monde catholique*, 1er janvier 1906, p. 60. — Cf. Robiquet, Bonaparte, Hédouville et l'abbé Bernier, dans *La Révolution française*, t. 40, p. 547 et ss.

279. — Barré, *Essai sur la Vendée*, p. 57.

280. — Martel, *Les historiens fantaisistes, M. Thiers, La Pacification de l'Ouest*, p. 50-51.

281. — Chassin, *Les Pacifications de l'Ouest*, t. III, p. 536-537.

282. — Robiquet, op. cit., p. 554.

283. — Martel op. cit. p. 60-61.

283 *bis*. — « Bernier a été parfaitement accueilli par le Consul. » Lettre de Paultre à Hédouville, du 3 février 1800. La Sicotière, *Les soumissions dans l'Ouest*, p. 15.

284. — Moniteur, 16 juin 1825. — Chassin, *Les Pacifications de l'Ouest*, t. III, p. 569-573.

285. — Journal des Débats, 8 ventôse an VIII.

286. — La Sicotière, *Les soumissions dans l'Ouest*, p. 41-44.

287. — Chassin, *Les Pacifications de l'Ouest*, t. III, p. 613-614. L'auteur ajoute que la demande en faveur de M. de La Paumelière est le prix de l'hospitalité galante que Bernier recevait au Lavoir.

288. — Lanfrey, Histoire de Napoléon, t. II, p. 72.

288 *bis*. — *Intermédiaire des chercheurs et des curieux*, 1905, t. 51, col. 953.

289. — Chassin, op. cit. t. III, p. 616-618.

290. — Lettre au préfet de Maine-et-Loire du 17 juillet 1800. Archives de Maine-et-Loire, série V. Renseignement communiqué par M. l'abbé Uzureau.

291. — Lettre à Beauvollier du 29 mai 1800, publiée par Uzureau, *Revue du monde catholique*, 1er janvier 1906, p. 61.

292. — Lettre du 17 juillet au préfet de Maine-et-Loire, citée plus haut.

293. — Publié par Chassin, *Les Pacifications de l'Ouest*, t. II, p. 654-655 et par A. Joubert, *Revue de l'Anjou*, t. 21 p. 125-127, qui donne l'apostille de la main de Bonaparte.

294. — Uzureau, *M. l'abbé Bernier et ses paroissiens de Saint-Laud*, p. 15-19.

295. — *Annales de la Religion*, t. X, p. 333. — Arch. Nat. AF/IV/1590. Cité par Chassin, *Les Pacifications de l'Ouest*, t. III, p. 628-629.

296. — *Annales de la Religion*, t. XI, pages 496-503, et t. XII, p. 367. — Meilloc, ancien sulpicien, devint vicaire général de Mgr Montault-Desisles.

297. — La Sicotière, *Les soumissions dans l'Ouest*, p. 41-42.
— A. Joubert, Lettres inédites de l'abbé Bernier, *Revue de l'Anjou*, 1890, t. 21, p. 137-140. — L'original de cette demande appartient au colonel d'Hauterive.

298. — Chassin, op. cit. t. III, p. 618.

299. — Arch. Nat. F/7/6243, dossier 4910. Lettres des 6 et 11 ventôse an VIII.

300. — Mandement des vicaires généraux du diocèse de La Rochelle qui ordonne des prières publiques pour la cessation de la sécheresse, l'heureuse disposition du temps et la salubrité de l'air. — Donné à Cholet, le 16 août de l'an de grâce de Jésus-Christ Notre Seigneur 1800. (Angers, impr. de Vve Pavie, in-4°, 8 p.) — Collection personnelle. M. Uzureau pense qu'il n'en existe pas d'autre exemplaire.

301. — Chauvigny, *La Résistance au Concordat*, p. 13.

302. — Journal des Débats, 19 fructidor, an VIII. Aulard, *Paris sous le Consulat*, t. I, p. 619.

303. — Lettre du cardinal Maury au Cte d'Avaray. Maury, *Correspondance diplomatique et mémoires inédits*, publiés par Mgr Ricard (Lille, 1891, in-8°), t. II, p. 59.

304. — Yves Besnard, *Souvenirs d'un nonagénaire*, t. II, p. 196-197.

305. — *Correspondance* de Napoléon, N° 4884. Cf. Rinieri, *La diplomatie pontificale au* xix° *siècle* (Paris, 1903, in-8°), p. 13-14.

306. — Rinieri, *La diplomatie pontificale*, p. 23-27.

306 *bis*. — Boulay de la Meurthe, *Documents sur la négociation du concordat*, N° 74.

307. — Rinieri, op. cit. p. 31-35. — Boulay de la Meurthe, *Documents*, N° 76 et 78. N° 80, note de Bernier à Spina et 84, réponse de Spina à Bernier.

308. — Theiner, *Histoire des deux concordats*, t. I, p. 93, 99. — Cf. Drochon, *La Petite église*, p. 13-15.

309. — Aulard, *Paris sous le consulat*, t. II, p. 101-108. Cf. Gazette de France, 10 nivôse an IX ; Journal des Dé-

bats, 9 nivôse ; le Citoyen français, 11 nivôse. — Gosselin, *Vie d'Emery*, t. II, p. 43.

310. — Rinieri, *La diplomatie pontificale*, p. 40-45.
— Boulay de la Meurthe, *Documents*, N° 195 et **190**. Lettres et notes de Bernier sur le projet de traité.

311. — Sevestre. — *Etude critique des sources de l'histoire religieuse en Normandie*, p. 104.

312. — *Annales de la Religion*, t. XII, p. 187.

313. — *Annales de la religion*, t. XII, p. 296.

314. — Aulard, *Paris sous le consulat*, t. II, p. 134-135. — Rapports de police ; Gazette de France, 30 nvôse an X ; Annales philosophiques, t. III, p. 46-47.

316. — Aulard, *Paris sous le consulat*, t. II, p. 200-201. Rapport de police du 2 mars 1801.

317. — Maury, *Correspondance diplomatique*, t. II, p. 61-66. Rapport du 11 décembre 1800.

318. — Maury, op. cit. t. II, p. 91, 111, 131.

319. — Maury, op. cit. t. II, p. 96.

320. — Aulard, *Paris sous le consulat*, t. II, p. 200, 203, 209.

321. — Aulard, op. cit. t. II, p. 224, 254. — Rapports de police des 25 mars et 17 avril 1801.

322. — Aulard, op. cit. t. II, p. 265.

323. — Aulard, cp .cit. t. II, p. 304.

324. — Aulard, op. cit. t. II, p. 316.

325. — Lettres des 14 prairial et 19 messidor an IX, publiées par Baguenier Desormeaux. op. cit. p. 20-22.

326. — Rinieri, *La diplomatie pontificale*, p. 54-55.

326 *bis*. — Rinieri, op. cit. p. 192-195. — Boulay de la Meurthe, *Documents*, n°° 430, 432.

327. — Boulay de la Meurthe, *Documents*, N° 328, 329, 430, 441, 442. 451.
— Rinieri, op. cit. p. 148-151 ; Boulay de la Meurthe, N° 465-466.

328. — Boulay de la Meurthe, *Documents*, N° 474, 479.

329. — Boulay de la Meurthe, N° 530. — Consalvi, *Mémoires*, édition de 1866, p. 322, 334.

330. — Boulay de la Meurthe, op. cit. N° 566, t. III, p. 63.

331. — Seule la Gazette de France donna à Consalvi le titre de Monseigneur et cette marque de courtoisie sembla exagérée. Aulard, *Paris sous le consulat*, t. II, p. 369-370.

332. — Les négociations relatives au concordat ayant été racontées à plusieurs reprises, nous n'avons pas cru devoir nous y attarder longuement ; nous avons suivi le récit de Rinieri, les mémoires de Consalvi et les documents publiés par Boulay de la Meurthe. — M. Marcel Langlois, dans un travail récent (*Avant le Concordat, une double mission secrète, Beulé et Astier*, Revue des études historiques, avril-juin 1922), expose, non pas le détail des négociations, mais les procédés des négociateurs, l'organisation des courriers et les mesures utilisées pour isoler Spina et pour que Bonaparte eût toujours les négociateurs sous la main.

332 *bis*. — Le bruit étant parvenu jusqu'à Rome que quatre évêques constitutionnels convoquaient un concile national des pasteurs de France auquel le pape était cité, Spina écrivit à Bernier, lui demandant d'agir auprès du Premier Consul pour empêcher la tenue de ce concile. Bernier écrivit à Bonaparte à ce sujet. (Boulay de la Meurthe, *Documents*, N° 537 et 538.)

333. — Consalvi, *Mémoires*, édition de 1866, t. I, p. 418-419.

334. — Arch. Nat. AF/IV. 43. N° 244. 11 vendémiaire an X.

335. — Boulay de la Meurthe, *Documents*, N° 655 et 791.

336. — Aulard, *Paris sous le consulat*, t. II, p. 481, 492.
— Lettres du cardinal Caprata du 11 décembre 1801 et de Bernier du 1ᵉʳ février 1802. (Archives de M. Curzon, à Poitiers.)

337. — Consalvi, *Mémoires*, p. 447-453.

338. — Rinieri, *La diplomatie pontificale*, p. 427-428.

339. — Rinieri, op. cit. p. 447-453.

340. — Rinieri, op. cit. p. 450.

341. — Aulard, *Paris sous le consulat*, t. II, p. 822. — Boulay de la Meurthe, *Documents*, N° 683.

342.   Cochard, *Mgr. Bernier*, p. 20.

343. — Gosselin, *Vie de M. Emery*, t. II, p. 79-86.

344. — Boulay de la Meurthe, *Documents*, t. III, p. 525.

345. — Jauffret, *Mémoires historiques sur les affaires ecclésiastiques de France, pendant les premières années du XIXe siècle* (Paris, 1819, in-8°), t. I, p. 41-42.

346. — Drochon, *La Petite Eglise*, p. 24. — L'original de cette lettre est dans les archives de M. de Curzon à Poitiers. L'abbé de Beauregard et Bernier ne réussirent pas, d'ailleurs ; Mgr de Mercy fut nommé archevêque de Bourges.

347. — Drochon, op. cit., p. 48.

— *Lettre de Mgr. de Coucy à M de Beauregard*, du 14 octobre 1801. Archives de M. de Curzon. Communiqué par M. l'abbé Uzureau.

348. — Besnard, *Souvenirs d'un nonagénaire*, t. II, p. 203.

349. — Roussel, *Un évêque assermenté*, p. 431.

350. — *L'Ami de la Religion*, t. X, p. 35-36. — *Les Annales de la Religion* avaient publié une note sur ce qu'elles appelaient les soi-disant brefs de Pie VI, déclarant que les cardinaux consultés par lui étaient pour la paix et partisans de concessions et de conciliation. Ils ne voyaient dans la constitution civile du clergé que le retour aux anciennes règles religieuses et le rétablissement de la discipline ecclésiastique. Ces réponses furent remises au Pape, mais celui-ci, entièrement dominé par le parti qui voulait le schisme, avait pris sa détermination et n'avait eu d'autre dessein en demandant l'avis des cardinaux, que de sacrifier à une déférence de pure étiquette. Leurs réponses furent tenues dans le plus grand secret et comptées pour rien, quoique l'on sache bien que c'est dans cette réunion des cardinaux formant l'Eglise romaine que réside la force de ce qu'on appelle la Chaire apostolique. La collection de ces réponses étant parvenue aux mains de l'abbé Guillon, disent les Annales de la religion, Mgr. Spina en fut

informé, et, craignant les invincibles arguments que
fourniraient en faveur de l'église constitutionnelle les
documents de ce genre, il expédia l'apôtre Bernier pour
s'en emparer. L'enlèvement de ces pièces a été fait avec
une violence toute militaire au nom de ces ministres
de paix, et l'abbé Guillon fut menacé des cachots s'il
portait plainte contre cette spoliation. (*Annales de la
Religion*, t. XII, p. 457-459).

351. — Rinieri, op. cit., p. 521-523.

352. — Rinieri, op. cit., p. 527-530.

353. — Tome X, p. 35-39.

354. — Jauffret, *Mémoires historiques sur les affaires religieuses de France*, t. I, p. 75.

355. — Gosselin, *Vie de M. Emery*, t. II, p. 66-67.

356. — *Lettre de Dominique Lacombe au prêtre Binos*, du 4
juin 1802. *Annales de la Religion*, t. XV, p. 134-140. —
Le préfet de police fit saisir cette lettre, paraît-il, mais
cette saisie ne déconcerta pas les ennemis de la paix,
on la réimprima à Paris au nombre de 2.000 exemplaires, et elle fut répandue dans plusieurs diocèses où elle
produisit de fâcheux effets. On la lut même au prône
dans plusieurs villes, notamment à Lorient. (*Ami de
la Religion*, t. XXI, p. 167-169.

Les évêques qui s'étaient vantés de n'avoir fait aucune rétractation furent blâmés par le gouvernement.

357. — *Ami de la Religion*, t. X ,p. 38-39.

358. — Le Coz, *Correspondance*, publiée pour la Société
d'Histoire contemporaine, t. I, p. 414-415.

359. — A. Roussel, *Un évêque assermenté, Le Coz* (Paris,
1898, in-8°), p. 432, 436, 463. — Bien des personnes de-
meurèrent persuadées que les évêques constitutionnels
n'avaient fait aucune rétractation, et n'avaient signé
nulle déclaration humiliante, et estimaient que le témoignage du « vertueux » Le Coz devait l'emporter sur
celui de Bernier. (Lettre de M. Marchand, curé de Baracé, publiée par Queruau-Lamerie, op. cit., p. 102-106.

En 1804, quand Pie VII vint sacrer Napoléon, celui-ci fit savoir aux évêques récalcitrants qu'ils devaient se rétracter et ils se conformèrent à la volonté du souverain. (Sciout, *Histoire de la constitution civile du clergé*, t. IV, p. 813).

360. — Aulard, *Paris sous le Consulat*, t. II, p. 828.

361. — Aulard, op. cit., t. III, p. 14.

362. — Michelet, XIXe *siècle*, t. III, p. 70.

363. — Aulard, *Paris sous le consulat*, t. II, p. 820, 822.

364. — Arch. Nat. AF/IV. 1044.

365. — Chassin, *Les Pacifications de l'Ouest*, t. III, p. 728.

366. — Cf. Aulard, *Paris sous le consulat*, t. II, p. 269, (24 avril 1801).

367. — Chassin, op. cit., t. III, p. 728-729.

368. — Aulard, op. cit., t. II, p. 481. (21 août 1801).

— On racontait à son sujet, bien des anecdotes désobligeantes, témoin celle que Benjamin Constant consigne dans ses mémoires (t. I, p. 129). Un jour que Bonaparte s'entretenait avec son frère Joseph, il dit : Le Cardinal Caprara est venu il y a deux jours d'un air effaré me demander s'il était vrai que l'abbé Bernier s'était fait pendant la guerre de Vendée, un autel avec les cadavres des républicains pour célébrer la messe. Je lui ai répondu que je n'en savais rien mais que cela était possible. « Général Premier Consul, s'est écrié le cardinal épouvanté, mais ce n'est pas un chapeau rouge qu'il faut à cet homme, mais *oun* bonnet rouge. » J'ai bien peur, ajouta le Premier Consul, que cela ne nuise à Bernier pour la barrette.

369. — Correspondance de Napoléon, n° 6130.

370. — Correspondance de Napoléon, n° 6273.

371. — Correspondance de Napoléon, n° 6371.

372. — Correspondance de Napoléon, n° 6541.

373. — Cochard, *Mgr. Bernier*, p. 32.

374. — Cochard, op. cit., p. 33.

375. — Dudon, *Sur la tombe de Bernier*, article publié dans

les *Etudes*, N° du 5 novembre 1906.

276. — Correspondance de Napoléon, n° 6433 et 6518. — Lettres des 17 novembre et 30 décembre 1802.

377. — Jauffret, *Mémoires historiques sur les affaires ecclésiastiques de France*, t. I, p. 325-326.

378. — Cochard, *Un pape dans l'Orléanais*, p. 13-14. — On sait que les évêques doivent dissimuler leur croix devant le pape et que seuls les cardinaux peuvent la porter ostensiblement en sa présence.

379. — Aulard, *Paris sous le Consulat*, t. III, p. 588, 626.

380. — Cochard, *Mgr. Bernier*, p. 29.

381. — Aulard, *Paris sous le Consulat*, t. III, p. 18.

382. — Delarc, *Histoire de l'Eglise de Paris*, t. III, p. 432.

383. — Grégoire, *Mémoires*, t. II, p. 422-423.

384. — Correspondance de Napoléon, n° 6361.

385. — Lettre de Bernier du 14 nivôse an X, publiée par A. Joubert, *Revue de l'Anjou*, t. 21, p. 132.

386. — Uzureau, *L'abbé Bernier et ses paroissiens*, p. 20-21. — Beauchamp, *Histoire de la guerre de Vendée*, 4° édition, t. IV, p. 510-511.

387. — Cochard, *Mgr. Bernier*, p. 24.

388. — Aulard, *Paris sous le Consulat*, t. III, p. 98.

389. — Queruau-Lamerie, *Le Rétablissement du culte dans le diocèse d'Angers*, p. 89-90.

390. — *Lettres de Bernier à Portalis*, des 15 et 18 prairial, an X. Arch. Nat. F/19/4244.

390 bis. — Uzureau, *Andegaviana*, 14° série, p. 313-314.

391. — Il faut noter cependant son appréciation sur la formule établie par M. Montault : « Quelle farce que ces demi-rétractations qui ne tiennent ni à un parti ni à un autre !... » (Lettre du 22 fructidor an X. — Collection personnelle). — Lettre du 13 juin au général Girardon, publiée par A. Joubert dans la *Revue de l'Anjou*, t. 21, p. 128-129. — L'original est en ma possession.

392. — Maupoint, *Vie de Mgr. Montault*, p. 68-70.

393. — Lettre de Bernier à Girardon, du 19 germinal an **X**.
Collection personnelle.

394. — Lettres inédites, publiées par A. Joubert, *Revue de
l'Anjou,* t. 21, p. 129-131.

396. — Arch. Nat., F/19/4244.

397. — Lettres inédites de Bernier publiées par A. Joubert,
Revue de l'Anjou, t. 21, p. 132, 134, 135. — L'original
de la lettre du 22 fructidor an X est dans ma collection.

398. — Lettre de Bernier à Portalis du 8 vendémiaire an **XI**,
Arch. Nat., F/19/4244.

399. — Lettre de Bernier du 29 vendémiaire an XI, publiée
par Letourneau, *Histoire du Séminaire d'Angers,* p. 285,
et dont je possède l'original.

400. — Lettre du préfet Nardon à Portalis, du 14 octobre 1802. « Il est dans la justice du gouvernement de
placer ceux qui sont estimables d'ailleurs », Uzureau,
Andegaviana, 14ᵉ série, p. 320-322.

— Queruau-Lamerie, *Le Rétablissement du culte,* p. 95-
96.

401. — Collection personnelle.

402. — Lettre de Bernier à Tardif, du 30 novembre 1802. —
Collection personnelle.

403. — L'abbé Uzureau, dans *L'abbé Bernier et ses paroissiens de Saint-Laud,* a publié la lettre entière, p. 22-25.

404. — Uzureau, *Andegaviana,* 4ᵉ série, 1906, p. 45, et 10ᵉ série, p. 392-395.

Le préfet Nardon écrivait le 8 mai au général Gou-
vion : « Abhorré des patriotes auxquels, dans le temps
de la rébellion, on assure qu'il ne faisait aucun quartier,
il est peu de familles qui n'aient à lui réclamer quelques
victimes. Il est également mal vu de ses compagnons de
guerre et surtout des chefs, parce que, rapportant tout
à lui, ils l'accusent de leur avoir ravi les honneurs et les
avantages d'une pacification à laquelle, selon eux, il
est absolument étranger. »

A la suite de cette lettre, Bernier fut écarté, et la mission pour laquelle son concours avait été envisagé, fut confiée au conseiller d'Etat, Regnault de Saint-Jean-d'Angely.

405. — Bibliothèque d'Orléans ms. 567, p. 22.

406. — *Bulletin de la Société archéologique et historique de l'Orléanais*, t. IX, p. 123-124.

407. — Bibliothèque d'Orléans, ms. 567, p. 29.

408. — Aulard, *Paris sous le Consulat*, t. II, p. 180.

409. — Bibliothèque d'Orléans, ms. 567, p. 37.

410. — Aulard, op. cit. t. II, p. 774, 820, 822.

411. — Bibliothèque d'Orléans, ms. 567, p. 37-38.

412. — Bibliothèque d'Orléans, ms. 567, p. 40 ; 572, p. 190. Au sujet de l'entrée de Bernier à Orléans et de sa prise de possession, on peut consulter: Arch. Nat. F/19/4244. notamment les lettres et rapports de Bernier à Portalis, et divers manuscrits de la Bibliothèque d'Orléans, notamment deux de l'abbé Pataud, N° 567, p. 40-41 ; 572, p. 190 ; carton 976, pièce 76, document 1372.

413. — Bibliothèque d'Orléans, ms. 573, p. 258-259.

414. — Lettre au général Girardon, du 22 messidor an X, 11 juillet 1802. *Revue de l'Anjou*, t. 21, p. 129.

415. — *Mémoires* du général baron Thiébault, t. III, p. 345-346.

416. — Bibliothèque d'Orléans, ms. 572, p. 190 ; 567, p. 40-41.

417. — Bibliothèque d'Orléans, ms. 567, p. 42.

418. — Id., Ibid. p. 43.

419. — Aulard, *Paris sous le Consulat*, t. III, p. 236, 602.

420. — Lettre de Bernier à Portalis du 17 thermidor an X. Arch. Nat. F/19/4244.

421. — Le mandement prescrivait les prières suivantes : *Pro consulibus. Quaesumus Domine ut famuli tui consules nostri qui tua miseratione susceperunt Reipublicae gubernacula virtutum omnium percipiant incrementa, quibus decenter ornati, vitiorum monstra devitare, hostes superare et ad te qui via veritas et via es gratiosi valeant pervenire...*

et : *Deus rerum omnium moderator et custos, qui unigenitum filium tuum Dominum nostrum Sanctissimae Virgini matri in terris subditum esse voluisti, ut in eo nobis exemplum humilitatis et obedientiae praesignares, famulorum tuorum consulum nostrorum fidelis populi et totius gentis Galliae vota secundo favore prosequere, ut qui ejusdem se Virginis tutelae devota sponsione committunt, perpetuae in hac vita tranquillitatis ac pacis et aeternae libertatis in coelo praemia consequantur.*

422. — Chauvigny, *La résistance au concordat* p. 171.

423. — Moniteur, an XII, p. 632.

424. — Les mandements et lettres pastorales de Bernier que nous avons signalés se trouvent : ceux du 28 juillet et du 8 août 1802, du 28 juillet 1803, du 19 février 1804, du 31 mars 1804, du 24 décembre 1804 à la Bibliothèque Nationale, dans la collection des actes épiscopaux du département des Imprimés ; celui du 29 novembre 1805 est mentionné par l'abbé Pataud (Bibliothèque d'Orléans, ms. 567, p. 98) ; les autres ont été publiés dans les Annales périodiques de la Ville d'Orléans, ceux des 28 septembre, 31 octobre et 20 décembre 1805 dans le 2e semestre de 1805, p. 234, 298, 410 ; celui du 24 juin le 2 juillet 1806, p. 5-8 ; celui du 4 août 1806 le 13 août p. 103-104 ; celui du 28 août 1806, le 6 septembre, p. 158-160.

425. — Drochon, *La Petite église* (Paris, Maison de la bonne presse), in-8°.

426. — R. de Chauvigny, *La Résistance au Concordat*, Paris, 1921, in-16.

427. — Grégoire, *Mémoires* (Paris, 1837, in-8°), t. II, p. 421-422.

428. — Gaudron, *Essai sur le diocèse de Blois* (Blois, 1870, in-8°), p. 330-331.

429. — Lettre pastorale du 29 messidor an X (18 juillet 1802) Archives Nationales, F/19/4244.

430. — On jugera de ce que pouvaient être ces « impulsions » si l'on songe à l'opinion qu'avait Grégoire de l'évêque

d'Orléans et à ce qu'il écrivait de lui dans ses mémoires : « Bernier voulait sans doute se rapatrier avec l'opinion publique, en affichant une sorte d'impartialite dans la répartition des places, même dans le diocèse de Blois, annexé à celui d'Orléans. Bernier n'en est pas moins la honte éternelle du clergé réfractaire. Lorsqu'il parut comme évêque à Angers et qu'il prit possession à Orléans, on vit pleuvoir sur son compte les vaudevilles. les épigrammes, les placards. Des baquets de sang placés à sa porte furent l'emblème sous lequel on lui retraçait les exploits de la Vendée. Au lieu de la souquenille rouge que la vindicte publique décerne à certains délits, Bernier espérait la soutane de même couleur et la barette. Il l'espérait avec une telle sécurité que déjà il s'était fait peindre en cardinal, et le costume qu'il avait fait exécuter couvre actuellement un cardinal réel. C'est à un évêque dissident de l'ancien régime que l'on doit ces détails piquants. Le cardinalat de Bernier qui était réservé *in petto* n'en est jamais sorti, et Bernier est rayé de la liste des vivants ».

431. — Lettre du 3 thermidor an X, écrite d'Orléans au général Girardon, publiée par A. Joubert, *Revue de l'Anjou*, t. 21, p. 130-131.

432. — On trouvera dans la liasse F/19/4244 des Archives nationales, les documents relatifs à l'action de Bernier à Blois : lettre pastorale du 18 juillet 1802, lettres et rapports à Portalis du 21 juillet et du 5 août.

433. — Bergevin et Dupré, *Histoire de Blois*, t. I, p. 266-267.

434. — Lettre à Portalis du 16 germinal an XI, Arch. Nat. F/19/4244.

435. — Lettre de Bernier à Portalis, du 4 vendémiaire an XII, Arch. Nat. F/19/4244.

436. — « Je vais prendre tous les moyens possibles pour savoir ce qui se passe et je vous en ferai part », écrit-il à Portalis, le 27 messidor an XII ; « Le gouvernement n'a point assez connu le pays dans la révolution pour ne

pas choquer aujourd'hui sans le vouloir une partie de ses inclinations. » Arch. Nat. F/19/4244.

437. — Bernier accuse dans ce rapport M. Briot, curé de Sirières et le P. Supiot, supérieur de la congrégation de Saint-Laurent-sur-Sèvre et des filles de la Sagesse, qu'il y aurait lieu, dit-il, de surveiller. Le P. Supiot avait pourtant prescrit aux sœurs de la Charité de Blois et d'Orléans de se soumettre à l'évêque concordataire.

438. — *Correspondance* de Napoléon, N° 7389, 24 frimaire an XII.

— Rapport de Bernier à Portalis, du 25 pluviôse an XII, Arch. Nat. F/19/4244.

439. — R. de Chauvigny, *Les luttes religieuses en France au* XIX° *siècle. La Résistance au Concordat*, p. 45-55.

441. — Rapport du 24 ventôse an XII (15 mars 1804). R. de Chauvigny, op. cit. p. 63-66.

442. — R. de Chauvigny, op. cit. p. 91.

443. — Arch. Nat. F/19/4244.

444. — Lettre du 5 août 1806. La dernière phrase est soulignée dans la lettre. Arch. Nat. F/19/4244.

445. — D'Haussonville, *L'Eglise romaine et le premier Empire*, t. I, p. 539.

446. — Artaud, *Histoire de Pie VII*, t. II, p. 93-95.

447. — Artaud, op. cit. t. II, p. 105-106.

448. — Cochard, *Un pape dans l'Orléanais*, p. 5-6.

449. — Bibliothèque Nationale, E. 2400.

450. — Cochard, *Un pape dans l'Orléanais*, p. 10-12.

451. — Cochard, op. cit. p. 15-17.

452. — Cochard, *Mgr Bernier*, p. 41, 43.

453. — Lettre de Bernier à Portalis du 3 ventôse an XIII. Arch. Nat. F/19/4244.

454. — Arrondissement de Gien.

455. — Lettre de Bernier à Portalis, du 1er mars 1806. Arch. Nat. F/19/4244.

456. — *Correspondance* de Napoléon, N° 7389, 24 frimaire an XII.

457. — Bonaparte à Portalis, 29 janvier 1804. *Correspondance de Napoléon*, N° 7507.

458. — Lettre de Napoléon à Murat, du 20 février 1804. *Intermédiaire des chercheurs et des curieux*, 1905, t. 51, col. 954-955.

459. — Aulard, *Paris sous le consulat*, t. III, p. 602. Rapport de police du 25 janvier 1803.

460. — Circulaire du 8 juin 1802. — Lettre de Le Coz du 11 janvier 1803, dans *Correspondance de Le Coz*, publiée par le P. Roussel, t. II, p. 90-91.

461. — Cochard, *Mgr Bernier*, p. 51.

462. — Et. Veuillot, *Les guerres de la Vendée*, p. 467.

463. — De Barante, *Mélanges historiques et littéraires*, t. I, p. 271.

464. — Aulard, *Paris sous le consulat*, t. III, p. 236.

465. — Thiébault, *Mémoires*, t. III, p. 345-347.

466. — Extrait d'une lettre du 22 mai 1806 à la Baronne de La Paumelière (Collection particulière).

467. — Chauvigny, *La Résistancee au Concordat*, p. 55. — Lettre de Bernier à Girardon, du 24 mai 1803, publiée par A. Joubert, *Revue de l'Anjou*, t. 21, p. 133-134.

On trouvera dans Aulard, *Paris sous le consulat*, la mention des nombreux visiteurs qui presque chaque jour venaient solliciter Bernier. On en trouve d'autres traces aux Arch. Nat. AF/IV, 53, pl. 300, dans la correspondance de Murat, publiée par P. Le Brethon, N° 2023.

468. — L'évêque réclama contre cette prétention par lettre du 24 vendémiaire an XIV, exposant qu'il lui était impossible de payer 747 fr. d'impôt foncier pour la maison épiscopale, plus 26 fr. pour les portes et fenêtres d'un immeuble qui ne lui appartenait pas. Sa contribution personnelle, mobilière et somptuaire était déjà de 345 fr. Il obtint satisfaction pour l'impôt foncier. Bib. Nat. Nouv. acq. fr. 312, dossier 3125, N° 2.

469. — Bibliothèque d'Orléans, ms. 567, p. 44.

470. — Rapport à Portalis du 17 messidor an X. Arch. Nat.

F/19/4244.

471. — *Annuaire d'Orléans* an XII.

472. — Bibliothèque d'Orléans, ms. 567, p. 59.

473. — Mandement du 13 avril 1805, publié dans les *Annales périodiques d'Orléans*, du 24 avril, p. 261-264.

474. — *Annuaire d'Orléans*, an XII.

475. — Mandement du 13 avril 1805. *Annales périodiques d'Orléans* du 24 avril, p. 261-264.

476. — Mandement du 14 novembre 1805. *Annales périodiques d'Orléans* du 20 novembre, p. 330-332.
— Bibliothèque d'Orléans, ms. 567, p. 74, 97-98.

477. — Cochard, *Mgr Bernier*, p. 50.

478. — Bibliothèque d'Orléans, ms. 573, p. 31-38.

479. — Bibliothèque d'Orléans, ms. 567, p. 70-71.

480. — Bibliothèque d'Orléans, ms. 567, p. 94.

481. — Lettre de Bernier au pape, publiée par Theiner, p. 518 (19 juillet 1804). Bibliothèque d'Orléans, ms. 567, p. 58.

482. — *Correspondance* de Napoléon, N° 6561.

483. — Notes de l'abbé Pataud, Bibliothèque d'Orléans, ms. 567, p. 59-60.

484. — Lettre à Portalis du 20 mars 1806. Arch. Nat. F/19/4244.

485. — Mandement du 5 février 1805. *Annales périodiques d'Orléans*, 27 février 1805, p. 134-136.

486. — Bibl. d'Orléans, ms. 569, fol. 17.

487. — Lettre à Portalis, 14 brumaire an XI, Arch. Nat. F/19/4244.

488. — Mandement du 2 février 1806. Bibl. d'Orléans, ms. 567, p. 101. *Annales périodiques d'Orléans*, février 1806, p. 102-104.

489. — *Etrennes orléanaises*, 1809, p. 86-87.

490. — E. d'Hauterive, *La police secrète du premier Empire*, t. I, p. 33-34.

491. — Sur les derniers jours de Bernier, on lira avec intérêt la notice du P. Dudon, publiée dans les *Etudes* : Sur

la tombe de Bernier ; et la notice de l'abbé Cochard, p.
56 et ss.

492. — *Annales périodiques d'Orléans*, octobre 1806, p. 224,
230, 254, 256.

493. — Bibl. d'Orléans, ms. 572, p. 437.

494. — *Annales religieuses du diocèse d'Orléans*, 20 juin 1903.

TABLE DES MATIERES

LES PRESSES
UNIVERSITAIRES
DE FRANCE
49, Bd. Saint-Michel, 49
: : PARIS : :